MANUAL DE HISTO

EDGARDO RAFAEL MALASPINA GUERRA

"No debemos repudiar el arte médico antiguo como vano, o pretextando que su método de investigación es defectuoso, precisamente no ha alcanzado exactitud en todo detalle. Muy al contrario, puesto que fue capaz de levantarse desde profunda ignorancia hasta la perfecta exactitud, pienso que se deben admirar sus

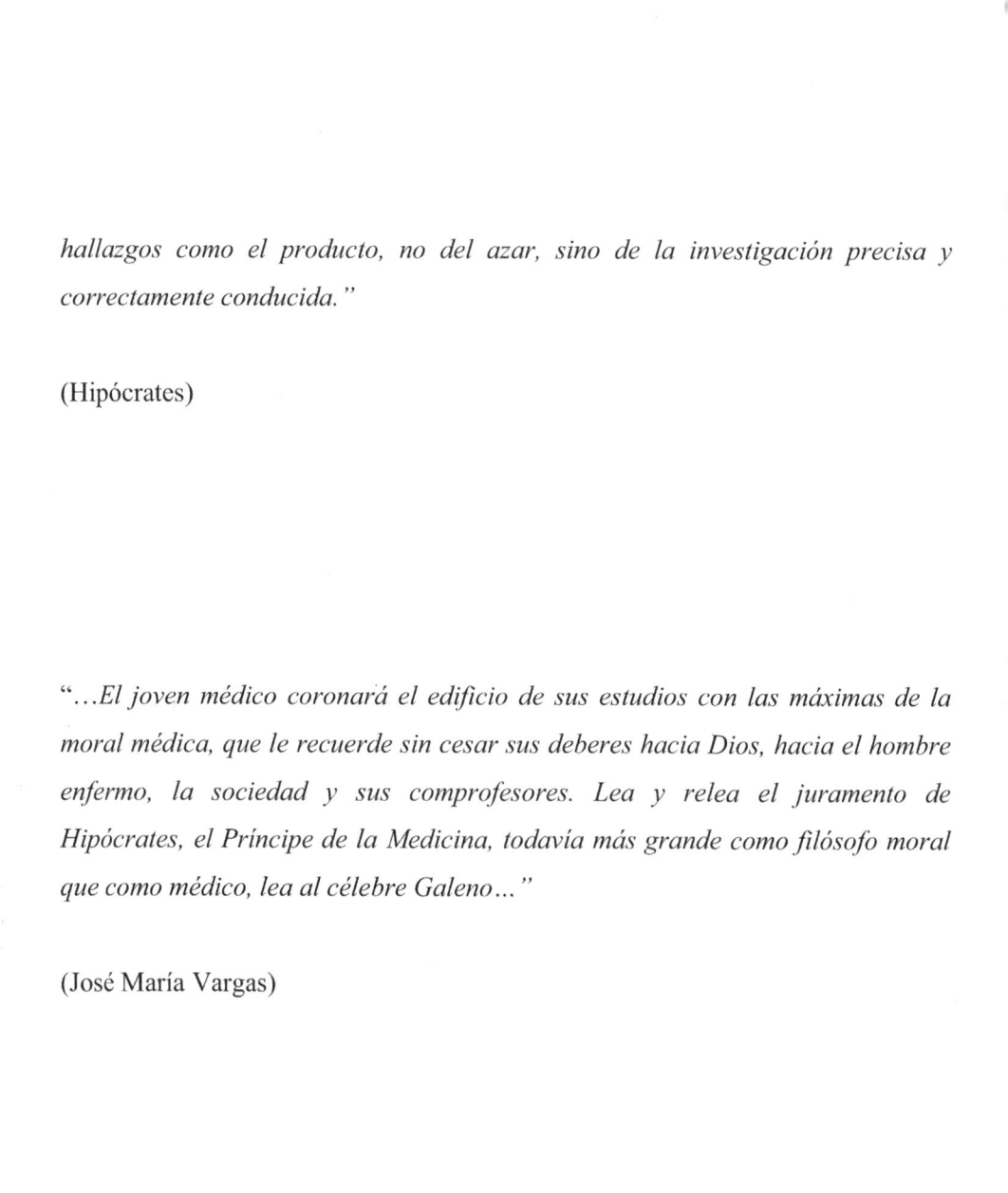

hallazgos como el producto, no del azar, sino de la investigación precisa y correctamente conducida."

(Hipócrates)

"...El joven médico coronará el edificio de sus estudios con las máximas de la moral médica, que le recuerde sin cesar sus deberes hacia Dios, hacia el hombre enfermo, la sociedad y sus comprofesores. Lea y relea el juramento de Hipócrates, el Príncipe de la Medicina, todavía más grande como filósofo moral que como médico, lea al célebre Galeno..."

(José María Vargas)

DEDICATORIA

A mis padres, Alfonso Malaspina y María Guerra de Malaspina.

A Natalia, mi esposa.

A mis hijas Katia, María y Yenny.

A mis nietos Valentina, Nicolás y Sebastián.

INDICE

Introducción

CAPÍTULO I

La Medicina en la Prehistoria

Definición de la Prehistoria. La Evolución. Ubicación del hombre en el tiempo. Características y nociones de la Medicina en la Prehistoria. La paleopatología. La medicina instintiva.

CAPÍTULO II

La Medicina en Mesopotamia

Aspectos generales. Ubicación Geográfica. Los habitantes. Los reinos de Babilonia y Asiria. Aportes de la cultura Mesopotámica. Fuentes de Información Médica. Desarrollo y características de la medicina en Mesopotamia. Historia de la Medicina. El poema del justo que sufre. Tres grandes aportes a la medicina.

CAPÍTULO III...

La Medicina en el Antiguo Egipto

Datos generales. Nociones históricas. Desarrollo cultural. Fuentes de información médica. Dioses médicos. Desarrollo y características de la medicina egipcia. Imhotep. La medicina empírica egipcia. Tres aportes de la medicina egipcia.

CAPÍTULO IV

La Medicina en China

Reseña histórica. Aportes de la cultura china. Influencias filosófico - religioso sobre medicina china. Fuentes de información médica. Desarrollo y características de la medicina china. La Valorización. La Acupuntura. La Moxibustión. Una leyenda. Dos relatos chinos relacionados con la medicina. Confucio, la prudencia y la oración. Tres aportes de la medicina china.

CAPÍTULO V

La Medicina en la India

Reseña histórica. Los dioses y la medicina. Los sistemas filosóficos – religiosos y la medicina. Fuentes informativas médicas. Desarrollo de la medicina en la India. El Juramento hindú. Tres relatos hindúes relacionados con la medicina. Oración a los gemelos Ashvins, médicos de los dioses. Tres aportes de la medicina hindú.

CAPÍTULO VI

Medicina Hebrea Antigua

Resumen histórico. Fuentes de información de la medicina. Características de la medicina hebrea. La enfermedad de Job. El aporte fundamental de la medicina hebrea.

CAPÍTULO VII
La Medicina en Persia

Datos históricos. Los dioses y la medicina. Fuentes de informaciones médicas. Desarrollo y características de la medicina. De la mitología persa.

CAPÍTULO VIII

Medicina Griega

Medicina Arcaica

Civilización Griega Arcaica. Fuentes de información. Medicina de Homérica. Asclepio. Los consejos de Asclepio. Mitología y medicina. Características de la medicina Griega Arcaica. Píndaro y el arte de la medicina.

CAPÍTULO IX

Los Filósofos y la Medicina Griega

Filosofía y medicina. Escuela de Mileto. Tales. Anaximandro. Anaxímenes. Escuela de Elea. Jenófanes. Parménides. Escuela de Cnido. Escuela de Cos. Escuela atomista. Demócrito y Leucipo. Los periodeutas.

Otros filósofos relacionados con la medicina: Eurifon. Diógenes de Apolonia. Pitágoras. Alcmeón de Crotona. Empédocles. Anaxágoras. Heráclito. Filolao de Tarento.

CAPÍTULO X

Medicina Hipocrática

Hipócrates. Fundamentos de la Medicina Hipocrática. Características de la Medicina Hipocrática. La Doctrina Humoral. Medicamentos usados por Hipócrates. Insuficiencia y errores en la Medicina Hipocrática. El Cuerpo

Hipocrático. Libros del Cuerpo Hipocrático. Fragmentos del Libro Aire, Agua y Lugares. Aforismos. Frases y Sentencias de Hipócrates. El Juramento Hipocrático. Razones por las cuales Hipócrates es el padre de la Medicina.

CAPÍTULO XI

La Medicina en Alejandría

Reseña histórica. Alejandría. Aportes de la Medicina Alejandría. Desarrollo y características de la Medicina en Alejandría. Serófilo. Erasístrato. Las Escuelas Dogmáticas y Empíricas. Razones por las cuales Hipócrates es el padre de la Medicina. Expresiones de Herófilo.

CAPÍTULO XII

La Medicina en Roma

Reseña histórica. Medicina Primitiva romana. Escuelas Médicas. Los enciclopedistas. La Farmacología. Higiene y Salud Pública. La enseñanza de la medicina. Galeno.

CAPÍTULO XIII

La Medicina en la Edad Media.

La Edad Media. La medicina en la alta Edad Media. La medicina en la baja Edad Media. Curaciones milagrosas de Jesús. Cristianismo, iglesia y medicina. Los santos y la medicina. La medicina monacal Medicina, misticismo y supersticiones. Las Cruzadas y la medicina. Las Epidemias. La Escuela de Salerno. Las Universidades

CAPÍTULO XIV
LA MEDICINA EN BIZANCIO.

Reseña Histórica. Los nestorianos y los hospitales. Características y desarrollo de la medicina en Bizancio. Médicos bizantinos

CAPÍTULO XV

MEDICINA ÁRABE.

Nociones generales. Influencias sobre la medicina árabe. Aportes a la medicina universal. La enfermedad. Diagnóstico y tratamiento. La enseñanza de la medicina. El Corán y la medicina. Médicos importantes. Los hospitales.

CAPÍTULO XVI

LA MEDICINA EN EL RENACIMIENTO

Concepto de Renacimiento. Algunas Características del Renacimiento. Renacimiento y Medicina. Pintores anatomistas. Vesalio y otros anatomistas. Pare y otros cirujanos. Paracelso y otros Médicos. Anatomía patológica en el Renacimiento. Fisiólogos. La Epidemiología y Fracastoro.

CAPÍTULO XVII
MEDICINA INCA

Reseña histórica. Fuentes de información médica. Dioses y Medicina inca. Los especialistas médicos. Desarrollo y características de la medicina inca.

CAPÍTULO XVIII

MEDICINA AZTECA.

Reseña histórica. Religión, Dioses y medicina. Fuentes de Información médica. Desarrollo y características de la medicina azteca.

CAPÍTULO XIX

MEDICINA MAYA

Reseña histórica. Fuentes de información. Dioses y medicina maya. Desarrollo y características de la medicina maya.

CAPÍTULO XX

LA MEDICINA EN EL SIGLO XVII

Tres corrientes del pensamiento. Dos filósofos: René Descartes y Francis Bacon. Tres sistemas médicos. Dos grandes inventos: el termómetro y el microscopio. Un descubrimiento: la circulación de la sangre. Un gran clínico: Thomas Sydeham. Dos teorías en embriología: preformismo y epigenética. Surgimiento de las sociedades científicas.

CAPITULO XXI

LA MEDICINA EN EL SIGLO XVIII

Un filósofo: Godofredo Leibniz. Dos sistemas filosóficos: el vitalismo y el mecanicismo. Un nuevo método: la percusión. Un invento: la vacuna. El desarrollo de la fisiología. El desarrollo de la anatomía. La cirugía se hace ciencia. El desarrollo de la cardiología. Surgimiento de la psiquiatría moderna. La salud pública. Derrota de la generación espontánea. Clasificación de las enfermedades. Pseudociencias. Un gran instructor clínico. Otros destacados médicos.

CAPÍTULO XXII

MEDICINA EN EL SIGLO XIX

Introducción. Filosofías asociadas a la medicina. Inventos importantes. Descubrimientos que impulsaron la medicina. Medicinas alternativas. Estudios médicos. Especializaciones Cirugía, anestesia y asepsia. Médicos que dejaron huellas. Derechos humanos y medicina.

CAPÍTULO XXIII

MEDICINA EN EL SIGLO XX

Esbozo general. Hitos médicos a través del Premio Nobel. La organización Mundial de la Salud. La Atención Primaria de Salud y la Conferencia de Alma-Ata. El estrés. La victoria sobre la viruela. Células madres. La virtopsia. La nanotecnología. La telemedicina

BIBLIOGRAFÍA

Hoja curricular del autor.

INTRODUCCIÓN

La Historia de la Medicina es una disciplina independiente en los programas para la formación de los futuros médicos. Junto con el resto de las asignaturas de la carrera médica se ha estructurado, al paso de los años de práctica docente universitaria, en elemento indivisible de suma importancia de las escuelas médicas. Es una asignatura dinámica, y como todas las otras, se está replanteando constantemente, tanto en su teoría como en su práctica. Es la encargada de estudiar el arte y la ciencia de curar en su amplio proceso y desarrollo hacia la perfección científica. Su radio de acción abarca el momento de la adquisición del conocimiento médico, la actividad de los pueblos del mundo en busca de la salud perdida, a través de toda la historia de la humanidad, desde los tiempos más remotos hasta la actualidad. El progreso del hombre registrado por la Historia de la Medicina se ha realizado siempre enlazado con la historia universal, la filosofía, las ciencias naturales y la cultura en general. Como parte de la historia de la ciencia y la cultura, la Historia de la Medicina refleja el desarrollo lógico del conocimiento científico del pasado y del presente, lo que sirve de base para la valoración objetiva de las teorías médicas y así poder entender la moderna ciencia médica y su acción práctica en el campo de la salud pública.

Como disciplina, estudiada en casi todas las facultades médicas del planeta, permite enriquecer el mundo espiritual de los bachilleres, al mismo tiempo que les hace conocer la historia de su profesión. La Historia de la Medicina descubre ante los ojos del futuro médico las leyes más generales del proceso mundial, con la participación de muchas manos y muchas mentes, en la búsqueda del conocimiento indispensable para mantener o restablecer la salud del hombre. Cada época hizo sus aportes en el contexto de una nueva cultura con nuevos personeros, nuevos procedimientos y nuevos métodos de investigación. Luego de conocer la

Historia de la Medicina como asignatura, el bachiller continuará su profundización a través del estudio de todas las otras disciplinas y materias, tanto médico-biológicas como clínicas y preventivas. Años tras años al adquirir el conocimiento de una nueva rama médica, el bachiller conocerá también su historia con sus acontecimientos más relevantes, sus descubrimientos, sus fechas-hitos, concepciones, teorías y las biografías de los grandes médicos. Todo este conocimiento le permitirá interpretar y apreciar correctamente los logros alcanzados en cada una de las ciencias médicas en un momento concreto.

Hipócrates recalcó que el médico filósofo es igual a Dios porque son pocas las diferencias entre la sabiduría y la medicina. Ese médico filósofo debía conocer el origen de su arte a través de sus antepasados. Aristóteles estaba tan seguro de la afirmación hipocrática que creía lógico que un médico terminará haciendo filosofía, mientras que un filósofo podía fácilmente llegar a la medicina. Sólo una condición era necesaria: conocer el pasado médico para obtener sus conocimientos y evitar los posibles errores cometidos por otros.

En Venezuela desde la creación de los estudios médicos en 1763 por Campins y Ballester y luego con la fundación de la facultad de medicina en 1827 los programas contemplaban el estudio de las artes y la historia. Ambrosio Perera dice:

"Convencidos como estaban nuestros antecesores de la necesidad de una cultura general para los profesionales, no descuidaron de imponer a los estudiantes de Medicina el deber de concurrir a algunas clases que pudieran serles en tal sentido beneficiosa. Así durante el primer año debían asistir a la clase de francés y la Academia de Bellas Artes ... Era por demás importante la inclusión del estudio de lenguas y la asistencia a las susodichas Academias entre las obligaciones de los estudiantes de Medicina para evitar, por un lado, el triste espectáculo, heridor del decoro médico, que da en la sociedad el profesional ayuno de estas disciplinas, cuando en el ejercicio mismo de su arte tiene, como es frecuente, que estar presente en situaciones por demás comprometedoras para los que no tienen en su haber intelectual las bases primordiales de la cultura universal y, por el otro, porque es innegable que ayuda mucho al que ejerce el arte de curar, en orden a ganar confianza y estima, que son tan necesarias, el tener la preparación cultural suficiente para corresponder airoso a ciertas circunstancias derivadas del grado intelectual de los dolientes. Por eso siempre hemos creído en el alto valor que encierra esta frase del sabio español Letamendi, a menudo repetida por el ilustre médico venezolano, doctor Francisco Antonio Rísquez, durante sus interesantísimas clases de patología general: el médico que sólo sabe de medicina ni de medicina sabe." (1951)

El cardiólogo mexicano Ignacio Chávez (Assiso, 2004) afirmó refiriéndose a la cultura médica: "… es un grave error considerar que al médico le basta tener buenas bases en las ciencias físicas y naturales y que la cultura humanística es para él una enseñanza de valor secundario, punto menos que un lujo. Yo no conozco afirmación más perjudicial en la pedagogía médica. Por eso a veces llegan a medicina gentes de una incultura que pasma…Como si el hombre de estudios pudiera disociarse a tal grado que sea capaz de destacarse en una ciencia y de quedar en las demás como un iletrado. Ignoro si eso pueda suceder en las ciencias abstractas, pero es imposible de aceptar en la medicina. Los que por ahí vemos que son portadores de ese sambenito, podemos estar seguros de que con todo y su éxito no son buenos médicos; son a lo sumo, buenos artesanos de oficio…"
La formación cultural del médico incluye en primer lugar, por supuesto, la Historia de la Medicina, el conocimiento de los hechos que conllevaron a los grandes descubrimientos y que abrieron las puertas para la aplicación de novedosos tratamientos, y el estudio de la vida y obra de los médicos destacados.

El conocimiento histórico no es estático, por el contrario, está signado por una dinámica cambiante, dialéctica. En el caso específico del pasado médico, que involucra elementos asociados a la salud como bien fundamental del hombre, se requiere de su revisión e interpretación constante para extraer lecciones útiles dignas de ser transmitidas a las nuevas generaciones.

Un hecho histórico en el campo de la medicina puede ser revalorado y analizado a la luz de las nuevas teorías y concepciones. Entonces su significado puede cambiar, incluso dependiendo del ángulo de observación, bien sea el de las ciencias sociales o el de las ciencias naturales.

La Historia de la Medicina es una ciencia, con su propio método y técnica que le permiten la reconstrucción del conocimiento a partir de elementos provenientes de fuentes escritas o arqueológicas. Su estudio, de manera ordenada y sistemática, permite vislumbrar la solución de muchos problemas que surgen en la cotidianidad actual. Un ejemplo de reciente data corrobora la famosa frase de Frederick Engels de que lo nuevo no es más que lo viejo bien olvidado y que remite al repaso estratégico del pasado. Nos remitimos a un solo ejemplo: investigadores de muchos institutos médicos del mundo comprobaron que el asiento de las bicicletas puede dañar la vida sexual de un ciclista. Mientras más se practique ciclismo, mayor es el riesgo de disfunción eréctil por la presión que se ejerce sobre las arterias y venas del perineo. (New York Times ,2005). Hipócrates diagnosticó y sugirió el tratamiento para la impotencia que sufrían los escitas: el Padre de la Medicina la relacionó con la equitación (Díaz, 1944), deporte que por los efectos de comprensión sobre el sistema vascular del perineo puede comparase con el ciclismo.

Hipócrates recomendaba a los futuros médicos estudiar y respetar la historia de la medicina, la cual, según su concepto, contenía muchos hallazgos e investigaciones importantes. (Zúñiga, 1960)

Los estudios doctorales europeos en las facultades de medicina contemplaban como materia obligatoria el estudio de la Historia de la Medicina, (López, 1985) Casi todas las facultades médicas del mundo le otorgan especial importancia al estudio de la historia de la profesión. Sorokina (2003) autora de un libro y de los programas utilizados en los institutos médicos de Rusia, afirma que la historia de la medicina es una disciplina independiente que sirve de eslabón para enlazar todas las materias estudiadas durante la carrera.

El Programa de Historia de la Medicina de la Universidad del Zulia (Venezuela,2004) precisa que la disciplina es humanística para definir al ser humano como sujeto y objeto, y promover los valores humanos transcendentes: la estética, la justicia, la compasión, la lealtad, la beneficencia, la abnegación, entre otros. Todo para concienciar al ser humano-estudiante en cuanto a su existencia y labor social.

Lo anterior facilita al futuro médico vivir, pensar y actuar de la mejor manera para consigo mismo y sus semejantes. Todo a través del fomento de relaciones interpersonales adecuadas, el trabajo grupal en un clima de convivencia social y el desarrollo de un individuo crítico y creativo. El enfoque crítico de la disciplina facilita el desarrollo de habilidades y destrezas para la interpretación, identificación y resolución de los problemas histórico-médicos, así como el fomento de valores y actitudes científicos, sociales, personales y profesionales. Este enfoque está cimentado en una plataforma de experiencias de aprendizajes que resaltan el análisis de la información histórica estudiada.

Estamos viviendo la era de la transformación universitaria, de los cambios de los paradigmas de la enseñanza y que muchos califican como crisis en la universidad. Este fenómeno en el proceso educativo se materializa en los papeles ejercidos por el docente y el estudiante: el primero es un facilitador, un asesor; mientras que el segundo es protagonista activo comprometido en la construcción de su propio aprendizaje.

En la Escuela José María Vargas de la Universidad Central de Venezuela se cataloga a la Historia de la Medicina como la asignatura integradora de los conocimientos científicos y humanísticos; la fuente por excelencia de la cultura general y de la cultura médica no-técnica.

Para la Escuela de Medicina Luis Razetti de la Universidad Central de Venezuela la Historia de la Medicina es la asignatura que hace reflexionar al estudiante sobre el carácter de la medicina actual como producto de la medicina del pasado y base de la medicina del futuro, demostrando su dinámica continuidad evolutiva a través del tiempo.

En 1940 es creada la Cátedra de Historia de la Medicina por la Ley de Educación en la Universidad Central de Venezuela (Bruni Celi, 1957); y su primer profesor, el Dr. Joaquín Díaz González publicó el primer libro sobre la materia intitulado Historia de la Medicina en la Antigüedad. Zúñiga Cisneros publicó en 1960 su Historia de la Medicina. Con estos textos se ha enseñado la Historia de la Medicina Universal en las facultades médicas de nuestro país.

En los distintos programas de Historia de la Medicina se divide su estudio de manera cronológica para facilitar su comprensión, siendo de aceptación general iniciar la Historia de la Medicina desde la prehistoria por cuanto en ese período aparecen las formas más elementales del ejercicio médico, impregnado de elementos mágico-religiosos, instintivos y empíricos. Inmediatamente con la invención de la escritura se inicia el lapso histórico denominado Antigüedad. Algunos pueblos dieron importantes aportes al desarrollo de la medicina. En Mesopotamia se codifican las primeras leyes referentes al ejercicio de la profesión e instituyen el récipe, no solo para la indicación medicamentosa sino también para sus fines legales. Además, allí nace el símbolo de la medicina o caduceo, representado en un bastón con una serpiente. El signo del récipe, la bata blanca, las especializaciones médicas y la aceptación de la mujer como profesional para tratar enfermedades, son algunos de los adelantos provenientes de Egipto. China nos legó la acupuntura como alternativa terapéutica; mientras que la India construyó los primeros hospitales, desarrolló la cirugía plástica y aplicó una especie de vacuna primitiva contra la viruela: la variolización. En Grecia, Hipócrates, con su método, doctrina y postulados éticos creó una concepción que marcó la pauta en el ámbito médico, hasta el punto de ser considerado el Padre de la Medicina.

En Roma, Celso determina los signos de la inflamación, una de las características más comunes de casi todas las enfermedades, de manera tan precisa, que en la actualidad nadie los ha refutado. Galeno revisó la actuación de quienes le precedieron y practicó un tipo de medicina revolucionaria que ha transcendido a través de los siglos para dejar su nombre como sinónimo del profesional encargado de curar.

Con la caída del Imperio Romano surge la Edad Media (siglos V- XV) a partir del siglo V. Las ciencias y las artes se refugian en los monasterios. La caridad cristiana supera las ideas hipocráticas que excluían y rechazaban para el tratamiento médico a los enfermos graves. El concepto cristiano de socorrer al prójimo es el fundamento de la labor en los hospitales. En ese mismo tiempo los árabes extienden su poderío, traducen las obras de los grandes médicos antiguos para legarlo a las generaciones futuras, inventan el yeso, y describen magistralmente muchas enfermedades. Avicena y Maimónides son sus más conspicuos representantes con una obra científica y ética sin parangón.

Las universidades son hijas de la Edad Media, así como también la primera escuela médica: la de Salerno, al Sur de Italia. Esta escuela, historia y leyenda de nuestra ciencia, reglamenta los estudios médicos, impone el ceremonial para recibir el título y establece los requisitos mínimos para ejercer la profesión.

El Renacimiento (S. XVI) es el tiempo de los pintores anatomistas: Miguel Ángel y Leonardo; pero también de Vesalio y el desarrollo de la anatomía, de Paré y su nuevo método quirúrgico, de Paracelso y sus tratamientos químicos, y de Fracastoro y la invención de la epidemiología.

En el siglo XVII la ciencia médica tiene la influencia renovadora de las ideas filosóficas de Bacon y Descartes; el termómetro y el microscopio surgen para ayudar a los médicos en el proceso de diagnóstico; Harvey descubre la circulación de la sangre; Malpighi emplea el microscopio para mostrar los capilares; y el preformismo es derrotado por la epigenética en el terreno de la embriología.

El siglo XVIII es el siglo de la percusión como método diagnóstico, la vacuna de Jenner, el descubrimiento de los tejidos de Bichat y la liberación de los locos por parte de Pinel. El siglo XIX nos dio el estetoscopio, los descubrimientos bacteriológicos de Pasteur, la teoría celular y los rayos X. El siglo XX, que podemos conocer mejor a través de los ganadores del Premio Nobel en Medicina, es el tiempo del surgimiento de la Organización Mundial de la Salud, el descubrimiento de la importancia vital de las células madres, la victoria sobre la viruela y el uso masivo de la nanotecnología a favor de la salud, así como también de la telemedicina.

Ahora bien, hemos hecho un recorrido, en gran parte, por la historia de la medicina europea; no obstante, la mayoría de los autores cuando habla de la Historia de la Medicina Universal incluye las culturas indígenas de América. Esta tradición la reforzamos con palabras de José Martí: "La universidad europea ha de ceder a la universidad americana. La historia de América, de los incas acá, ha de enseñarse al dedillo, aunque no se enseñe la de los arcontes de Grecia. Nuestra Grecia es preferible a la Grecia que no es nuestra. Nos es más necesaria...Injértese en nuestras repúblicas el mundo; pero el tronco ha de ser el de nuestras repúblicas. Y calle el pedante vencido; que no hay patria en que pueda tener el hombre más orgullo que en nuestras dolorosas repúblicas americanas", (1971).

En efecto, nuestros pueblos americanos dieron el ejemplo del deporte para el mantenimiento de la salud (los mayas y el juego de la pelota); recomendaron el uso de hongos para el tratamiento de enfermedades, siglos antes del descubrimiento de la penicilina; cultivaron huertos con plantas medicinales; y dieron a la farmacopea mundial la coca, la quina y el curare, entre muchos otros aportes a la medicina universal.

Por otro lado, las distintas universidades del mundo ubican la enseñanza de la Historia de la Medicina en diferentes años. Algunos profesores de la materia argumentan que debe ubicarse en los últimos períodos académicos, porque es una asignatura integradora y el alumno en esa fase ha alcanzado una mayor madurez intelectual y psicológica; no obstante, reconociendo la fortaleza del argumento citado, el autor defiende la tesis que debe ubicarse en el primer año porque es una asignatura inspiradora y el alumno está en una fase de búsqueda de los argumentos que afiance su decisión de ser médico.

Por último, este manual permitirá el estudio de la asignatura, a través de temas concretos y de preguntas sugeridas al final de cada capítulo.

Ante la paradoja que representan hechos extremos y excluyentes, como son la escasez de libros especializados de la ciencia que nos ocupa en nuestras bibliotecas y la hiperinformación contenida en otros medios como la Internet, el texto propuesto representa una solución intermedia que perfectamente se inserta en el paradigma constructivista aplicado en la actualidad en nuestras aulas universitarias.

Dr. Edgardo Rafael Malaspina Guerra
Individuo de Número de la Sociedad Venezolana de Historia de la Medicina.

CAPÍTULO I
LA MEDICINA EN LA PREHISTORIA

1. Definición de la prehistoria.

2. La evolución.

3. Ubicación del hombre en el tiempo.

4. Características y nociones de la medicina en la prehistoria.

5. La paleopatología.

1. La prehistoria es el período de la humanidad que se extiende desde la aparición del hombre hasta la invención de la escritura. Suetonio, historiador latino que vivió alrededor del siglo I, sospechó de la existencia de un hombre primitivo al descubrir algunos esqueletos en Capri. Jacobo Boucher (1788-1868), naturalista francés considerado uno de los fundadores de la ciencia de la prehistoria, en 1838 descubrió en Abbeville (Francia) los primeros amigdaloides o grandes piedras trabajadas por el hombre. Charles Darwin al publicar en 1858 "El origen de las especies a través de la selección natural", y en 1871 "El origen del hombre y la selección sexual" asestó un duro golpe a las concepciones religiosas sobre la procedencia del hombre y despertó un gran interés entre muchos estudiosos de la ciencia que dedicaron luego sus esfuerzos para profundizar y demostrar la veracidad de las ideas expuestas por el naturalista inglés. El médico holandés Eugene Dubois descubrió en 1891 los primeros restos de pitecántropos erectos. Esto ocurrió en la Isla de Java. El estudio de la prehistoria se ha realizado gracias a la ayuda de otras ciencias: La Estratigrafía que estudia los diferentes estratos de las rocas correspondientes a determinados periodos de la humanidad.

La Antropología para el análisis de los huesos. La Paleontología para estudiar los restos de los animales. La Geología para el análisis del terreno. La Paleobotánica para el estudio de los restos de maderas y semillas antiguas. Además, los químicos y los físicos precisan el tiempo a través de sus análisis respectivos; y los historiadores y los lingüistas contribuyen para precisar el cuadro sociocultural.

Generalmente se admiten cinco eras geológicas en la historia de la tierra. A continuación, hablaremos brevemente sobre las mismas para ubicar mejor la aparición del hombre. Las eras son las siguientes: 1. Arcaica (Agnostozoica) 2. Primaria (Paleozoica) 3. Secundaria (Mesozoica) 4. Terciaria (Neozoica) y 5. Cuaternaria (Antropozoica). La era arcaica es la primera y duró 2.500 millones de años. Durante ella se formaron la corteza terrestre y el mar. Los restos orgánicos no son reconocibles. La era primaria duró 300 millones de años. En ella aparecieron los animales y las plantas en varios períodos: cámbrico (invertebrados marinos), silúrico (animales terrestres, vertebrados marinos, primeras plantas terrestres), devónico (vertebrados aéreos), carbonífero (formación de la hulla, aparición de los reptiles y los anfibios) pérmico (desarrollo de los reptiles, aparición de las coníferas, erupciones volcánicas).

La era secundaria duró 140 millones de años y tiene tres períodos: el triásico (muchos reptiles y anfibios), el jurásico (grandes reptiles voladores, aparición de los insectos y las aves) y el cretáceo (aparición de los lagartos y culebras, aves con dientes). La era terciaria duró 60 millones de años y tiene los períodos eoceno, oligoceno, mioceno y plioceno. En ella aparecieron los mamíferos placentarios, las aves, los peces y las plantas actuales. La era cuaternaria comprende un millón de años y se divide en dos períodos: el pleistoceno (diluviar) que comprende el paleolítico. Es el tiempo de los glaciares, el mamut y la aparición del hombre; y el holoceno (aluviar) que comprende el neolítico y la edad de los metales. Se formaron los ríos, los volcanes y la fauna actual.

2. La evolución:

Antes de Darwin, Leonardo da Vinci (1452 -1519) había realizado un estudio sistemático de los restos fósiles. Nicolás Stensen (1638-1687) estableció las primeras condiciones y leyes que rigen la formación de los estratos donde se hayan englobados los fósiles. Georges Cuvier (1769-1838) llegó a la conclusión de que los períodos de la historia de la tierra terminaron siempre en una catástrofe que exterminaba a los seres vivos de una época, creándose nuevas formas de vida. La idea de que la sucesión de los grupos fósiles era la misma en cada época fue demostrada por William Smith (1769-1839). Surgía un método para detallar la cronología de la historia de la tierra. La tierra ha adquirido un estado actual a través de cambios graduales que han actuado constantemente. Ese es el principio de la teoría del uniformismo de Charles Lyell (1797-1875).

Los fósiles de antropoides pueden considerarse lejanos antepasados del hombre. El área de hominización comprende Asia, Europa y África. Los driopitecos europeos, el oreopiteco italiano y el sivapiteco indio representan, junto con los australopitecos africanos, los antropoides más antiguos. Los primeros caracteres humanos surgieron en la terciaria, especialmente en el plioceno. El surgimiento del trabajo con la piedra y el uso del fuego constituyen los hitos que diferencian al hombre como tal de los demás primates. El estudio de la evolución hasta el homo sapiens pasa por el pitecántropo, los australopitecos, los ramapitecos, y el homo habilis, entre muchos otros fósiles encontrados.

El hombre tiene alrededor de un millón de años desde su aparición. Según el material que se utilizaba para hacer las herramientas la era primitiva del hombre se divide en: Edad de piedra, Edad de bronce y Edad de hierro.

La Edad de piedra se divide en paleolítico (período antiguo de la piedra), mesolítico (período medio de la piedra) y neolítico (período moderno de la piedra). El paleolítico y el neolítico se dividen a su vez en inferior y superior. Las primeras herramientas del hombre fueron las hachas de piedras. El paleolítico inferior terminó con el inicio de la tercera glaciación. Murieron muchas especies de animales; pero el hombre aprendió a producir fuego. El hombre baja del árbol y vive en cavernas. Es cazador de grandes animales: renos y mamut. Recoge frutos.

El hombre moderno se forma en el paleolítico superior. Aparecen también las diferentes razas. La horda primitiva da paso a la comunidad gentilicia. En el mesolítico y en el neolítico reina el matriarcado. Se inventa el arco y la flecha. Se domestican los animales. El hombre cocina la comida en vasijas de barro. Al final del neolítico superior la piedra es pulimentada y nacen la agricultura y la ganadería. Con la aparición del patriarcado se desarrollan y perfeccionan la ganadería y la agricultura. Empiezan a fabricarse utensilios de metal. En el neolítico termina la prehistoria.

3. Ubicación del hombre en el tiempo:

3.1   El sistema solar apareció hace 6.000 millones de años.
3.2   La tierra empezó a formarse hace 4.500 millones de años.
3.3   La vida (bacteriana) empieza hace 4.000 millones de años.
3.4   La era geológica más antigua de la formación de la tierra se inició hace 2.500 millones de años.
3.5   En la era terciaria aparecieron los primeros antropoides.
3.6   Los primeros homínidos (primates parecidos al hombre actual) aparecieron hace 14 millones de años.
3.7   Al australopiteco siguió el pitecántropo eructs, y a éste el homo sapiens, quien se llama así por poseer determinada vida cultural primitiva.
3.8   Los más conocidos fósiles representantes del homo sapiens son el hombre de Neanderthal (100.000 años) y el hombre de Cromañón (40.000 años).

3.9   El hombre apareció en la era cuaternaria y tiene 1 millón de años.
3.10 El paleolítico se inició hace 600 mil años y terminó 10 mil años a. de C. inmediatamente se inició el mesolítico.
3.11 El neolítico terminó 4 mil a. de C.
3.12 El fuego se inventó hace 800 mil años.
3.13 Las primeras ciudades aparecieron hace 8 mil años.
3.14 La prehistoria terminó 4 mil años a. de C. con la invención de la escritura.
3.15 Desde que apareció el hombre el 99% pertenece a la prehistoria y 1% a la historia.

4. Características y nociones de la medicina en la prehistoria.

4.1 Las sociedades primitivas actuales (que no poseen escritura) nos aportan ideas acerca de la medicina en la prehistoria con sus ritos religiosos, mágicos y de hechicería.

4.2   Las concepciones y prácticas médicas en el pueblo en la actualidad (brujería, daño, mal de ojo, sahumerios) nos dan un posible cuadro de la medicina en la prehistoria.
4.3   Los fundamentos para el estudio de la medicina prehistórica los encontramos en la paleontología, la antropología física y la paleontología.
4.4   La paleopatología es la ciencia que estudia las alteraciones y posibles enfermedades que se detectan en los restos humanos y animales de épocas antiguas.
4.5   El arte rupestre, las esculturas y pinturas primitivas son importantes para indagar sobre la medicina en la prehistoria.

4.6 En la prehistoria existieron tres tipos de medicina: 1) La instintiva. 2) La empírica. Y 3) La mágico - religiosa.

4.7 La medicina instintiva consistía en curaciones semejantes a las practicados por los animales lamiendo las heridas, comiendo yerbas, despiojándose unos con otros, succionando la piel tras las picaduras, frotándose para aliviar el dolor y presionando una herida para detener la hemorragia.

4.8 La medicina empírica se practicaba como producto de la experiencia: la trepanación del cráneo para aliviar el dolor, el reposo luego de una fractura; etc.

4.9 La medicina mágico – religiosa se aplicaba cuando se suponía que la enfermedad era producto de espíritus y demonios: la trepanación del cráneo para liberar espíritus.

4.10 La explicación natural de una enfermedad era propia para las traumáticas, porque la causa era evidente; mientras que lo sobrenatural correspondía a los de órganos internos por cuanto el hombre primitivo no tenía conocimientos sobre los mismos.

4.11 Las enfermedades aparecieron antes del hombre. Los animales anteriores las sufrían.

4.12 En fósiles de animales se han detectado huellas de osteomielitis, fracturas, periostitis y osteítis.

4.13 La gota de las cavernas era la artritis sufrida por los osos prehistóricos y los animales.

4.14 En fósiles de hombres prehistóricos se han detectado signos de tuberculosis.

4.15 El hombre del paleolítico y del neolítico sufrió de caries y piorrea.

4.16 No se han encontrado restos orgánicos blandos anteriores a 4.000 años a. de C. por lo tanto no hay pruebas de enfermedades en partes blandas.

4.17 A juzgar por las momias egipcias, probablemente el hombre primitivo sufrió de arteriosclerosis, neumonía, infecciones urinarias, cálculos y parásitos.

4.18 En esqueletos de hombres de Neandertal (hace 70 mil años), se han encontrado signos de artritis en las rodillas y en la columna vertebral.

4.19 En un fémur del Homo eructos (hace 250.000 años) se ha diagnosticado un tumor óseo.

4.20 El promedio de vida del hombre prehistórico fue de 30 a 40 años.

4.21 Los hombres vivieron más que las mujeres. Las mujeres tenían más riesgo con la salud por el parto y la desnutrición.

4.22

La fertilidad y el embarazo fueron reflejados en el arte primitivo. La Venus de Willendorf (30.000 a. de C.) es una estatuilla de piedra de una mujer embarazada.

4.23 En manantiales subterráneos construyeron baños para la práctica de la hidroterapia en la edad de bronce.

4.24 El primer chamán aparece representado en una pintura de la Cueva de Troís Freres. (Francia)

4.25 En el neolítico con la aparición de la agricultura probablemente el hombre primitivo cultivó las plantas medicinales.

4.26 Las trepanaciones craneales se practicaron en el neolítico (7.000 años a de C) el motivo era religioso, mágico o para curar fracturas, o para hacer amuletos con el fragmento óseo extraído, o para aliviar el dolor.

4.27 Probablemente el hombre primitivo utilizó el fuego para curar tumores y cauterizar heridas.

4.28 La circuncisión apareció en la prehistoria como sacrificio para ofrendar parte del órgano reproductivo a los dioses.

4.29 El hombre primitivo empleó las sangrías al advertir que las menstruaciones aliviaban las tensiones.

5.La paleopatología: es la ciencia que estudia las alteraciones y posibles enfermedades que se detectan en los restos humanos y animales de épocas antiguas. Un ejemplo lo observamos en una información aparecida en el 2004. Allí nos dicen que científicos israelíes descubrieron evidencias de una enfermedad genética en los dientes de un fósil de 1,5 millones de edad. Los restos fueron encontrados en Etiopía y se trata de la evidencia más antigua de un trastorno hereditario en un ser humano. Los investigadores israelíes participantes en la investigación fueron los paleoantropólogos Uri Ziberman y Patricia Smith, de la escuela universitaria de medicina dental Hadasah de la Universidad Hebrea de Jerusalén y la doctora Silvana Condemi, una destacada investigadora del Instituto Francés de investigación de la misma ciudad. La enfermedad detectada se denomina Amelogénesis imperfecta en los dientes del fósil de un Homo Eructos (una especie precursora del hombre moderno) de dos años de edad. La amelogénesis imperfecta es una enfermedad que afecta la dentición a través de una alteración genética que afecta el esmalte. Los dientes adquieren un color amarillo y es posible observar la dentina. Los dientes son más susceptibles a las caries. La enfermedad la padecen uno de cada 14.000 israelíes, uno de cada 8.000 estadounidenses y uno de cada 700 suecos. El diagnóstico fue confirmado con rayos X, escáner y análisis microscópico.

6.La medicina instintiva: consiste en curaciones semejantes a las practicadas por los animales. Humberto Amaya Luzardo, quien vivió mucho tiempo en la selva nos da varios ejemplos de medicina instintiva practicada en la actualidad por los indios de Amazonas. En su libro "Bajo el techo de paja" escribe refiriéndose al tratamiento contra las mordeduras de serpientes: "Uno aprende mirando a los bichos. Si usted se pone a mirar a los micos (monos) y ve cuando una culebra muerde a un mico, entonces de la ramita que él coja y se eche, échese usted de la misma. Si no le gusta mirar a los micos...agárrese a mirar las culebras y de la pajita que ella coma, coja y coma usted también que esa es la que sirve"

PREGUNTAS PARA AUTOCONTROL Y REPASO.

1. ¿Qué es la prehistoria?
2. Enumere las ciencias que ayudan a estudiar la prehistoria.
3. Hable de la paleopatología.
4. Fundamentos la teoría de la evolución.
5. Enumere algunos hitos que le permitan ubicar al hombre en el tiempo.
6. ¿Qué elementos sirven para entender la medicina prehistórica??
7. Defina los tres tipos de medicina que surgieron en la prehistoria.
8. ¿Por qué se afirma que las enfermedades aparecieron antes del hombre?
9. ¿Qué era la gota de las cavernas?
10. ¿Qué enfermedades se han detectado en los fósiles del hombre primitivo?
11. Hable de las enfermedades del hombre prehistórico en los tejidos blandos.
12. Hable del arte como método para entender la medicina primitiva.
13. ¿Cuándo el hombre empieza a emplear las plantas como medicamentos?
14. ¿Qué es la trepanación craneal?
15. ¿Qué explica el surgimiento de las sangrías como método de curación?

CAPÍTULO II
LA MEDICINA EN MESOPOTAMIA.

1. Aspectos generales.
2. Ubicación geográfica.
3. Los habitantes.
4. Los reinos de Babilonia y Asiria.
5. Aportes de la cultura mesopotámica.
6. Fuentes de información médica.
7. Desarrollo y características de la medicina en Mesopotamia.
8. El poema del justo que sufre.
9. Tres grandes aportes a la medicina.

1. Aspectos Generales.

Entre las civilizaciones más destacadas en la antigüedad se encuentran las que se desarrollaron en Mesopotamia cuyo origen se remonta a 5.000 años antes de Cristo. Parte de la historia de estos pueblos es relatada en la Biblia. Los Zigurats mesopotámicos son el modelo, tal vez, de la Torre de Babel, y no es casualidad que en esta cultura se hable de un acto de creación y de un diluvio universal.

2. Ubicación geográfica.

Mesopotamia se ubica entre los ríos Tigris y Éufrates, los cuales se inician en los montes del Cáucaso y desembocan en el Golfo Pérsico. Mesopotamia corresponde, en su mayor parte, al Estado actual de Irak, en Asia Occidental.

3. Los habitantes.

3.1 Los Sumerios: Es el grupo más antiguo que habitó la región. Uno de los aportes más importantes de este pueblo a la cultura universal es la invención de la escritura, con la cual se deslinda el hombre de la prehistoria. La escritura de los sumerios era la llamada cuneiforme, compuesta por signos en forma de cuñas, dibujados sobre tablas de barro fresco que luego se endurecían con una caña de escribir. Fundaron la ciudad de Ur, la patria de Abraham.

3.2 Los Akadios: Su rey más destacado fue Sargón I, fundador de la dinastía de los acadios. Vivieron en la ciudad – Estado de Akad.

3.3 Los Asirios: Fundaron la ciudad de Nínive. Usaron el caballo con fines militares. Los carros de combate empleados por los guerreros asirios fueron la pieza clave para el dominio de otros pueblos.

3.4 Los Caldeos: Fueron súbditos babilonios de los asirios que se sublevaron y restablecieron la hegemonía de Babilonia.

4. Los reinos de Babilonia y Asiria.

El reino de Babilonia alcanzó su florecimiento con el rey Hammurabi (1792 – 1750 a. de C.) Hammurabi significa Tío – curador. Inició su mandato con un imperio que no llegaba a los 130 Km. de un extremo a otro. En 42 años de gobierno unió todos los pueblos de Mesopotamia. Hammurabi creó el código que lleva su nombre y en el que regula la vida cotidiana, en sus más amplios aspectos, de su pueblo. En el código 300 parágrafos están dedicados a la medicina.

El reino de Asiria alcanzó su poderío con el gobierno de Asurbanipal (669 – 625 a. de C.) Creó la biblioteca que lleva su nombre, la cual comprende 20.000 ladrillos de barro. Alrededor de mil ladrillos tratan sobre medicina.

5. Aportes de la cultura Mesopotámica.

5.1 Inventaron la escritura cuneiforme.
5.2 En la agricultura inventaron el arado. Desarrollaron la ganadería y la cría de animales.
5.3 Ante las inundaciones construyeron obras de ingeniería para regular el curso de los ríos.
5.4 Codificaron las primeras leyes.
5.5 Desarrollaron el comercio.
5.6 Fueron grandes artesanos.
5.7 Inventaron el sistema sexagesimal y dividieron la circunferencia en 360°.
5.8 Utilizaron el sistema de pesas y medidas.
5.9 Tenían conocimientos de las 4 reglas aritméticas, los números quebrados, la extracción de la raíz cuadrada y de la elevación de los números al cuadrado y al cubo.
5.10 Crearon la astronomía. Descubrieron varios planetas y sus órbitas y predijeron eclipses.
5.11 Crearon un calendario de 12 meses.
5.12 Crearon la astrología con los 12 signos zodiacales.

5.13 Perfeccionaron el uso de la rueda, el arco, la flecha y la esfera del reloj.

5.14 Fueron diestros arquitectos. Construyeron grandes torres: Los Zigurats (en acadio significa torre) formados por varias terrazas superpuestas y en cuya cima se erige un templo o santuario.

5.15 En literatura escribieron El Poema de la Creación y la Epopeya de Gilgamesh.

6. Fuentes de Información Médica.

6.1 El código de Hammurabi:

Tiene 10 normas y 282 reglas sobre el ejercicio de la medicina, su aplicación y los castigos por mala praxis, sobre todo la referente a intervenciones quirúrgicas. Aquí también se fijaron los honorarios por diferentes operaciones, los cuales dependen de la clase a la cual pertenecía el paciente. La muerte de un enfermo se castigaba con la amputación de las manos del médico, por ejemplo, y según los cánones de la Ley del Talión. El código de Hammurabi mide 2 metros 25 cm y se encuentra en París en el Museo del Louvre.

Un ejemplo de un parágrafo de este código es el siguiente:

"Si un médico cura hueso fracturado de un hombre o cura una víscera enferma, el enfermo le pagará cinco siclos de plata. Si se trata de un liberto, este pagará tres siclos de plata. Si se trata de un esclavo, el amo del esclavo dará al médico dos siclos de plata".

6.2 La biblioteca de Asurbanipal (VII a. de C.)

Ubicada en Nínive. En ella se encuentran documentos de distintas épocas como El Poema de la Creación y El Poema de Gilgamesh con su relato sobre la inmortalidad y el diluvio.

6.3   Las leyes medioasirias:
Descubiertas en Asur. Aquí se habla de los castigos para quienes practicaban la homosexualidad y de la amputación de un dedo para la mujer que malograra un testículo a un hombre.

6.4   La Biblia en diferentes pasajes del Antiguo Testamento. Ej. Daniel adivinaba los sueños a Nabucodonosor II para determinar su enfermedad.
6.5   Los relatos de Heródoto, el padre de la Historia y quien viajó por todos estos pueblos.
6.6   Los bajos relieves que representan escenas donde se practican actos médicos.

7. **Desarrollo y Características de la medicina en Mesopotamia.**

7.1 En Mesopotamia el desarrollo de la medicina conllevó a su regulación a través de leyes, especialmente lo concerniente a la cirugía. En esta cultura por primera vez se reglamentó el ejercicio de la medicina. El código de Hammurabi y las leyes medioasirias así lo demuestran.
7.2 El sistema médico era mágico – religioso. Los astros y los dioses causaban y curaban las enfermedades. La explicación de la mayoría de las enfermedades, por lo tanto, era sobrenatural.

7.3 Entre los varios dioses relacionados con la salud tenemos: Ninib (dios de la salud), Marduk (dios de todos los saberes incluyendo el médico), Nergal (dios de la fiebre), Tin (dios del dolor de cabeza), Namtaru (dios del dolor de garganta), Ea (diosa de la medicina, de los místicos y de la sabiduría), Gula (diosa de los nacimientos), Gallú (demonio del insomnio), Axaxazu (demonio de la ictericia).

7.4 El número siete (7) tenía un simbolismo negativo en la medicina mesopotámica. En los días divisibles por 7 los médicos no curaban por cuanto reinaba el séptimo espíritu o deidad del mal.

7.5 El templo de Marduk funcionó como escuela médica.

7.6 La enfermedad era un castigo sobrenatural que recaía sobre la víctima y se extendía a familiares a través de varias generaciones. Los sacerdotes indagaban los posibles pecados del enfermo para determinar la posible causa e indicaban las oraciones, súplicas y penitencias.

7.7 La enfermedad se diagnosticaba también a través de la oniromancia, la lecanomancia (como cae el aceite en el agua), la piromancia y la necromancia. Todas estas formas conformaban el arte de la adivinación de la enfermedad.

7.8 Estudiaron la anatomía de los órganos internos. El hígado fue considerado centro de la vida y de la sangre, de allí la importancia de la hepatocoscopia, o arte de adivinar las enfermedades con el hígado de un carnero.

7.9 También existió una medicina empírica en los casos de enfermedades con causas obvias como los traumas y fracturas de los huesos.

7.10 La medicina fue dividida en :(1) de los remedios (2) de los maestros del cuchillo (3) de los exorcismos.

7.11 Realizaron la primera clarificación de las enfermedades según su localización como los del tórax que eran los dolores, la tos y la hemoptisis.

7.12 Hicieron la primera descripción de varias enfermedades o síntomas como la fiebre, diarrea, hematuria, tisis, peste, tos y hemorragia.

7.13 Desarrollaron la cirugía especialmente para tratar heridas, absceso y fracturas óseas, extracciones dentales, cataratas y amputaciones.

7.14 En la curación mágica – religiosa eran importante los amuletos, los sacrificios de animales, los conjuros, las estatuillas y los exorcismos.

7.15 Desarrollaron la medicina preventiva a través de las oraciones y el aislamiento de los enfermos de lepra, aunque por razones religiosas y mágicas para evitar la propagación de los malos espíritus.

7.16 Nociones de medicina laboral podemos encontrar en el hecho de que justificaban las ausencias en el trabajo por causas de una enfermedad.

7.17 La receta aparece por primera vez en Mesopotamia con sus indicaciones y sellos.

7.18 La curación con remedios provenían de los reinos animal, vegeta y mineral. Podemos encontrar en una indicación opio, arsénico y vísceras. También el sauce, el aceite de pino, el orégano, la sal y la cerveza.

7.19 Usaron píldoras, jarabes y polvos.

7.20 Desarrollan la higiene ambiental para la construcción de las viviendas.

7.21 Las plantas medicinales se recolectaban de acuerdo a las fases lunares lo que se interpreta como una incipiente noción de la biorritmología.

7.22 Aplicaron las ventosas.

7.23 En la Epopeya de Gilgamesh el héroe busca la vida eterna y trata de luchar contra la muerte, tarea esta última propia de la medicina. Gilgamesh consigue la hierba que lo transformará de viejo en joven, pero una serpiente se la roba por lo que morirá como todos los hombres.

7.24 La serpiente como símbolo de la medicina aparece por primera vez en Mesopotamia. El dios curador Ningizida era una serpiente de dos cabezas y fue quien se robó la yerba de la vida eterna en el Gilgamesh. La serpiente desde entonces cambia de piel y se rejuvenece lo que significa regeneración y curación de la enfermedad.

8. El poema del justo que sufre: (2000 a. De C): notamos la concepción mágico-religiosa que se tenía en Mesopotamia. La enfermedad es castigo divino y no hay posibilidad real de librarse de ella:

...Todo el día el perseguidor me persigue;
a la llegada de la noche no me deja respirar un instante.
A fuerza de agitación mis nervios están desatados
Mis fuerzas están deprimidas, veo un mal presagio.
Sobre mi lecho, postrado como un buey,
estoy inundado de mis excrementos como un carnero.
Mis músculos enfermos han puesto al mago en el tormento
y por presagios que me llegan el adivino ha sido extraviado.
El encantador no ha aclarado el estado de mi enfermedad,
y el adivino no ha puesto fin a mi achaque.
Mi dios no ha venido en mi ayuda, no ha cogido mi mano;
mi diosa no ha tenido piedad de mí, no ha ido a mi lado.
La tumba está abierta, ha tomado posesión de mi habitación.
Sin que esté muerto, la lamentación sobre mí ha terminado;
todo mi país ha dicho: ¡qué destruido está!

9. Tres grandes aportes a la medicina:

1. Primeras leyes para regular el ejercicio de la medicina.

2. La receta con sus indicaciones y sellos.

3.El caduceo como símbolo de la medicina: el bastón con una serpiente a su alrededor.

PREGUNTAS PARA AUTOCONTROL Y REPASO:

1.Ubique a Mesopotamia en el contexto de la geografía actual.

2.Nombre los pueblos que habitaron Mesopotamia.

3.Enumere cinco aportes culturales de Mesopotamia.

4.Hable de las fuentes informativas médicas de Mesopotamia.

5.Establezca una relación entre el Código de Hammurabi y la medicina.

6.Hable de la oniromancia, la lecanomancia, la piromancia y la necromancia como métodos de diagnóstico en Mesopotamia.

7. ¿Qué órgano del cuerpo humano fue considerado el más importante?

8. ¿Qué es la hepatoscopia?

9.La medicina mesopotámica además de mágico-religiosa fue empírica. Explique.

10. Hable de los tres grandes aportes de Mesopotamia a la medicina.

CAPÍTULO III

LA MEDICINA EN EL ANTIGUO EGIPTO.

1. Datos generales.

2. Nociones históricas.

3. Desarrollo cultural.

4. Fuentes de información médica.

5. Dioses médicos.

6. Desarrollo y características de la medicina egipcia.

7. Imhotep

8. La medicina empírica egipcia.

9. Tres grandes aportes de la medicina egipcia.

1. Datos generales.

El poeta griego Antipáter de Sidón (siglo II a. de C) clasificó a una serie de obras de la antigüedad como las siete maravillas del mundo: 1) Las Murallas y jardines colgantes de Babilonia, 2) La estatua de Júpiter Olímpico, de Fidias, 3) El Coloso de Rodas, 4) El Templo de Diana o Artemisón en Éfeso, 5) El mausoleo de Halicarnaso, 6) El faro de Alejandría, y 7) Las pirámides de Egipto.

En efecto, Egipto es mundialmente conocido por sus famosas pirámides, sus faraones y sus momias. La egiptología es una ciencia muy interesante y peculiar. La antigua civilización egipcia alcanzó un alto grado de desarrollo económico y sociocultural. Las ciencias tuvieron sus grandes momentos, especialmente los referentes a las enfermedades.

El Egipto actual o la República Árabe de Egipto se encuentra, en el noreste de África. Tiene los siguientes límites: al Norte con el mar Mediterráneo, al Este con Israel y el mar Rojo, al Sur con la República de Sudán, y al Oeste con Libia. La capital de Egipto es el Cairo con 6 millones de habitantes. Egipto tiene una superficie de un poco más de 1 millón de Km^2, una población en un 90% musulmana. El actual Egipto se conoce también por la represa de Asuán, a orillas del Nilo, una de las más grandes del mundo, y el canal de Suez que une el Mediterráneo y el mar Rojo.

2. **Nociones históricas.**

La civilización egipcia empieza a desarrollarse 4.000 años a. de C. en el Valle del Nilo. Los estados se denominaban nomos. Existieron dos estados principales: El Bajo en el delta del Nilo y el Alto en el Sur. Ambos tuvieron como capital a Tinis al unirse. En Egipto reinaron treinta dinastías. La primera de ellas la dirigió Menes, quien unificó el país el 3300 a. de C. y fundó la capital Menfis. La II dinastía comienza en el 3000 a de C. El Imperio Antiguo o Menfita es el de la III dinastía. La IV dinastía expandió el imperio hacia el Sudán y el Occidente arábico. Los reyes más famosos de esta dinastía fueron Snefru, Keops, Kefrén y Micerino. Estos tres últimos se construyeron magníficas pirámides en el cementerio de Menfis. En la V dinastía, Userkaf se nombró primer faraón e instituyó el culto al Sol (Ra). El imperio antiguo comienza a declinar con la VI dinastía. En la VII y VIII dinastías las luchas internas provocaron una gran inestabilidad política. Se calcula que hubo hasta cien reyes en un año. La IX dinastía fue más o menos estable.

El Imperio Medio comenzó con Mentuhotep. La dinastía XII extendió las fronteras del reino. Las tribus cananeas invadieron Egipto durante las dinastías XIII y XIV. Los pastores o hicsas establecieron las dinastías XV y XVI. La dinastía XVII también fue de invasiones. Ahmosis expulsó a los extranjeros, fundó la dinastía XVIII y dio inicio al imperio Nuevo o Tebano. Este fue el último de los tres imperios del antiguo Egipto. El florecimiento de la cultura egipcia y las grandes conquistas pertenecen a este periodo. En el 1200 a. de C los libios invadieron el país. Los etíopes lo invadieron durante la dinastía XXIV. Cambises conquistó a Egipto en el 525 a. de C. y lo convirtió en una provincia del imperio persa. La dinastía XXVII persa terminó con Darío III (404 a de C.). La historia del Antiguo Egipto termina con la conquista de Alejandro Magno en el 333 a. de C.

3. **Desarrollo cultural.**

Egipto alcanzó un grado cultural importante que ha fundamentado la existencia de una ciencia: la Egiptología. La escritura jeroglífica es la base para conocer la cultura egipcia. Desarrollaron la arquitectura, la escultura, la pintura y la literatura. En este último arte se destacan como narradores y escritores de relatos y poemas. Profundizaron en las matemáticas, la astronomía y la medicina. Conocieron el sistema decimal, calculaban las superficies de algunas figuras geométricas (con el número $\pi = 3,14$), el calendario lo dividieron en doce meses y con 365 días. Inventaron la escritura jeroglífica, el papel y la pluma de escribir (un pincel) y la tinta.

4. Fuentes de información médica.

4.1   El tratado médico más antiguo sobre la medicina en Egipto es una tablilla cuneiforme mesopotámica.
4.2   El arte, las pinturas y las esculturas.

4.3   Las momias y su estudio por parte de la paleopatología.

4.4   Pasajes de la Biblia, sobre todo en el Éxodo.

4.5   Los escritos de Homero, Heródoto, Hipócrates, Plinio El Viejo, Diodoro y San Clemente de Alejandría. Este último escribió de los 42 libros sagrados de Thoth, de los cuales 6 trataban sobre medicina. Thoth es el dios griego Hermes, y de allí la colección Hermética.

4.6   Libros como el de Los Vasos del Corazón, el libro de Los Muertos, el secreto médico: Conocimiento de los movimientos del corazón, y cómo expeler el Wehedu o principio tóxico del cuerpo.

4.7   Los diferentes papiros, de los cuales los más importantes son:

4.7.1. El papiro de Kahun (1858 a. de C.)

Trata de la medicina veterinaria, la ginecología, la obstetricia y la puericultura. Se refiere a estos temas en 34 secciones. Describe una serie de síntomas, luego explica lo que debe decir el médico y al final el tratamiento.

4.7.2. El papiro de Edwin Smith (1700 a. de C.)

Considerado el primer tratado de cirugía y anatomía. Mide 4 metros de longitud; tiene referencias a los primeros estudios del cerebro. Se encuentra en Nueva York.

4.7.3   El papiro de Ebers (XVI a. de C)

Es el más largo con 20 metros de longitud. Tiene 180 páginas y 900 recetas. Fue encontrado en 1862 en una tumba de Tebas por George Ebers.

Contiene tratamientos médicos, manuales para curar encantamientos, hechizos. Se encuentra en la universidad de Leipzig.

4.7.4   El papiro de Hearst (XVI a. de C.)
Se encuentra en California. Contiene 26 recetas.

4.7.5   El papiro de Chester Beatty (XII a. de C.)
Trata sobre las enfermedades del ano.

4.7.6   El papiro de Berlín o de Brugsch
Tiene 200 recetas.

4.7.7   El papiro de Londres
Con 63 recetas.

4. **Dioses médicos.**

Casi todos los dioses egipcios tenían que ver con la medicina, de tal manera que cada parte del organismo tenía un dios. Ra era el dios Sol.

Isis era la diosa de la salud. Osiris era el dios del Nilo y de los Muertos. Horus (hijo de Isis) era el dios de los oculistas y tenía 4 hijos, los cuales cuidaban los órganos internos. Seth provocaba toda clase de enfermedades. Thoth era el médico de todos los dioses y de los escribas. Maskenet era el dios de los partos y Renenut de la lactancia. Ka era el espíritu de cada persona. Imhotep fue dosificado al morir.

6. Desarrollo y características de la medicina egipcia.

6.1 Los escritores antiguos catalogaron a los egipcios como grandes médicos. Esta forma fue conocida en el mundo de la época y se les consultaba desde otros países. Pávlov dijo: "En Egipto los médicos dieron los primeros pasos hacia el conocimiento científico".

6.2 La medicina era sacerdotal y por lo tanto tenían una concepción mágico – religiosa. No obstante, reconocían las causas naturales de las enfermedades.

6.3 Según el perfil los médicos se dividieron en generales, cirujanos y exorcistas o sacerdotes. De allí se desprende que había una medicina laica y otra religiosa.

6.4 En Egipto aparecieron las especializaciones médicas. Heródoto lo confirmó: había un médico de los ojos, otro de los dientes, del ano. También la especialización tenía que ver con el cargo que desempeñaba, de tal manera que existían los siguientes médicos: el médico del faraón (el médico mayor) dictaba las pautas tanto para el ejercicio de la profesión como para su enseñanza; el médico del palacio, el supervisor, el inspector, el práctico, el de los trabajadores, de los mineros, de los siervos, el militar, el del templo, etc.

6.5 La medicina estaba estrictamente reglamentada: se curaba de acuerdo a los tratados, y no se permitía la desviación de los mismos. La improvisación era severamente castigada.

6.6 Las escuelas médicas funcionaban en los templos. La más famosa fue la de Heliópolis.

6.7 Las primeras mujeres médicas aparecen en la civilización egipcia.

6.8 Practicaron el embalsamiento de los cadáveres, para lo cual abrían los cuerpos y los trataban adecuadamente para su conservación. Esta autopsia primitiva les dio, a diferencia de los mesopotámicos donde estaba prohibida por motivos religiosos, ciertos conocimientos tanto en la anatomía como en la fisiología.

6.9   Según la concepción médica egipcia, el cuerpo está constituido por un sistema de canales (metu) semejante a las redes de canales de riego. El corazón era el centro de la vida (en Mesopotamia era el hígado) y tenía canales que los unía a los órganos, por esos canales circulaban la sangre, el aire, la orina, las lágrimas, la esperma y las heces. Los canales terminaban en el ano. Su obstrucción era la causa de las enfermedades.

6.10 Conocieron las funciones motoras del cerebro por su consecuencia después de los traumas.

6.11 Detectaban el pulso.

6.12 La respiración era el espíritu vital (Ka). La inspiración era la vida y la expiración la muerte. Esto es el principio del Pneuma.

6.13 Reconocían los elementos: Aire, fuego, tierra y agua. De allí derivaron rasgos de la teoría humoral por cuanto conocían la sangre, la bilis, la flema y otros líquidos corporales.

6.14 Las enfermedades eran clasificadas por síntomas.

6.15 Para diagnosticar recurrían al interrogatorio, examinaban el cuerpo, observaban la orina, las heces, los esputos. Tomaban el pulso y consultaban directamente. Esto lo combinaban con la palpación de las partes afectadas.

6.16 Pronosticaban el curso de la enfermedad. En los tratados se describen 3 formas de pronóstico: 1. Curables 2. Inciertos 3. Incurables. Las expresiones para cada uno eran las siguientes: 1. Esta es una enfermedad que yo curaré. 2. Esta es una enfermedad contra la cual lucharé, y 3. Esta es una enfermedad que no curaré.

6.17 Los egipcios sufrieron de las siguientes enfermedades: parasitosis, paludismo, traumas, cataratas, viruela, peste, enfermedad de pott, neumonía, gonorrea, lepra, poliomielitis, cirrosis hepática, artritis, gota, alcoholismo, diabetes y traumas distintos.

6.18 En cirugía emplearon cuchillos de piedra, de metal y de papiros. Diagnosticaban hernias y practicaban la circuncisión por razones higiénicas, suturaban y aplicaban cintas adhesivas para curar heridas pequeñas, cauterizaban tumores.

6.19 En odontología pensaban que las caries eran producidas por gusanos y utilizaron prótesis dentales.

6.20 En ginecología estudiaron el embarazo. Comprendieron el papel del semen en la fecundación y utilizaron anticonceptivos de estiércol y miel. El embarazo se detectaba regando semillas de trigo y cebada con la orina de la mujer examinada. Si germinaba el trigo nacería un varón, si por el contrario germinaba la cebada nacería una hembra. Aplicaron tampones y fumigaciones vaginales. Administraron medicamentos a los niños a través de la leche materna.

6.21 En materia de salud pública recomendaban la higiene pública e individual por razones religiosas. Se bañaban 3 veces al día. Canalizaban las aguas blancas y negras. Usaron sistemas sanitarios para estos servicios. Hervían el agua y salaban la carne. Inventaron los mosquiteros.

6.22 Los tratamientos eran mágico – religioso, con rezos, amuletos y exorcismos; pero también recurrían a fármacos de origen vegetal, animal y mineral. Muchos de ellos han llegado hasta nuestros días: Aceite de ricino, opio, genciana, trementina, mandrágora, cobre, sal, antimonio y grasa de los animales.

El antimonio en polvo se llamaba Al-Kohl. Nombre que Paracelso dio al vino por considerarlo el espíritu divino.

6.23 Partiendo de su teoría del origen de la enfermedad como consecuencia de los obstáculos en los canales recurrían a los purgantes y a los vomitivos.

6.24   Encontraron elementos de medicina instintiva. Tales son los casos de los enemas y barro terapia. Los primeros surgieron al observar cómo los ibis se introducen el pico en el recto, y la segunda es una imitación de los baños de lodo de ciertos animales (elefantes, hipopótamos, etc.)

6.25   El vestido blanco era obligatorio para los médicos – sacerdotes.

6.26   El signo de récipe (Rp) tiene su origen en el dios Horus.

6.27   Inventaron píldoras, supositorios, ungüentos, gotas, gargarismo y fumigaciones.

7. Imhotep

El primero de los médicos antiguos más famosos. Vivió entre el 2778 y el 2600 a. de C., es decir en la época de las pirámides. Fue el visir del faraón Zoses. Se le atribuye la edificación de la pirámide escalonada de Saqqarah. Además de arquitecto era médico y se desempeñaba en otros quehaceres, por lo que fue considerado un sabio. En el tiempo de la dinastía Saíta creció la devoción popular hacia él. En Filose le construyeron una capilla en su honor. Este escriba y poeta médico desplazó a Thoth como dios de la salud después de su muerte. Se le identificó como hijo de Ptah. Imhotep rogó al dios Chnum para aliviar al pueblo durante las sequías, desde entonces el Río Nilo se desborda periódicamente. Fue estudioso de los libros religiosos antiguos y los sabía interpretar.

Además de la pirámide de Saqqarah, construyó el templo de Edfu en honor a Horus. La leyenda de Imhotep surgió luego de morir. Su tumba en Menfis era visitada por los enfermos y los milagros no se hicieron esperar.   Los griegos lo identifican con su dios – médico y pasó a llamarse: Imhotep - Esculapio.

Imhotep significa "aquel que vino en paz", y se le representa con la cabeza rapada, sentado como un sacerdote, con un rollo de papiros en sus manos.

8. **La medicina empírica egipcia** está reflejada en el Papiro de Edwin Smith, específicamente en un caso sobre "una herida en la cabeza que penetra hasta el hueso". Examen: Si tú examinases un hombre que presenta una herida que penetra hasta el hueso del cráneo, tú deberás decir con respecto a él: "Alguien que presenta una herida en su cabeza, pero cuya herida no tiene separación (dos labios) ...ni un corte, aunque penetra hasta el hueso de la cabeza; tú deberás palpar su herida (o tú deberás aplicarle sus manos)". Tú deberás encontrar su cráneo desprovisto de lesiones, es decir que no debe tener perforación, hendidura o aplastamiento. Diagnóstico: Tú deberás decir con respecto a él: "Alguien que presenta una herida en su cabeza, pero cuya herida no tiene dos labios...ni un corte, aun cuando penetra hasta el hueso de su cabeza. Un padecimiento que yo trataré". Tratamiento: Tú deberás aplicar carne fresca sólo el primer día y después aplicar gasa impregnada con grasa y miel todos los días hasta que él se recupere.

9. Tres grandes aportes de la medicina egipcia:
1. La bata blanca.
2. Las especializaciones médicas.
3. El signo del récipe (Rp) asociado al ojo de Horus, dios médico. El ojo de Horus, con sus peculiares extremidades inferiores, se transformó en el número cuatro (4), signo de Júpiter, dios de los alquimistas y médicos en la Edad Media. Luego el 4 se transformó en "R", inicial de récipe que significa "toma".

PREGUNTAS PARA AUTOCONTROL Y REPASO

1. Hable de tres fuentes informativas de la medicina egipcia.

2. ¿Cuál era la forma de escritura egipcia?

3. ¿Qué son los papiros?

4. ¿De qué trata el papiro de Kahun?

5. ¿Qué papiro trata de la anatomía y la cirugía?

6. ¿De qué trata el pairo de Ebers?

7. ¿Qué órgano del cuerpo humano era el centro de la vida para los egipcios?

8. ¿Qué conocimientos sobre ginecología y obstetricia tuvieron los médicos egipcios?

9. Hable de la medicina instintiva egipcia.

10. Nombre tres grandes aportes de Egipto a la medicina.

11. ¿Quién fue Horus?

12. Haga una biografía de Imhotep.

CAPÍTULO IV

LA MEDICINA EN CHINA.

1. Reseña histórica.
2. Aportes de la cultura china.
3. Influencias filosófico- religiosas sobre la medicina china.
4. Fuentes de información médica.
5. Desarrollo y características de la medicina china.
6. La variolización.
7. La acupuntura.
8. La moxibustión.
9. Una leyenda.
10. Dos relatos chinos relacionados con la medicina.
11. Confucio, la prudencia y la oración.
12. Tres aportes de la medicina china.

1.- Reseña histórica

El periodo más antiguo de la historia de China se llama Chang Yin (XVI – XII a. de C.) La población se estableció en tres regiones: 1) El Valle de Hoangho o Gran Llanura; 2) La China Central, compuestas por montañas y la Cuenca del Yang Tse; 3) La China Meridional o zona montañosa. Las tribus chinas del Valle del Hoagho se unificaron para luchar contra los hunos y conformaron un estado: el Chang y sus habitantes eran las tribus Yin. La fuente económica fundamental era la agricultura. Cultivaron cebada, mijo, trigo y arroz. Inventaron un sistema de riego y un arado primitivo. Producían seda, practicaban la ganadería y la pesca.

La artesanía se desarrolló ampliamente: elaboraron arcos, carros de guerras, barcos. Trabajaron la piedra, la madera y los metales. El trueque era el mecanismo para practicar el comercio. El rey era jefe militar y sacerdote. Las clases existentes eran la nobleza gentilicia, los campesinos y los esclavos. La escritura pictográfica nació en esta época con sus tres mil signos.

Las tribus del Chou vencieron al Chan Yin (XII a. de C.) y establecieron su reino. Surgía el Imperio Chino Centralizado. Una insurrección en el 842 a. de C. destronó al emperador y la nación se fragmentó en varios principados independientes. Para el siglo VII a. de C. existen cinco Estados chinos que hacen la guerra entre sí. Es la época de los Estados Guerreros. El principado de Tsin (IV a. de C.) se destaca por su esplendor. Chen (246 – 210 a. de C.) pasó a ser el primer gran emperador de la dinastía del Tsin. Chen unificó el imperio y conquistó Manchuria y Mongolia, inició la construcción de la Gran Muralla y simplificó la escritura jeroglífica. Los seguidores de Confucio se sublevaron contra el despotismo de Chen, fueron enterrados vivos casi quinientos confucionistas.

La dinastía de los Han (206 – 220 a. de C.) en su primer período fue menos déspota y proclamó el confucianismo como religión oficial. En el año 8 d de C. Wang Mang declaró toda la tierra propiedad del Estado; pero fue derrotado en el 18 d de C. por los "cejas rojas", campesinos sublevados al mando de Fan Chung. Wang Mang se había autoproclamado emperador al asesinar al descendiente de la dinastía Han.

La dinastía Han restaurada se enfrentó en el 184 de C. con los "turbantes amarillos", quienes proclamaron la igualdad universal. El imperio se fragmentó nuevamente.

2.- Aportes de la cultura china.

En la China antigua se inventaron el papel, la brújula, la pólvora, el sismógrafo y los macarrones. Todos estos y muchos otros aportes forman parte de la cultura universal.

3.- Influencias filosófico-religiosos sobre la medicina china.
La medicina china se desarrolló bajo la influencia de varios sistemas filosófico-religiosos: yoga, budismo, taoísmo y confucionismo.

3.1.- Yoga: (del sánscrito yoga: unión, esfuerzo). Conjunto de técnicas y disciplinas para el armonioso desarrollo del cuerpo y del espíritu.

3.2.- Budismo: Religión universal fundada por Buda que persigue la liberación del dolor de la existencia por medio de la práctica de una serie de principios.

3.3.- Taoísmo: Doctrina filosófica aparecida en la época de los Estados Guerreros. Más tarde se convirtió también en religión. Tres filósofos predicaron el taoísmo: Yang Chu habló de la introspección extrema; Lao-tse introdujo el concepto del Tao; y Chuang-tsi. El tao existe como principio fatal, inmóvil, ininteligente e ininteligible, igual a sí mismo, inmutable. Es posterior y también anterior.

La realidad es binaria: el ying y el yang interaccionan eternamente. El Wuwei recomienda no inmiscuirse en el curso natural de las cosas. El tao es el camino, la senda, es el método, el principio, la doctrina. La armonía y el orden son manifestaciones del tao. Todos tenemos un lugar apropiado en el mundo. Hay una manera natural y correcta de hacer las cosas. No cumplir con el tao es ir hacia el desastre, el caos. Hay que volver a la naturaleza.

3.4.- Confucionismo o confucianismo: Filosofía orientada hacia la armoniosa realización individual y el buen gobierno de la familia, la sociedad y el Estado. El tao es el camino, De es una cualidad individual para ir hacia el tao, el Yi es el sistema de derechos y deberes, Li es la forma correcta de conducta, Chingmin es el método para distinguir la verdad, Ren es el principio de reciprocidad, Junzu es la persona ideal, el Yang es la luz que se contrapone al Ying.

4.- Fuentes de información médica.

4.1. El emperador Fu Shi (2.900 a. de C.) quien hizo el símbolo del Ying y el Yang.

4.2. El emperador Rojo, Shen Nung, escribió el herbolario médico Pent-Tsao (2.800 a. de C.) y el primer trazado de acupuntura.

4.3. El emperador Amarillo, Yu Hsiung (2.600 a. de C.) escribió el Canon de la Medicina (Nei Ching), el cual consta de dos partes: a) sobre las cuestiones simples (sun-wen). Aquí se habla de la salud, la enfermedad, su prevención y tratamiento. b) Bases espirituales (Ling-Hsu) trata sobre la acupuntura. Este autor también escribió sobre "las conversaciones del emperador Amarillo y la muchacha sencilla". Aquí se habla del sexo.

4.4. El libro de las odas (Shih Ching)

4.5. Instituciones del Chau- textos médicos (1050 – 1225 a. de C.)

4.6. Chang Chung Ching. El Hipócrates chino (195 d de C), escribió el tratado de las fiebres. Describió síntomas, habló de farmacología, acupuntura, dietética, moxibustión y tratamientos para muchas enfermedades.

4.7. Sun –Szu – Miao (581 – 682 a. de C.) escribió treinta volúmenes de mil recetas valiosas.

4.8. El espejo de oro de la medicina, recopilado por Kien Lung en 1744. Recoge todo el conocimiento médico chino.

5.- Desarrollo y características de la medicina china.

5.1.- El equilibrio entre el yang y el ying proporciona la salud. Su desequilibrio conlleva a la enfermedad.

5.2.- En el microcosmo (organismo humano) como en el macrocosmo (universo) hay dos fuerzas antagónicas: el yang y el ying.

5.3.- El yang es el principio masculino, positivo; es la fuerza, la dureza, el color, el sol, lo seco, la luz, y el cielo.

5.4.- El ying es el principio femenino, negativo; es la luna, la tierra, la oscuridad, la debilidad, la humedad y el frío.

5.5.- El yang y el ying fluyen constantemente por todo el organismo a través de canales.

5.6.- Según la filosofía china el macrocosmo lo forman cinco elementos: madera, fuego, tierra, metal y agua.

5.7.- El número cinco tiene una connotación cabalística en la filosofía china que se extiende a todos los campos y saberes: los cincos elementos corresponden a los cinco colores, cinco saberes, cinco sentidos, cinco vísceras, cinco planetas, cinco estaciones, etc.

5.8.- En anatomía y filosofía los chinos tuvieron la limitación del confucianismo que prohibía la profanación de los cadáveres, los cuales eran considerados sagrados. Para poder ganar el reino de los cielos el cadáver no podía estar mutilado. Los eunucos conservaban sus órganos castrados para ser sepultados junto con el cuerpo.

5.9.- Los cinco órganos consistentes son: Corazón, pulmones, riñones, hígado y bazo.

5.10.- Los cinco órganos huecos son: intestino delgado, intestino grueso, uréteres, vesícula biliar y estómago.

5.11.- Cada emoción corresponde a un órgano: La felicidad al corazón, el pensamiento al bazo, la tristeza a los pulmones y el enfado o la alegría al hígado.

5.12.- Para el diagnóstico recurrían a la observación del paciente, la anamnesis, la palpación, el estudio de la voz, el pulso, el tao. Utilizaban una figura para indicar la parte afectada, sobre todo cuando se trataba de mujeres.

5.13.- El pulso se estudiaba minuciosamente y era el método fundamental para diagnosticar la enfermedad. Se tomaba primero el del brazo derecho, luego el del izquierdo. Se comparaba el pulso del paciente con el del médico. Se anotaba la hora, el día, la estación del año. Cada pulsación la dividían en tres partes y la asociaban a un órgano específico. Para el análisis del pulso se empleaba no menos de un cuarto de hora.

5.14.- El desequilibrio en el Tao producía la enfermedad, por eso se estudiaban las circunstancias ambientales del paciente y su situación social y política.

5.15.- Hwang ti (2.650 a. de C.) escribió el Nei Ching y dio los siguientes consejos:
   a. El médico no sólo cura la enfermedad constituida; debe estudiar también la enfermedad no establecida.
   b. El médico debe esforzarse por encontrar las más precoces y leves desarmonías en el organismo enfermo.

c. En el examen debe poner toda su atención en apreciar la nueva sintomatología.

d. El médico no es sólo observador: debe ser también un explorador y no se limitará a observar las modificaciones del organismo enfermo, sino que indagará su origen.

e. El médico debe prever las consecuencias anteriores de la enfermedad para permitir el retorno a la normalidad.

5.16.- En cirugía trataban las heridas, practicaron la castración y aplicaron los vendajes de los pies. La castración se practicaba por razones económicas: era más fácil conseguir trabajo siendo eunuco en casa de los poderosos.

El vendaje de los pies era una costumbre muy antigua. Se les practicaba a las niñas desde temprana edad. El pie zambo artificial producto del vendaje se llamaba "Loto de oro" y era símbolo de belleza y riqueza. La mujer no podía caminar pues el dolor era muy fuerte. De esa manera el esposo se aseguraba de que nunca lo traicionaría. El pie de una niña de cuatro años vendado no crecía más de tres pulgadas. El pie vendado era una condición para casarse y el ideal era "delgados, pequeños, puntiagudos, doblados, perfumados, suaves y simétricos". El pie vendado influyó en la arquitectura china: se construyeron estrechos callejones para que las mujeres pudieran caminar apoyándose en las paredes, y en las casas los pasamanos eran comunes. El pie dorado o vendado era un objeto sexual: hay pinturas que muestran como los hombres los acarician y los besan. Esto es la podofilia o fetichismo por los pies.

5.17.- Hua Tu (115 – 205 d de C.) fue el cirujano chino más destacado, usó la anestesia y practicó laparotomías. Recomendó ejercicios semejantes a los movimientos de los animales.

5.18.- En salud pública regularon el uso de las aguas, la ubicación de los cementerios y la construcción de los hospitales.

5.19.- La obstetricia fue practicada sólo por mujeres.

5.20.- En farmacología conocieron según el herbario chino, más de once mil sustancias, dos mil remedios y dieciséis mil fórmulas. Los medicamentos minerales más conocidos fueron: el mercurio, el nitro, el alumbre y el azufre. Usaron infusiones, píldoras y cataplasma.

Emplearon polvos fosilizados: cuernos de rinoceronte. Utilizaron el sauce para combatir el dolor. Hasta nuestros días han llegado la Efedra (efedrina) y el gin seng (raíz en forma humana). Los medicamentos fueron divididos en cinco categorías: 1) Hierbas, 2) árboles ,3) insectos ,4) piedras ,5) granos.

5.21.- Emplearon la organoterapia: órganos de animales para tratar enfermedades del mismo en el hombre. Usaron la leche materna en la oftalmia del recién nacido, el mercurio contra la sífilis y el aceite de Chaulmoogra en la lepra.

5.22.- Las leyes chinas penaban el infanticidio y el estupro. Todas estas disposiciones conformaban una forma de medicina legal incipiente. Además, los heridos eran divididos en leves, si curaban en veinte días, y graves las que lo hacían hasta los cincuenta.

5.23.- Existieron cinco tipos de tratamientos: 1) curación del alma. 2) nutrición del cuerpo. 3) administración de medicamentos. 4) tratamiento del organismo. 5) la acupuntura y la moxibustión.

5.24.- Se recomendaban restituir el paciente al tao los masajes, los ejercicios y las dietas.

5.25.- Las dietas se basaban en cinco sabores que beneficiaban a determinadas partes del organismo: 1) El ácido para las enfermedades de los huesos. 2) El picante para la de los tendones. 3) El salado para las de la sangre. 4) El amargo para las de la respiración. 5) y el dulce para la de los músculos.

5.26.- Los médicos se clasificaban en cinco categorías: 1) médico jefe 2) dietólogo 3) para enfermedades simples 4) médico de úlceras 5) médico de animales.
En el siglo VII d de C. los practicantes de la medicina obtenían sus conocimientos en la familia y rendían exámenes. De acuerdo a las calificaciones se dividían en: 1) médicos, 2) asistentes, 3) aplazados.

5.27.- Los médicos se especializaban en vasos pequeños, vasos grandes, fiebre, viruela, piel, huesos, laringe, pulso, masaje, acupuntura y moxibustión.

5.28.- De acuerdo a la Escuela filosófica los médicos se clasificaban en:
    1)Grupo Ying – yang. Fundamentaban su estudio en el desequilibrio de las fuerzas.
    2)Wen – pou. Tomaban en cuenta el Yang y recomendaban gin seng.
    3)Radicales. Aplicaban medidas drásticas.
    4)Conservadores. Recurrían a los procedimientos clásicos.
    5)Eclécticos.
    6)De los cinco elementos: buscaban el desequilibrio de los elementos y sustancias en el organismo.

6.- La Variolización.
    Antes de la invención de la vacuna contra la viruela los chinos aplicaron un tipo de variolización nasal con costras provenientes de las zonas afectadas de

las vacas atacadas por la enfermedad. Este hecho constituye un singular aporte de la medicina china al conocimiento universal de lucha contra las enfermedades.

7.- La acupuntura.

La acupuntura es un método terapéutico que consiste en la aplicación de agujas en diferentes partes del cuerpo. Se dice que surgió al observarse que soldados con enfermedades crónicas mejoraban luego de recibir heridas de lanza y pinchazos en los combates. También se explica su origen en el hecho de que cuando se siente dolor, inconscientemente el hombre se daba masajes y golpecitos en la parte afectada y se descubrió que se aliviaba el dolor. En un principio se usaron agujas de piedras. En el neolítico se usaron además de las agujas de piedras las de hueso, bambú y cerámica. Más tarde se usaron agujas metálicas: de cobre, bronce, hierro, plata y oro.

El cuerpo humano, según la concepción ortodoxa de la acupuntura, posee muchos canales por los que circula la energía que permite el normal funcionamiento de nuestros sistemas y órganos. La enfermedad no sería más que un disturbio en la circulación de esta energía y se puede regular aplicando agujas en los puntos convenientes.

La Organización Mundial de la Salud (OMS) recomienda la acupuntura para tratar el resfriado, la amigdalitis, neuralgias, jaquecas, ciáticas y 43 enfermedades más.

Los puntos acupunturales no sólo son estimulados con agujas sino también con electricidad, calor, masaje y presión. Las investigaciones modernas han explicado de manera clara los mecanismos neurales, químicos e inmunológicos de la acción terapéutica de la acupuntura.

La importancia que se está dando a la acupuntura en la actualidad es tan grande que es materia de estudio obligada para los cosmonautas, quienes utilizan los conocimientos adquiridos en casos de emergencia en las condiciones extremas e inhóspitas del espacio sideral.

8.- La moxibustión.

Es un método terapéutico externo. Consiste en utilizar ciertas materias combustibles o medicamentos para quemar o cubrir el lugar afectado. Las funciones fisiológicas se regulan por la estimulación del calor. La moxibustión en China se originó durante la sociedad primitiva. Su descubrimiento estuvo ligado con el fuego. El fuego no solamente daba calor, sino también podía eliminar algunos dolores. La experiencia decía que algunas quemaduras pueden aliviar ciertas dolencias. Documentos del 518 – 168 a. de C. hablan de la existencia de la moxibustión. Las materias que se empleaban en la moxibustión eran de ramas de hierbas y árboles. Luego se usó la artemisa, más tarde se emplearon otras plantas y sustancias.

9.- Una leyenda.

Un emperador japonés decidió conocer las personas más viejas de su país. A su palacio se presentó el anciano Mampe con 194 años, su mujer con 173 y su hijo con 153. Pasaron 50 años y otro emperador quiso hacer lo mismo y nuevamente se presentó el viejo Mampe, pero ahora con 244 años. Al preguntársele cuál era el secreto de su buena y larga salud contestó: cada 4 días aplico calor y masaje en el Zusanli.

El Zusanli es el punto más famoso de todos los conocidos en el sistema acupuntural. Los japoneses lo llaman el punto para curar las cien enfermedades, mientras que los chinos lo denominaban el punto de la longevidad. La digipuntura del Zusanli influye, positivamente, sobre el trabajo de muchos órganos; estómago, hígado, riñones. Aumenta la secreción de ciertas hormonas como los corticosteroides.

El Zusanli se encuentra a 3 cun (un cun es igual a la anchura de la uña del pulgar o dedo grueso de la mano) por debajo de la rótula, midiendo a partir de su borde inferior y a un cun hacia fuera del borde anterior (delantero) de la tibia.

10.- Dos relatos chinos relacionados con la medicina.
10.1.- Operación sin anestesia. Sobre el cirujano Hua Tuo.
El general Guan Yu fue herido en el brazo derecho por una flecha cuando dirigía el ataque a la sitiada ciudad Fan. Cayó de su caballo, siendo socorrido por los soldados que lo trajeron al cuartel. Sacaron la flecha, pero se dieron cuenta de que la punta de la misma estaba envenenada. Tenía el brazo monstruosamente hinchado. El veneno había llegado ya a los huesos. Le sugirieron desistir del plan de conquista y retirarse para curar la herida. Pero el general se negó rotundamente. Ordenó mantener el sitio de la ciudad y volver a atacarla en cuanto se le sanase la herida. Los médicos del ejército dijeron que eran incapaces de curarlo, por lo que se envió a varios soldados en busca de buenos cirujanos.
Un día se presentó en el cuartel un médico llamado Hau Tuo, quien dijo:
- Me he enterado de que el famoso héroe ha sido herido por una flecha venenosa. Quisiera ver si puedo hacer algo.
Los oficiales sabían que el cirujano había hecho verdaderos milagros en el tratamiento de heridos graves. Lo llevaron a la tienda del general, quien se encontraba jugando al ajedrez con su amigo Ma. Tras examinar cuidadosamente la herida, el médico afirmó:
- Tengo que decirle que el veneno se ha propagado hasta los huesos del brazo derecho. Hace falta operarlo inmediatamente. De otra manera sería imposible salvar su brazo.
- El general le preguntó tranquilamente:
- ¿Cómo me lo opera, doctor?

Es preciso fijar un aro de hierro en la columna, atravesar su brazo derecho en el aro, atarlo con cuerda y tapar su cabeza con una manta. La operación es dolorosísima, porque no se puede usar anestesia. Tendré que ampliar la herida hasta llegar a los huesos y rasparlos para eliminar el veneno. Después cerraré la herida con hilo y aguja, y aplicaré medicinas para evitar la infección. Es la única manera de curarlo, pero temo que no tengo medios eficaces para reducir el intenso dolor....

- No se preocupe – le interrumpió el general Guan con una sonrisa en la cara –, no necesitaré ni columna, ni aros, ni las demás historias. Opéreme tranquilamente después de la comida.
- Lo convidó a una suculenta comida en la que tomaron abundante licor. En cuanto terminaron de comer, el general se sentó otra vez con su amigo para seguir el juego, descubriéndose el brazo derecho para que el cirujano lo operara.
- Hua cogió un afilado cuchillo desinfectado y puso una palangana debajo del brazo herido del general, a quien dijo:
- Le va doler mucho, no se mueva.
- Tranquilo, doctor. Empiece cuando pueda. No se preocupe por mí.

Al decirlo, inició la partida de ajedrez más dolorosa en la historia del mundo. Hua Tuo ensanchó la herida y descubrió los huesos, raspándolos con un cuchillo para quitar el veneno. Los militares que estaban al lado desviaron la vista de la ensangrentada herida del general, mientras que este, sin ninguna queja, se concentraba en la estrategia del ajedrez. Su adversario, notablemente nervioso, no lograba colocar bien las piezas por el temblor de la mano. Mientras tanto, dentro del silencio de la tienda, se oía el goteo de la sangre en la palangana y el chasquido del cuchillo raspando huesos.

- Al cabo de un buen rato, el médico terminó de cerrar la herida con la última puntada. Se le veía pálido y agotado. Sin embargo, el general se mantuvo

inmóvil, sereno, con una sonrisa en la cara. Cuando le dijeron que todo se acabó, se echó a reír a carcajadas:
- Extraordinario. Ahora puedo mover mi brazo. En pocos días estaré bien. No me ha dolido prácticamente. Es usted maravilloso.

El médico le contestó con viva admiración:
- Jamás en mi vida he visto a alguien que haya podido aguantar el dolor con tanto estoicismo e integridad. Es usted realmente increíble.

No cabe duda del inusitado coraje del general, pero tampoco de su enorme capacidad para concentrarse, en este caso en el ajedrez, y poder así retirar la mente de la zona agredida.

<u>10.2</u>.- Interpretar el sueño.

El rey Qi Jing estaba enfermo. No había podido levantarse de la cama desde hacía un mes. El médico del palacio hizo lo imposible para curarlo. Pero el rey no respondió positivamente al tratamiento, se sentía pesimista y desesperado. Tenía terror a la muerte y se aferraba a la vida por todos los medios.

Una noche tuvo una pesadilla. Soñó que luchaba contra dos soles. Fue derrotado y quemado por unas bolas enormes de fuego. Las llamas al rojo vivo lo abrasaban despiadadamente. Despertó gritando en su delirio, bañado en sudor frío. No pudo volver a conciliar el sueño. Aguantó hasta el amanecer, hasta que vino el consejero, a quien le dijo en un tono casi agonizante:
- Ya no puedo vivir mucho tiempo. Anoche soñé que luchaba contra dos soles. Me derrotaron y me quemaron hasta la muerte. Eso supondrá el fin de mi vida.

Su inteligente consejero trató de consolarlo:
- No se desespere. Voy a llamar al adivino de los sueños para que le dé su explicación.

Envió un carruaje para traer al adivino enseguida. Lo esperó en la antesala. Al cabo de un momento, llegó el vidente y preguntó al consejero:

- ¿Me llamaba para algo? Aquí me tiene a su entera disposición.
- Mire – empezó a ponerlo en antecedentes -, anoche su Majestad tuvo una pesadilla en la que soñó que luchaba contra dos soles. Lo quemaron hasta la muerte. Este sueño le ha causado gran malestar y miedo. Por eso lo hemos convocado para darle una explicación adecuada.
- Para eso necesito consultar el libro de los sueños – dijo el adivino mientras abría el grueso manual.
- No es necesario – se lo impidió el consejero -, porque la enfermedad que padece nuestro rey es del yin, mientras que el sol es el yang. El hecho de que el yin hay sido derrotado por dos yang supone que la enfermedad será curada. Por eso el sueño es un buen augurio. Vaya a interpretar su pesadilla en estos términos.

Cuando entró el mago en el dormitorio real, el monarca se sintió tan próximo a la muerte que casi ni tuvo fuerzas para contarle su pesadilla. Terminó con los ojos cerrados, agónico.

El mago ya tenía su versión preparada. Le dijo con un tono lleno de júbilo:

- Majestad, permita felicitarlo.
- ¿Por qué me felicitas? – el monarca abrió enseguida los ojos.
- Porque este sueño significa que se va a mejorar inmediatamente. El mal que padece es el yin, el sol es el yang. El hecho de que el yin haya sido derrotado por el yang significa que pronto mejorará sustancialmente su salud.

El rey se incorporó de la cama con ánimo. Sintió que su espíritu, agobiado por el pesimismo, se aliviaba, y se impregnó de una inaudita vitalidad.

Al tercer día se recuperó totalmente. Para celebrar su repentino restablecimiento se entrevistó con el mago que le pronosticó el cambio en la evolución de su enfermedad:

- Realmente estoy muy agradecido. Tú fuiste la persona que me dio ánimo y vitalidad cuando me encontraba en estado crítico. Dime si quieres una recompensa en dinero o en algún puesto público.

El mago no pudo más que decir la verdad:
- Majestad, fue su consejero personal quien me dio las directrices para la interpretación de su pesadilla.

El rey convocó a su consejero para manifestar su gratitud. Éste le dijo:
- Lo que hice fue disipar las excesivas preocupaciones que le agobiaban y le causaban pesadez espiritual. Pero si se lo hubiera dicho yo no me hubiera creído. Por eso, el mérito ha sido del intérprete de sueños.

A pesar de la modestia de su consejero, el rey decidió premiar generosamente a los dos.

11. Confucio, la prudencia y la oración:

Jij Kang Tzyy (un poderoso noble del estado Luu envió a Confucio un obsequio de medicinas. Aceptando el presente Confucio solamente se inclinó para decir: como no conozco sus propiedades , no me atrevo a probarlas. Cuando estaba muy enfermo, Tzyy Luu oraba por él.

Confucio :¿Es verdad que ha rezado por mí?

Tzyy Luu: Sí, lo hice. Una súplica conforme al panegírico ha sido ofrecida a los espíritus del cielo y de la tierra.

Confucio: Yo mismo he estado orándoles desde hace largo tiempo.

12. Tres aportes de la medicina china:

1. La acupuntura.
2. La variolización.
3. Aporte farmacológico: emplearon el sauce, la efedrina y el gin seng.

PREGUNTAS PARA AUTOCONTROL Y REPASO

1. Hable de los aportes de China a la cultura universal.
2. ¿Qué corrientes filosófico-religiosas influyeron sobre el desarrollo de la medicina china?
3. Cite tres fuentes de información médica china.
4. Relacione los conceptos de ying y yang con la salud.
5. ¿Por qué la anatomía y la fisiología se vieron limitadas en China?
6. ¿En qué consistió la organoterapia china?
7. Hable de la clasificación de los órganos en la medicina china.
8. ¿Qué es la moxibustión?
9. Defina los canales o meridianos energéticos según la concepción médica china.
10. Nombre tres grandes aportes de la medicina china.

CAPÍTULO V
LA MEDICINA EN LA INDIA

1. Reseña histórica.
2. Los dioses y la medicina.
3. Los sistemas filosóficos – religiosos y la medicina.
4. Fuentes informativas médicas.
5. Desarrollo de la medicina en la India.
6. El juramento hindú.
7. Tres relatos hindúes relacionados con la medicina.
8. Oración a los gemelos Ashvins, médicos de los dioses.
9. Aportes de la medicina hindú.

1. Reseña histórica.

La India Antigua puede dividirse en dos partes: la septentrional, integrada por la Cuenca del Indo y del Ganges; y la meridional. El Himalaya y los mares separan a la India del resto del mundo. El período más antiguo de la historia de la India se denomina dravídico por las tribus que conformaban la población. Se ocupaban de la agricultura y la ganadería. Cultivaron trigo y cebada; domesticaron ovejas, cerdos, camellos y elefantes. En las ciudades Mohenjo Daro y Harappa se construían casas de ladrillos, tenían buenas calles y sistemas de conducción para aguas blancas y servidas.

En el segundo milenio a. de C. las tribus arias invadieron la India Septentrional. Los arios eran tribus ganaderas procedentes de Asia central encabezadas por un rajá. Cuando los arios someten en su totalidad a la India, en el I milenio a. de C., surgen las castas: 1) Brahmanes (sacerdotes), 2) Ksatryes (guerreros), 3) Vaisyas (campesinos, artesanos y mercaderes), 4) y los Sudras (esclavos).En el siglo VI a. de C. existían dos Estados extensos, entre varios otros: Magadha, en el Ganges, y Korala al noroeste de Magadha. Este último derrotó al primero en el siglo V. Alejandro Magno en el siglo IV a. de C. conquistó la parte noroccidental de la India. De aquí nació la relación entre las culturas india y griega. Después de la retirada de Alejandro Magno, Chandragupta (322-297) fundó un fuerte imperio que alcanzó su apogeo con el rey Asoka (273-232), su nieto. Asoka fomentó el comercio, realizó construcciones arquitectónicas y declaró al budismo religión oficial. En el año 100 d. de C. se formó el Imperio Indo-Escita.

En lo que se refiere a la religión, el brahmanismo se basa en la idea de la tríada de dioses: Brahma, creador del mundo; Visnú, dios del bien; y Shiva, dios del mal. El budismo se opuso al brahmanismo en el siglo VI a. de C.

En la India se cultivaron las matemáticas, la astronomía y la medicina. El año lo dividieron en doce meses de treinta días.

2. Los dioses y la medicina.

Todos los dioses de la mitología hindú tienen que ver con la medicina, directa o indirectamente. Brahma es el creador, Indra es la tormenta, Varuna es la noche, Mitra es el día, Agni es el fuego, Vayu es el aire, Soma representa la bebida y las plantas medicinales, y Rudra provoca enfermedades y desastres. Shiva es la muerte, Kali es la enfermedad, Vishnu es el conservador del mundo, Lakshmi es la vida, y otorga belleza y buena suerte. Los dioses-toro traen enfermedades y Shri Sitala provoca epidemias de viruela. Dhanvantari es el dios máximo de la medicina. Los gemelos Ashvins son los médicos de los dioses. A ellos se les reza así: "Concedednos tres veces ¡oh Ashvins¡Los medicamentos del cielo, los de la tierra y los del firmamento; dad a mi hijo, ¡la prosperidad de San Yuu! Vosotros que amáis las hierbas saludables preservad el bienestar de los tres humores del cuerpo".

Cada religión hace su aporte a la gran familia de los dioses: primero el brahmanismo, luego el budismo, en el siglo X irrumpe el islamismo, y en siglo XV lo hace el cristianismo.

3. Los sistemas filosóficos-religiosos y la medicina.

Los sistemas filosóficos-religiosos que influyeron sobre la medicina hindú fueron los siguientes:

3.1 El budismo.

Para Buda el dolor en general provoca el sufrimiento. El deseo es la primera causa del dolor. Se refiere al deseo carnal, al deseo de tener y tratar de conservar lo que se tiene. La segunda causa es la falta de dominio de sí. La cólera, la abdicación ante las pasiones y las sensaciones. La tercera causa del dolor es la ignorancia o el desprecio al conocimiento. Buda enseña su punto de vista sobre la medicina en el relato siguiente:

Un hombre fue herido por una flecha envenenada. Dime lo que habría pasado si el hombre hubiera dicho: "No permitiré que me limpien la herida sin conocer el nombre del hombre que me hirió, sin saber si es noble o brahmán, un vaisya o un sudra. No permitiré que me curen antes de que me digan a que familia pertenece, si era grande o pequeño o de talla mediana, de que madera estaba hecho el arco que disparó la flecha que me alcanzó". El hombre moriría de su herida.

Buda añade: "ocurre lo mismo con la medicina que cura ¿Qué importa lo que sea o de donde provenga con tal que pueda curar?"

El budismo quiere cambiar la manera de pensar de sentir y de actuar. La terapéutica del budismo se dirige a toda la humanidad para modificar su estado mental. El budismo considera enferma a la humanidad. Hay que curarla toda y no solamente a algunos hombres.

3.2 Jainismo.

Se consolidó este sistema en los tiempos de Buda (VI-V a. de C.) . Jina significa vencedor. Mahavira inició la enseñanza. Los practicantes del jainismo, los jainies se dividen en: 1) Svetambaras o vestidos de blanco, los cuales son más flexibles en lo que a los mandamientos del sistema se refiere y 2) Los digambaras o practicantes del nudismo.

3.3 El yoga.

El yoga persigue el desarrollo armonioso del cuerpo y del espíritu a través de un conjunto de técnicas y disciplinas. El sistema se inspira en la filosofía hindú y se originó entre el siglo I a. de C. y el V d. de C. La teoría se atribuye a Patanjali, amo del Sutra yoga. En la difusión del yoga han tomado parte los maestros Vyasa, Vijnana Bhiksu o Bhoja Lesta. La concepción de Sri Aurobindo permitió la difusión del yoga hacia occidente.el ejercicio físico del yoga permite llegar a la abstracción espiritual, la insensibilidad al dolor, la hipnosis y la telepatía. El yoga es la base del hinduismo, el brahmanismo, el budismo y el jainismo.

El yoga es una palabra que proviene del sanscrito, lengua que dio origen al latín, el griego, el alemán, el ruso y el hindú; el yoga significa unión (yujir) y también estado mental elevada (samadhi, de la raíz yuja).

El yoga sirve para forjar una disciplina personal, proporciona bienestar físico y mental. Los asanes relajaban la columna vertebral y los pranayama (ejercicios respiratorios) facilitan un mejor uso del oxígeno.

4. Fuentes informativas médicas.

4.1 Los Vedas (saber en sánscrito) que son un conjunto de textos de la religión brahmánica representan la obra más antigua de la literatura hindú. Se dividen en cuatro grupos: 1) Rigveda que son los libros con mitos e himnos religiosos. 2) el Samaveda o libro de las melodías. 3) el Yajurveda o Ayurveda que es el libro más antiguo sobre la medicina hindú. 4) el Atharvaveda contiene fórmulas para enfrentar la vida con referencias a la medicina. 5) Upanishads, se agrega como elemento filosófico y junto a los otros se denomina vedante.

En los vedas se habla de enfermedades, heridas, fertilidad, reglas higiénicas. Hay secciones sobre los flegmones y abscesos, los ojos, la nariz, el oído, la medicina interna, las enfermedades mentales, la pediatría, la ginecología, los antídotos, la geriatría y los afrodisíacos.

Los vedas tienen dos partes cada uno: los mantos o plegarias y los brahmanes o preceptos. La medicina ayurvedica es racional, naturalista y su fundamento está en los vedas y los escritos de Charaka y Súsruta.

4.2 Los escritos (o Samhitas) de Charaka o Caraka.
Characa o Caraka fue un famoso médico hindú del siglo II a. de C. sus libros son interpretados como parte de la medicina interna.

4.3 Los escritos (o Samhitas) de Súsruta (IV d. de C.)
Famoso cirujano hindú. Según la mitología después del diluvio sólo se salvó Manú, advertido por un pez sobre la gran inundación. Los dioses le dieron el don del fuego a Manú, quien escribió el Código o Leyes del Manú, fuentes también de la medicina hindú. La serpiente Amanta rescató los vedas. El dios médico Dhanvantari fue instruido por Indra en los secretos de la medicina. Los dioses enseñaron a Súsruta. Súsruta escribió un tratado de cirugía. Habló de medicina interna, oftalmología, obstetricia, biología, anatomía, etc. Describió 125 diferentes instrumentos quirúrgicos. También escribió sobre el origen de la medicina, la preparación de los alumnos, el cuerpo humano, las aguas, los humores, el clima, las dietas, los medicamentos y sus fórmulas. Súsruta practico varios tipos de operaciones: incisiones, ablaciones, legrados, punciones, drenajes y extracciones. Aplicó vendajes y opósitos. Pensaba que el cuerpo humano constaba de quilo, sangre, músculo, grasa, hueso, médula y semen. Clasificó las enfermedades en: 1) origen externo. 2) traumáticos. 3) físicos. 4) mentales. 5) naturales.

La enfermedad es producto de la desarmonía de los humores aire, bilis y moco. El aliento o aire lo clasificó en el de la palabra, la respiración. El estómago y las heces. Describió la fiebre del heno.

Súsruta dijo: "El médico que desee alcanzar el éxito en su práctica debe tener salud y buen aspecto, ser modesto, paciente y llevar la barba corta, las uñas recortadas y limpias. Su vestimenta debe ser limpia y de color blanco. De su casa saldrá solamente con un bastón o un paraguas. No debe bromear con las mujeres y sentarse en la cama con ella. Su voz debe ser suave, agradable y esperanzadora. Su corazón debe ser limpio, el carácter justo, su temperamento calmado y siempre presto para hacer el bien. El buen médico está obligado a examinar al enfermo cuidadosamente. Debe cuidarse de ser temeroso e indeciso…"

5. Desarrollo en la medicina en la India.

5.1 El sistema médico era mágico religioso pero complementado con ideas racionales y naturalistas; es decir era religioso, laico y empírico.

5.2 El diagnóstico contemplaba el presagio como el vuelo de los pájaros, los ruidos de la naturaleza; pero también el interrogatorio, el examen de los cincos sentidos, la observación, el estudio de las constituciones corporales y las facies, el estudio detallado del pulso, los esputos, la orina, los vómitos y las heces.

5.3 Los estudiantes de medicina eran rigurosamente seleccionados. Los estudios duraban seis años. Se cambiaba la terapia con la cirugía. Los médicos y los alumnos visitaban a los enfermos en sus casas. Se consultaban los textos sagrados.

5.4 En anatomía estudiaron los cadáveres luego de sumergirlos en un río en un saco. Luego de la putrefacción el cuerpo era estudiado. Consideran el corazón con el centro de la inteligencia.

5.5 En embriología el feto lo comparaban con un árbol. El tronco era el cordón umbilical, las raíces la placenta, la tierra el útero, la copa del árbol representaba al feto. Una cuerda sostenía al árbol: el ombligo, todos los vasos sanguíneos nacían del ombligo.

5.6 La sangre viene del quilo y toma su color del hígado y el vaso. Por veinticuatro arterias recorre el cuerpo.

5.7 El cuerpo se compone de vacío, viento, fuego, agua, tierra y pensamiento.

5.8 El viento corresponde al aliento, el fuego a la bilis y el agua a la flema.

5.9 El viento es responsable de todos los movimientos. Hay vientos para los alimentos, la sangre, los deseos, la vista y la piel.

5.10 El tratamiento se basaba en rezos, encantamientos, purificaciones con agua, eméticos, dietas y medicamentos de los reinos vegetal, animal y mineral.

5.11 El uso de las plantas tenía gran importancia en el tratamiento de las enfermedades. El médico le enseñaba al alumno su selección y recolección.

Una de estas plantas, la Rauwolfía Serpentina, forma parte del arsenal terapéutico actual. El arbusto crece en el Sur de Asia y especialmente en la India. El botánico alemán Leonhard Rauwolf la describió en el siglo XVI. La Rauwolfía tiene propiedades sedativas, antihipertensivas y antiarrítmicas. De ella se preparan los medicamentos reserpina, Rausedan, tenserpina y otros de uso como hipotensivos.

5.12 Para las mordeduras de serpientes aplicaron torniquetes, rezos, succión de la herida y aplicación de plantas medicinales.

5.13 En cirugía son considerados los iniciadores de la cirugía plástica, con la extendida practica de la rinoplastia. El castigo por adulterio consistía en cortar la nariz, por eso el método de reconstrucción de la misma fue muy usado y se conoce como del colgajo. También practicaron operaciones para tratar el lóbulo de la oreja, el labio leporino, las hernias y realizaron amputaciones. La cura de las cataratas mediante la reclinación del cristal fue un método usado y que se extendió a otras civilizaciones por mucho tiempo.

Emplearon gran cantidad de instrumentos quirúrgicos que recibían los nombres por el parecido con los animales. Practicaron cesárea y la rotación del feto para colocarlo en forma correcta. La anestesia la producían con vino y la sutura la lograban con las extremidades de las hormigas *Eciton Burchelli*, colocadas a ambos lados de la herida.

5.14 En lo que respecta a la salud pública son considerados los inventores de los hospitales. El rey Asoka construyó muchas edificaciones para el tratamiento de los enfermos pobres. Tenían sala de maternidad, farmacia, sala de operaciones y un lugar para los aprendices. Practicaron la variolización inoculando pus a los enfermos proveniente de una pústula. Construyeron baños públicos y sistemas para la conducción del agua.

5.15 Los elementos fundamentales en la curación eran el médico, el paciente, las medicinas y el ayudante.

La doctrina y el método siempre eran correctos. El médico no se equivocaba.

5.16 Si el paciente moría era por la naturaleza incurable de la enfermedad.

5.17 Las leyes del Manú (200 a. de C.) estipulaban lo referente a los honorarios médicos. Los brahmanes, amigos y pobres no pagaban.

6. El juramento hindú.

A semejanza del juramento hipocrático el de los hindúes dice: "Dedícate por entero a ayudar al enfermo, incluso si ello fuera a costa de tu propia vida. Nunca agravies al enfermo, ni siquiera con el pensamiento. Esfuérzate siempre en perfeccionar tus conocimientos. No trates a las mujeres si no en presencia de sus maridos. El médico observará todas las normas del buen vestir y de la buena conducta. Desde el momento en que esté con el paciente no le preocupará nada, ni de palabra ni de pensamiento, que no sea el caso del enfermo. Fuera de la casa del paciente no hablará de lo que haya ocurrido en ella. No debe mencionar al paciente su posible muerte si haciéndolo le perjudica a él o a otro cualquiera. Es deseo de los dioses que tú prometas esto. Si sigues estas reglas, los dioses pueden ayudarte. Si no lo haces los dioses pueden volverse contra ti".

7. Tres relatos hindúes relacionados con la medicina.

7.1 Medicina para curar el éxtasis.

La encarnación divina de Gauranga había entrado en un éxtasis muy profundo. Ausente de todo, perdió el equilibrio y cayó al mar. Unos pescadores lo sacaron con sus redes y, al involucrarse con la encarnación divina, también ellos entraron en un éxtasis. Sintiéndose muy felices, ebrios de gozo espiritual, dejaron su trabajo y comenzaron a ir de un lado para otro sin dejar de recitar el nombre de Dios. Los parientes, cuando comprobaron que pasaban las horas y no salían de su trance místico, empezaron a preocuparse. Trataron entonces de sacarles del éxtasis, pero fracasaron en sus intentos. El tiempo transcurría y todos ellos seguían conectados con la Conciencia Cósmica, ausentes de la realidad cotidiana. Impotentes y alarmados, los parientes pidieron consejo al mismo Gauranga, quien les aconsejó:

- Id a casa de un sacerdote, coged un poco de arroz, ponedlo en la boca de los pescadores y os aseguro que se curarán de su éxtasis.

Los parientes cogieron el arroz de casa de un sacerdote y lo pusieron en la boca de los pescadores. En el acto, el arroz del sacerdote se encargó de sacarlos del éxtasis y volvieron todos a su estado ordinario de conciencia.

El Maestro dice: Muchos sacerdotes sólo son profesionales de la religión, sin corazón puro ni conducta impecable.

7.2 El grano de mostaza.

Una mujer, deshecha en lágrimas, se acercó hasta Buda y, con voz angustiada y entrecortada, le explicó:

- Señor, una serpiente venenosa ha mordido a mi hijo y va a morir. Dicen los médicos que nada puede hacerse ya.

- Buena mujer, ve a ese pueblo cercano y toma a un grano de mostaza negra de aquella casa en la que no haya habido ninguna muerte. Si me lo traes, curaré a tu hijo.

La mujer fue de casa en casa, inquiriendo si había alguna muerte, y comprobó que no había ni una sola casa donde no se hubiera producido alguna. Así que no pudo pedir el grano de mostaza y llevárselo al Buda.

Al regresar, dijo:

- Señor, no he encontrado ni una sola casa en la que no hubiera habido alguna muerte.

Y con infinita ternura, el Buda dijo:

- ¿Te das cuenta, buena mujer? Es inevitable. Anda, ve junto a tu hijo y, cuando muera, entierra su cadáver.

El Maestro dice: Todo lo compuesto, se descompone; todo lo que nace, muere. Acepta lo inevitable con ecuanimidad.

7.3 El yogui tántrico.

Era un yogui abstinente que había aprendido a canalizar todas sus energías sexuales hacia el desarrollo espiritual. Vivía en una casita a las afueras del pueblo y era frecuentemente requerido por devotos que le reclamaban instrucción mística.

Cierto día, un grupo de buscadores lo visitaron y le expusieron la siguiente cuestión:

- Maestro, nos preguntamos cómo puedes asumir tan fácilmente tu soledad, cómo no echas de menos a una mujer que te acompañe y te sirva de apoyo y consuelo.

- Nunca estoy solo, os lo aseguro – repuso el yogui -. Yo soy un hombre y una mujer. He logrado unificar en mí ambas polaridades y jamás podré ya sentirme solo. Me siento pleno y siempre acompañado. Cuando, por ejemplo, barro mi casa o tiendo mi lienzo, soy mujer; pero cuando cargo grandes pesos o corto leña, soy un hombre. Según la tarea que lleve a cabo, me siento hombre o mujer, pero en verdad no soy yo ni lo uno ni lo otro, porque soy ambos a la vez.

El Maestro dice: Para el ser realizado, sólo hay una energía, y es el de la Mente Universal.

8. Oración a los gemelos Ashvins, médicos de los dioses:

¡Concedednos tres veces, oh Ashvins!
Los medicamentos del cielo, los de la tierra
y los del firmamento; dad a mi hijo
la prosperidad de Sanyu
vosotros que amáis las hierbas saludables
preservad el bienestar de los tres humores del cuerpo

9. Tres aportes de la medicina hindú:

1. Invención de los hospitales.
2. Invención de la cirugía plástica.
3. Aporte farmacológico: uso de la planta Rauwolfia Serpentina.

PREGUNTAS PARA AUTOCONTROL Y REPASO:

1. Relacione los dioses de la India con la medicina.
2. Nombre tres sistemas filosóficos que influyeron sobre la medicina hindú.
3. ¿Quién fue Charaka?
4. ¿Quién fue Súsruta?
5. ¿Cómo estudiaron la anatomía en la India?
6. ¿Cómo era la comparación del feto humano con el árbol?
7. ¿Cómo trataron en la India las cataratas?
8. ¿Cuál fue el papel del rey Asoka en el desarrollo de la salud pública de la India?
9. Destaque algunos puntos del juramento médico hindú
10. Cite tres aportes fundamentales de la medicina en la India.

CAPÍTULO VI

LA MEDICINA HEBREA

1. Resumen histórico.
2. Fuentes de información de la medicina hebrea.
3. Características de la medicina hebrea.
4. La enfermedad de Job.
5. Aportes de la medicina hebrea.

1.)   **Resumen histórico:**

El litoral palestino fue habitado por una tribu egea, los filisteos o pueblo del mar. La tribu semita de los cananeos ocupaba la restante proporción del territorio. Las tribus hebreas comenzaron a poblar el territorio en el siglo XV a. de C. Saúl fundó el reino de Israel en el siglo XI a. de C. El reino de Judá, en el sur de Palestina, fue fundado en el siglo X a. de C. David unificó los dos reinos y proclamó a Jerusalén capital del Estado. En tiempos de Salomón, en el siglo X a. de C. hubo paz, prosperidad y desarrollo. Se construyó un templo para rendirle culto a Jehová. A la muerte de Salomón se separaron los dos reinos.

En el siglo XIII Israel fue sometido por Sargón II, rey de Siria. Nabucodonosor, rey de Babilonia, destruyó Jerusalén en el 586 a. de C. He hizo prisionera a la población. El rey persa Ciro conquistó Babilonia y liberó a los hebreos; pero los mantuvo como súbditos. En el 70 d. de. C. Tito destruyó Jerusalén. En 1446 se fundó el moderno Estado de Israel.

2. Fuentes de Información de la Medicina hebrea.

2.1 La Biblia: La cual representa un documento histórico-cultural. Contiene mitos, leyendas, sermones y fragmentos poéticos con referencia a enfermedades y reglas higiénicas. Moisés hace referencia constantemente a los temas ligados a la salud y enfermedad.

2.2 El Talmud: libro santo judío.

2.3 Los escritos de Flavio Josefo, (37-100 d. de. C). historiador judío, autor de Antigüedades Judaicas y Contra Apión.

3.Características de la Medicina hebrea.

3.1 El monoteísmo hace que la medicina sea teúrgica: Jehová responde por la salud y por la enfermedad. El monoteísmo en general significa un avance: facilitó el desarrollo de la ciencia al concentrarse el hombre en una sola idea. Terminó con la noción de un dios para cada fenómeno de la naturaleza y cada circunstancia de la vida como lo postulaba el politeísmo. Esto permitió el estudio y la indagación del origen de cada cosa.

3.2 La enfermedad puede ser también una prueba divina como en el caso de Job: "Entonces salió Satanás de la presencia de Jehová, e hirió a Job con una sarna maligna desde la planta del pie hasta la coronilla de la cabeza" (Job 2:7)

3.3 Los hebreos adoptaron los preceptos médicos de los pueblos con los cuales tuvieron contacto: Mesopotamia, Egipto y Grecia

3.4 En higiene la Biblia reglamenta los baños, la limpieza antes de la oración y las comidas, comportamiento de los recién casados, el aislamiento de los enfermos, la forma de liberarse de los excrementos enterrándolos; etc. En Levítico 13-2 se dice: "Cuando el hombre tuviese en su piel hinchazón, o erupción, o mancha blanca, y hubiera en la piel de su cuerpo como llaga de lepra, será traído a Aarón el sacerdote o a uno de sus hijos los sacerdotes."

3.5 En Anatomía: Conocían las partes del cuerpo humano, pero sobre todo la de los animales. En el Talmud se habla del número total de los huesos del hombre. En la Biblia se cataloga a la sangre como el centro de la vida.

3.6 Cirugía: practicaron por razones higiénicas y religiosas la circuncisión. En Levítico 12-3 se escribe: "Y al octavo día se circuncidará al niño". El médico era llamado Rophe, y el cirujano era el Umán. Practicaron además cesáreas, amputaciones, trepanaciones, sangrías y castraciones.

3.7 En obstetricia, se mencionan en diversos pasajes bíblicos a las parteras. En Levítico 12-2 se dan recomendaciones para las parturientas: "habló Jehová a Moisés, diciendo: habla a los hijos de Israel y diles: la mujer cuando conciba y dé a un luz varón, será inmunda siete días; conforme a los días de su menstruación será inmunda".

El aborto se castigaba con la muerte.

3.8 Utilizaban como medicamento la mandrágora, bálsamos, aceites, gomas, esencias, frutos y narcóticos.

3.9 En la Biblia hay referencias a enfermedades como la lepra, epidemias de peste, rabia, enfermedades venéreas, perversiones sexuales como zoofilia, sodomía y onanismo.

4. La enfermedad de Job:

Yo vivía tranquilamente, cuando comenzó a sacudirme

me tocó por el cuello y me hizo pedazos (16: 12)

La lepra devora su piel,

una fiebre mortal consume sus miembros (18: 13)

Mi aliento le cae mal a mi mujer,

mis propios hijos me encuentran hediondo (19: 17)

Bajo mi piel, mi carne se deshace,

dejando ver mis huesos, desnudos, como dientes (19: 20)

Apiádense de mí, ustedes mis amigos,

que es la mano de Dios la que me hirió. (19: 21)

5. El aporte fundamental de la medicina hebrea: consiste en la introducción de los conceptos de prevención de las enfermedades y la higiene.

PREGUNTAS PARA AUTOCONTROL Y REPASO:

1. Hable de las fuentes de información de la medicina hebrea.

2. ¿Cómo influyó el monoteísmo en la comprensión del origen de la enfermedad?

3. Haga un razonamiento sobre la posible enfermedad que padeció Job.

4. ¿Por qué los hebreos practican la circuncisión?

5. ¿ Qué enfermedades son citadas en la Biblia?

CAPÍTULO VII
LA MEDICINA EN PERSIA

1. Datos históricos.
2. Los Dioses y la medicina.
3. Fuentes de informaciones médicas.
4. Desarrollo y características de la medicina.
5. De la mitología persa.

Persia, que desde 1935 se llama Irán, está situada entre el mar Carpio y el Golfo Pérsico, al Este de Mesopotamia (Irak).

1. **Datos históricos.**

Las tribus iranias llegaron a la región en el III milenio a. de C. Esas tribus estaban conformadas por dos grupos: Los medos y los persas. En el siglo VII a. de C. Media es un poderoso Estado. En el siglo VI a. de C. son sometidos por los persas. Ciro el Grande (558-529 a. de C.) fundó el Imperio Persa: conquistó Media, Armenia y toda Asia Menor. Al someter a Babilonia decidió respetar sus costumbres y dioses. Luego de conquistar Palestina y Fenicia se preparó para invadir Egipto; pero la muerte lo sorprendió. Su hijo Cambises (529-522 a. de C.) realizó ese cometido. Darío (522-486 a. de C.) acuñó una moneda única para el imperio, integrado por Satrapías o países sometidos. Hacia el 480 a. de C. el Imperio Persa decae al ser derrotado por los griegos en las guerras médicas. Alejandro Magno los derrota definitivamente en el 323 a. de C.

2. **Los Dioses y la medicina.**

Se adoró a la Naturaleza: las montañas, los árboles, etc. Aharamazda y Mitra jugaron sus roles de dioses principales. En el tiempo de Darío apareció el Zoroastrismo. Para Zaratustra la vida es una lucha constante entre el bien y el mal, la luz y las tinieblas. Yima era la diosa del bien, evitaba las enfermedades. Dahak provocaba fiebres. Mitra protegía la salud.

El Zoroastrismo reformó el mazdeísmo, la primitiva religión persa. El mazdeísmo influyó sobre el judaísmo y el cristianismo en lo referente a la vida de ultratumba, los ángeles y satanás. El bien (Ormuz) y el mal (Ahriman) interactúan dialécticamente. Ahuramazda inclina la balanza hacia el bien. La tierra y el fuego eran adorados, por lo tanto, no se podían enterrar e incinerar los cadáveres. Construyeron las Torres del Silencio para que las aves carroñeras devoraran los cadáveres.

Zaratustra (IX a. de C.) predicó la adhesión a la justicia, el orden justo en pensamiento, palabra y obra.

3. Fuentes de Informaciones médicas.

3.1 Los escritos de Ctesias, historiador y médico griego nacido en Cnidos en el siglo V a. de C. Fue médico de Darío II y Artajerjes II y en sus libros sobre Asiría y Babilonia (Pérsika) y la India (Indika) cuando habla del Imperio persa se refiere a algunos aspectos de carácter médico.

3.2 Zoroastro y sus escritos: los Avestas. En un principio fueron escritos en pieles de buey que fueron quemados por Alejandro Magno. Se reescribieron en el siglo IV a. de C. Se dividen en el Yasna que relata la historia de Zoroastro; el Vispered que trata sobre la liturgia; el Yast habla sobre los himnos; y el <u>Vendidad</u> que se refiere a la medicina y el entierro de los muertos en las Torres del Silencio.

4. Desarrollo y características de la medicina.

4.1 La mayoría de sus concepciones médicas son tomadas de los pueblos que conformaron el Imperio Persa; por ejemplo, de Mesopotamia y Egipto.

4.2 La medicina es mágico-religiosa. La enfermedad es producto del pecado. La salud depende de la correlación entre el bien y el mal.

4.3 Los elementos del macrocosmo se correspondían con los del microcosmo (organismo) en su concepción de la teoría humoral. La tierra eran los huesos, el agua era la sangre, el árbol correspondía al pelo y el fuego representaba la vida.

4.4 Aceptaban las influencias de las condiciones climáticas sobre la salud.

4.5 Los médicos se clasificaban en A) Prácticos. B) Los que usaban la hierba. C) Los que empleaban la palabra sagrada. D) Los que usaban el cuchillo.

4.6 Los sacerdotes enseñaban la medicina: sus herramientas de trabajo eran una capa para protegerse, un arma para matar serpientes, un látigo en representación del poder y la hierba Haoma. Esta hierba tenía efectos narcóticos y la recomendaban a los enfermos. Se consideraba que con su consumo se alcanzaba el estado espiritual máximo. Algunos autores dicen que la hierba Haoma es la efedra, arbusto del cual se extrae la efedrina que estimula el sistema nervioso central.

4.7 En salud pública cuidaron y protegieron los ríos y no permitían su contaminación con las excreciones humanas; no obstante, no enterraban los cadáveres por razones religiosas.

4.8 La menstruación era considerada como un pecado si se extendía más de ocho días. Las mujeres eran golpeadas para expulsar el demonio.

4.9 En farmacología además de la yerba Haoma emplearon la leche, la grasa, huevos de animales, orina de vaca y purgantes para purificar el cuerpo.

4.10 Los honorarios se cancelaban en especies. Los pobres estaban eximidos de los pagos.

5. De la mitología persa:

1. Oraciones y conjuros del Avesta: "Yo te expulso, enfermedad". "Te tengo bien sujeta, oh contaminación". "Te haré desaparecer, oh demonio del mal". "El demonio desaparecerá, volará hacia el norte".

2. En el zoroastrismo el mal se ve en la suciedad, las sabandijas, la enfermedad y la muerte.

3. Angra Mainyu es el espíritu maligno, opuesto de Ahura Mazda y portador de la enfermedad, la sequía, la hambruna, la oscuridad y la muerte.

PREGUNTAS PARA AUTOCONTROL Y REPASO

1. Ubique a Persia en el contexto de geografía contemporánea.
2. Hable del zoroastrismo.
3. ¿Qué era la hierba Haoma?
4. ¿Qué eran las Torres del Silencio?
5. Cite las fuentes de información médica persa.

CAPÍTULO VIII
LA MEDICINA GRIEGA ARCAICA.

1. Civilización griega arcaica.
2. Fuentes de información.
3. Medicina homérica.
4. Asclepio.
5. Los consejos de Asclepio.
6. Mitología y medicina.
7. Características de la medicina griega arcaica.
8. Píndaro y el arte de la medicina.

1. Civilización griega arcaica:

La civilización griega arcaica comprende el período más antiguo de la civilización griega y se refiere a las culturas cretense, micénica y troyana. La historia de los griegos comienza en Creta, isla del Mediterráneo Oriental. Allí vivía una sociedad próspera que desarrolló el comercio, la navegación y las artes. Esto sucedía 3000 años a. de C. Homero llamó a los primeros habitantes de Grecia Aqueos. El Rey más destacado fue Minos (1600 a. de C.) por eso también se llama cultura minoica. Trabajaban los metales y conocían la escritura. Uno de los dioses más prominentes fue el Minotauro, mitad hombre mitad toro.

Los micénicos vivieron 1400 años a. de C. Las ciudades donde vivieron estos pueblos son los escenarios de los acontecimientos narrados en la Ilíada y la Odisea, de Homero en el siglo IX a. de C. A esta medicina por eso se le llama homérica y está muy ligada a la mitología.

2) Fuentes de Información.

    2.1   Las excavaciones y descubrimientos arqueológicos:

a) El descubrimiento de Troya en 1870 por parte de Schiliemann
b) El descubrimiento de Cnosos en 1890 por parte de Evans

2.2 Las diferentes manifestaciones artísticas, incluyendo la literatura mitológica.
2.3 La Ilíada y la Odisea (IX a. de C.) del poeta Homero.

2.4 Los archivos de los Asclepiones o templos de Asclepios.
2.5 Los escritos hipocráticos.

3) Medicina homérica

En la Ilíada y la Odisea existen muchas referencias médicas, sobre todo el primer poema épico contiene muchas descripciones anatómicas y quirúrgicas. La Ilíada comienza con una epidemia de peste:
"¿Qué Dios fue el que movió la discordia y la lucha entre ellos?
Fue este el hijo de Leto y de Zeus. Contra el Rey irritado, una peste maligna a sus huestes mandó, y sus guerreros perecían, porque ultrajó a Crises, a su sacerdote, el Atrida."

La medicina reflejada en la Ilíada es racional, natural y práctica, aunque puede tener elementos mágicos. Allí aparece Asclepio como un soldado en la guerra de Troya. Sus hijos Macaón y Podolirio actúan como soldados y médicos. A veces para curarse hay que purificarse. Leto y Artemis sanaron a Eneas. Apolo curó a Sarpedón. Menelao fue curado por Atenea. Tetis hizo incorruptible el cadáver de Patroclo. Los diferentes heridos, provocados por armas metálicas o de piedra, eran curados en pleno campo de batalla. Poéticamente se describen todas las escenas con los traumas propios de la guerra, los heridos, las hemorragias y los dolores.

El arte de curar proviene del Centauro Quirón. Tetis hizo invulnerable a su hijo Aquiles al sumergirlo en la laguna Estigia, excepto en los tendones porque lo tomó por allí.

En la odisea hay referencia al uso de drogas contra el dolor. También se habla de venenos y filtros mágicos provenientes de Egipto.

4. Asclepio.

Aparece como guerrero y médico en la Ilíada. Probablemente vivió en el 1250 a. de. C. Una leyenda dice que Asclepio es hijo de Apolo en Coronis. Coronis estando embarazada cometió adulterio con Isquis. Apolo castigó con la muerte a ambos adúlteros, pero primero extrajo por cesárea a su hijo Asclepio y se lo entregó al Centauro Quirón para que lo educara. Quirón le enseñó el arte de la medicina.

Otra leyenda explica que Coronis dio a luz a Asclepio y lo dejó en el monte Titeión. Lo amamantó una cebra y lo cuidó un perro. El pastor Arestanos encontró al niño, quien poseía una iluminación sagrada. Asclepio devolvía la vida a los muertos. Hades protestó ante Zeus temeroso que el más allá quedara despoblado. Zeus lo mató con un rayo. El castigo era consecuencia de su transgresión. No le era permitido actuar contra la naturaleza. Asclepio resucitó para convertirse en Dios de la medicina.

Asclepio tuvo varios hijos:

    1) Macaón, dios de la cirugía.

    2) Podolirio, dios de la medicina interna.

    3) Higia, diosa de la salud, de la higiene.

    4) Panacea, diosa para curar todas las enfermedades.

    5) Teléforo, genio de la convalecencia.

La esposa de Asclepio, Epione, calmaba el dolor. Los templos de Asclepio aparecieron en el siglo VI a. de. C. en Tesalia, Trica, Rodas, Pérgamo y en Epidauro. Este último fue uno de los más famosos. Se les llamaba Asclepiones o Asclepiarios. Estos templos son los antecedentes históricos de los hospitales y de los balnearios. Se construyeron más de 63 Asclepiones. La estructura de estas edificaciones constaba de varios departamentos:

    1) Templo de Dios.

    2) Fuente de baño o Tholos.

    3) Ábaton, o aposento para el sueño de los pacientes.

Asclepio, cuya estatua estaba en su templo, se representaba con un bastón y una culebra. Además, podía haber otros sitios para la relajación y el descanso como teatros, gimnasios y estadios. Todo esto cerca del mar y en un bosque sagrado. El paciente dormía en el Ábaton y Dios lo visitaba en sueños para curarlo. La ceremonia empezaba al anochecer con ritos especiales. Se ayunaba y luego se tomaba un baño religioso.

Después el enfermo se vestía con una túnica blanca. Ofrendaba a Asclepio con un regalo: comida o un animal como el gallo, cuyo canto ahuyentaba los malos espíritus. El sueño podía ser inducido por drogas. El sacerdote se vestía como Asclepio y visitaba a los enfermos. Curaba y daba consejos. El enfermo al curarse pagaba con exvotos que representaban la parte del cuerpo curada: orejas, brazos, vaginas, úteros, pechos, etc. También daba limosnas. En el 291 la serpiente de Asclepio salvó a la ciudad del Tíber de una epidemia. Desde entonces en Roma se le conoce como Esculapio y se le erigió un templo y una estatua.

5. Los consejos de Asclepio

Todo aquel que pretenda ser médico deberá familiarizarse con los consejos de Asclepio, conjunto de principios éticos y reglas para guiarse en la vida cotidiana, privada y profesional, escritos a lo largo de la Historia de la Medicina:
"¿Queréis ser médico, hijo mío? Aspiración es esta de un alma generosa con espíritu ávido de ciencia. ¿Deseas que los hombres te tengan por un dios que alivia sus males y ahuyenta el espanto?, ¿Has pensado bien lo que ha de ser tu vida? Tendrás que renunciar a tu vida privada: mientras la mayoría de los ciudadanos puede, terminada su tarea, aislarse lejos de los importunos, tu puerta quedará siempre abierta a todos; a toda hora del día o de la noche vendrán a turbar tu descanso, tus placeres y tu meditación; ya no tendrás horas que dedicar a la familia, a la amistad o al estudio, pues ya no te pertenecerás.

Los pobres, acostumbrados a padecer, no te llamarán sino en caso de urgencia; pero los ricos te tratarán como un esclavo encargado de remediar sus excesos: sea porque tengan una indigestión o porque estén acatarrados, harán que te despierten a toda prisa, tan pronto como sientan la menor inquietud, pues estiman en muchísimo su persona. Habrás de mostrar interés por los detalles más vulgares de su existencia, decidir si han de comer ternero o carnero, o si han de andar de tal o cual modo cuando se paseen. No podrás ir al teatro, ni ausentarte de la ciudad, ni estar enfermo, sino que deberás estar siempre listo para acudir tan pronto como te llame tu amo.

Eres severo en la elección de tus amigos; buscabas la sociedad de los hombres de talento, de artistas, de almas delicadas; en adelante no podrás desechar a los fastidiosos, a los escasos de inteligencia, a los despreciables. El malhechor tendrá tanto derecho a tu asistencia como el hombre honrado; prolongarás la vida de los nefastos, y el secreto de tu profesión te prohibirá impedir crímenes de los que serás testigo.

Tienes fe en tu trabajo para conquistarte una reputación; ten presente que te juzgarán no por tu ciencia, sino por las casualidades del destino, por el corte de tu capa, por la apariencia de tu casa, por el número de tus criados y por la atención que dediques a la charla y a los gustos de tu clientela. Los habrá quienes desconfiarán de ti si no gustas barba, otros si no vienes de Asia. Otros si crees en los dioses, y otros más si no crees en ellos.

Te gusta la sencillez; habrás de adoptar la actitud de un augur. Eres activo, sabes lo que vale el tiempo; no habrás de manifestar fastidio, ni impaciencia; tendrás que soportar

relatos que arranquen del principio de los tiempos para explicarte un cólico; ociosos te consultarán por el solo placer de charlar. Serás el vertedero de sus disgustos, de sus nimias vanidades.
Sientes pasión por la verdad; ya no podrás decirla. Tendrás que ocultar a algunos la gravedad de sus males, a otros su insignificancia, consentir en parecer burlado, ignorante, cómplice.
Aunque la medicina es una ciencia oscura, a quien los esfuerzos de sus fieles van iluminando de siglo en siglo, no te será permitido dudar nunca, so pena de perder todo crédito, si no afirmas que conoces la naturaleza de la enfermedad, que posees un remedio infalible para curarla: el vulgo irá a consultar a charlatanes que venden la mentira que necesita.
No cuentes con agradecimiento; cuando el enfermo sana, la curación se debe a su robustez; si muere, eres tú el que lo ha matado. Mientras está en peligro, te trata como a un dios; te suplica, te promete, te colma de halagos; no bien está en convalecencia, ya le estorbas, y cuando se trata de pagar los cuidados que le has prodigado, se enfada y te denigra.
Cuanto más egoístas son los hombres, más solicitud exigen por parte del médico. Cuanto más codiciosos son ellos, más desinteresado ha de ser él, y los mismos que se burlan de los dioses le confieren sacerdocio para interesarlo en el culto de su sacra persona. La ciudad confía en él para que remedie los daños que ella causa. No cuentes que ese oficio tan penoso te haga rico; te lo he dicho, es sacerdocio, y no sería decente que produjera ganancias como las que obtiene un aceitero o el que vende lana.

Te compadezco se tienes afán de belleza; veras lo más feo y repugnante que hay en la especie humana; todos tus sentidos serán maltratados. Habrás de pegar tu oído contra el sudor de sus pechos sucios, respirar el olor de míseras viviendas, los perfumes harto subidos de las cortesanas al palpar tumores, curar llagas verdes de pus, fijar tu mirada y olfato en inmundicias, meter el dedo en muchos sitios. Cuántas veces un día lleno de sol y perfumado, o al salir del teatro de ver una pieza de Sófocles, te llamarán para ver a un hombre que, molestado por dolores de vientre pondrá ante tus ojos un bacín nauseabundo, diciéndote satisfecho: "... gracias a que he tenido precaución de no tirarlo". Recuerda entonces que habrá de parecer que te interesa mucho aquella deyección.

Hasta la belleza de las mujeres, consuelo del hombre, se desvanecerá ante ti. Las veras por la mañana desgreñadas, desencajadas, desprovistas de sus bellos colores y olvidando sobre los muebles parte de sus atractivos. Cesarán de ser diosas para convertirse en pobres seres afligidos de miseria, sin gracia. Sentirás por ellas más compasión que deseo.

Tu vida transcurrirá como a la sombra de la muerte, entre el dolor de los cuerpos y las almas, entre duelos y la hipocresía, que calcula a la cabecera de los agonizantes; la raza humana es un Prometeo desgarrado por buitres.

Te verás solo en tus tristezas, solo en tus estudios, solo en medio del egoísmo humano. Ni siquiera encontrarás apoyo entre los médicos, que se hacen sorda guerra por interés u orgullo. Únicamente la conciencia de aliviar males podrá sostenerte en tus fatigas. Piensa mientras estás a tiempo; pero si, indiferente a la fortuna y a los placeres de la juventud; si sabiendo que te verás solo entre fieras humanas, tienes un alma lo bastante estoica para satisfacerse con el deber cumplido sin ilusiones; si te juzgas bien pagado con la dicha de una madre, con la cara que sonríe porque ya no padece, o con la paz de un moribundo a quien ocultas la llegada de la muerte; si ansiáis conocer al hombre y penetrar todo lo trágico de su destino, ¡hazte médico, hijo mío!"

6. Mitología y medicina

La medicina griega está muy ligada a su mitología. Casi todos los dioses tienen que ver con la medicina. A Delfos, en el monte Parnaso, Apolo llegó desde niño. Se le separo del cordón umbilical, hecho que recuerda el Ónfalos, piedra cerca del templo. En Delfos vivía el oráculo que adivinaba el porvenir junto a las posibles enfermedades.
Melampo curaba a las mujeres locas de Argos. Empleaba el eléboro negro, planta que produce narcosis, diuresis y facilita la catarsis. Afiarao, descendiente de Melampo, compitió con Asclepio en el arte de curar. Tronfonio vivía en las cuevas y desde allí enviaba su poder curador. Orfeo influía en el alma con la música y su poesía. Hera, mujer de Zeus, era la protectora de las parturientas. Atenea, diosa de la sabiduría, protegía la vista. Quirón, hijo de Cronos, hermano de Zeus, era protector de la salud. Era un centauro. Circe utilizaba una poción que convertía a los maridos en cerdos. Hermes aplicaba una sustancia que actuaba como antídoto sobre la pócima de Circe. Peón era el médico de todas las divinidades. Ilitia, hija

de Zeus, era la diosa de la maternidad. Las Parcas: Cloto, Lóquesis y Átropos eran hiladoras del estambre de la vida. Hipnos era la diosa del sueño. Thanotos representaba a la muerte. Alejikakos, una de las formas de Apolo, alejaba las enfermedades. Aristeo, hijo de Apolo y Cirene, fue médico y adivino.

Las tres principales deidades médicas fueron: Apolo, Quirón y Asclepio. En Egipto el culto de Asclepio se unió al de Imhotep y se le llamó Asclepio-Imhotep o Imhotep-Esculapio.

7. Características de la medicina griega arcaica

7.1 Sistema médico mágico-religioso, sin excluir elementos de la medicina empírica o laica que permitió el desarrollo de la cirugía.

7.2 Conocimiento de lesiones externas o heridas causadas por armas de guerra. Tratamientos quirúrgicos de las mismas con aplicación de vendajes.

7.3 Utilizaban Pharmaca o medicamento, sustancias venenosas y filtros mágicos en forma de polvo, raíces, empastes y brebajes.

7.4 Conocimiento de la palpitación del corazón y de la respiración.

7.5 Las bases de la medicina en los Asclepiones fueron:

7.5.1 La dietética

7.5.2 La higiene

7.5.3 La climaterapia

7.5.4 Las purificaciones

7.5.5 Las curas con ejercicio

7.5.6 La psicoterapia o sugestión

8. Píndaro (518-438 a de C), uno de los más grandes líricos griegos, canta al arte médica de Asclepio, quien curaba con hierbas y realizaba intervenciones quirúrgicas, en sus Píticas, III:

Aprovechado
el discípulo fue. Cerrar sabía
las úlceras que nacen espontáneas,
y las heridas que enemigo hierro
abre profundas, o lejana piedra.
Las estivales fiebres, y las graves
dolencias que producen los rigores
del invierno sanaba. Diferentes
eran, según los males, los remedios.
A quien mágicos cantos recetaba,
a quien pócima amarga; a este envolvía
en suaves hierbas la dañada parte;
a otros, en fin, del lecho de dolores
con ardua amputación alzaba diestro.

En Delos, de Latona salió al mundo

el dios Apolo, hermoso sin segundo.
Siendo joven dio muerte a la serpiente
que persiguió a su madre cruelmente.
Luego acogido en la mansión divina,
a Esculapio enseñó la medicina.

PREGUNTAS PARA AUTOCONTROL Y REPASO.

1.¿Por qué se habla de medicina homérica?
2.¿Cuáles son las fuentes que nos informan de la medicina griega arcaica?
3.¿Quién fue Asclepio?
4. Hable del significado e importancia de los consejos de Asclepio.
5.Establezca una relación entre la mitología griega y la medicina.
6.Mencione tres características de la medicina griega arcaica.

CAPÍTULO IX
LOS FILÓSOFOS Y LA MEDICINA GRIEGA

1. Filosofía y medicina.

2. Escuela de Mileto. Tales. Anaximandro. Anaxímenes.

3. Escuela de Elea. Jenófanes. Parménides.

4. Escuela de Cnido.

5. Escuela de Cos.

6. Escuela atomista. Demócrito y Leucipo.

7. Los periodeutas.

8. Otros filósofos relacionados con la medicina : Eurifon. Diógenes de Apolonia. Pitágoras. Alcmeón de Crotona. Empédocles. Anaxágoras. Heráclito. Filolao de Tarento.

1. _Filosofía y medicina.

Hipócrates, el padre de la medicina, una vez dijo: "El médico filósofo es igual a Dios. No hay una gran diferencia entre la medicina y la filosofía, porque todas las cualidades del buen filósofo deben encontrarse también en el médico: desinterés, celo, pudor, aspecto digno, seriedad, juicio, tranquilidad, serenidad, decisión, pureza de vida, habito de sentencias, conocimiento de lo que es la vida útil y necesaria, reprobación de los casos malos, ánimo libre de sospechas, devoción a la divinidad".

Las frases arriba citadas reflejan la relación que existió en la antigüedad entre la filosofía y la medicina. Precisamente fueron los filósofos griegos quienes buscaron en la misma naturaleza las causas de las enfermedades. Por eso pasan a la historia como naturalistas. El movimiento de estos filósofos, con sus escuelas y sistemas se convirtió en un duro golpe para las concepciones médicas de origen mágico-religioso. No es casualidad que Aristóteles haya dicho que el filósofo debería comenzar por estudiar medicina, y el médico debería terminar por estudiar filosofía.

2. Escuela de Mileto o Jónica

Se considera a Tales (640-548 a. de C.) como el primer filósofo. Él es el padre de la filosofía y fundador de la escuela de Mileto, a la que también pertenecen Anaximandro y Anaxímenes.

2.1 Tales fue comerciante. Estudió en Egipto y viajó mucho, lo que le permitió conocer varios pueblos, adquirir grandes conocimientos y establecer comparaciones.

Para Tales el principio de la vida es el agua (Physis). El agua es necesaria para todas las formas de vida: somos agua; el semen, el elemento masculino de la reproducción, es agua; la semilla da paso a una nueva planta al tener suficiente humedad. Tales dijo: es difícil conocerse a sí mismo y es más fácil aconsejar a otro. Realizó importantes aportes en geometría y astronomía. Midió las alturas de las pirámides por la sombra, dividió el año en 365 días y predijo el eclipse de sol de 585 a. de C. Decía que vivíamos para observar el cielo.

2.2 Anaxímandro (610-547 a. de C.). Llegó a las siguientes conclusiones:

   2.2.1   El elemento primordial es la tierra
   2.2.2   Las leyes universales gobiernan el mundo
   2.2.3 Existen 4 elementos: Agua (humedad), tierra (sequedad), fuego (calor), y aire (frío)
   2.2.4   Todo se origina de una sustancia indeterminada e infinita: El Ápeiron
   2.2.5   La tierra es esférica y está suspendida en el aire
   2.2.6   La luna recibe la luz del sol
   2.2.7. Inventó el reloj solar
2.2.8   Inventó la esfera
2.2.9   Construyó la primera carta geográfica
2.2.10   Recurrió a la dialéctica para explicar los cambios: todo lo que nace muere, porque lleva implícita una injusticia
2.2.11 Habló de la evolución del hombre, el cual suponía proveniente de los animales inferiores nacidos en el agua.

2.3 Anaxímenes (611-546 a. de C.)

Para este filósofo la tierra es cilíndrica, suspendida en el espacio y rodeada por las estrellas. El elemento fundamental es el aire, de donde provienen todas las cosas, hasta el alma.

3. Escuela de Elea

3.1 Fue fundada por Jenófanes de Colofón (VI-V a. de C.), quien critico el politeísmo, predicó el monoteísmo y dijo que la tierra y el agua son los elementos fundamentales.

3.2 Parménides de Elea (V a. de C.)

Es el más sobresaliente de esta escuela. Rasgos destacados:

- 3.2.1 Publicó el libro de la naturaleza.
- 3.2.2 Dijo que el sol es el fuego que ilumina la luna.
- 3.2.3 Conoció de la esfericidad de la tierra.
- 3.2.4 Estipuló la teoría de la inexistencia del no-ser y la existencia del ser.
- 3.2.5 Comparó el intelecto con el alma.
- 3.2.6 Dijo que el razonamiento es la fuente del conocimiento y la verdad.
- 3.2.7 Creyó que los sentidos distorsionan la verdad.
- 3.2.8 Afirmó que el hombre proviene del fango.
- 3.2.9 Asoció la pérdida de calor con la muerte

4. Escuela de Cnido

Puntos de vista:

5.1 La enfermedad es una infección general.

5.2 Diagnosticaban por síntomas.

5.3 Interpretaban la enfermedad según el órgano afectado.

5.4 Existían siete enfermedades de la bilis y ochenta y dos de la vejiga.

A esta escuela pertenecieron Ctesias, un cirujano que escribió un libro sobre la cadera; Polícrates y Nicómaco, el padre de Aristóteles.

5. Escuela de Cos

Se especializó en el diagnóstico. Sus seguidores formularon la doctrina de las crisis de las enfermedades y los días críticos.

6. Escuela Atomista (V a. de C.)

Sus máximos representantes fueron Demócrito y Leucipo de Abdere. Afirmaban que:

6.1 El universo y todas las cosas se componen de átomos.

6.2 Las cosas aparecen y desaparecen de acuerdo a la unión y desunión de los átomos.

6.3 Todas las teorías deben ser demostradas.

6.4 La visión se produce al recibir los ojos los símbolos atómicos que emiten los cuerpos.

6.5 Los primeros colores son el blanco, el negro, el rojo y el verde.

6.6 El sueño se produce por la salida de átomos.
6.7 La muerte se produce al salirse los átomos del alma.
6.8 Las epidemias tienen sus causas.

7. Los Periodeutas

Eran médicos viajeros. Casi todos los médicos de la antigüedad eran periodeutas. Se detenían en los pueblos donde había enfermos. Allí abrían la oficina o consultorio llamados *Iatrión*. Cobraban por su trabajo. Recomendaban dietas, ejercicios.

8. Otros filósofos relacionados con la medicina

8.1 Eurifón. Ideas y aportes:

8.1.1 Descubrió y usó la percusión.
8.1.2 Escribió un libro sobre el hígado.
8.1.3 La enfermedad se produce por la insuficiente evacuación del tubo digestivo.
8.1.4 La pleuresía es una enfermedad de los pulmones.
8.1.5 Por las arterias circula sangre.
8.1.6 Diferenció la sangre venosa de la arterial.
8.1.7 Recomendaba leche contra la tuberculosis.

8.2 Diógenes de Apolonia.
Ideas y aportes:

8.2.1 Estudió anatomía comparada en animales.

8.2.2 Aplicó por primera vez la teoría de los elementos en la medicina.

8.2.3 El aire circula por las arterias.

8.2.4 El pensamiento proviene de aire flotante que circula en la sangre.

8.3 Pitágoras (569-470 a. de C). Fue discípulo de Anaximandro. Aportes e ideas:

8.3.1 Fue el primero en hablar de la inmortalidad del alma

8.3.2 Inventó la teoría de los números y la aplicó en materia de salud. El cuatro (4) es importante, de allí los 4 elementos, las 4 sustancias y su equilibrio.

8.3.3 Los animales, además del hombre, también tienen alma.

8.3.4 Prohibió la cirugía porque afecta el alma.

8.3.5 Trataba a los pacientes con música y canciones, dietas, reglas higiénicas y ejercicios.

8.3.6 Recomendaba la abstinencia sexual, una vida austera, no comer carne. El mismo murió después de un ayuno de 40 días.

8.3.7 Recomendaba practicar el silencio.

8.4 Alcmeón de Crotona (500 a. de C.)

Discípulo de Pitágoras.

8.4.1 Publicó el libro "De la Naturaleza". Esta fue la primera obra griega de ese tipo.

8.4.2 Fue el primer médico científico. Realizó experimentos en fisiología con animales.

8.4.3 Afirmó que el cerebro es el centro de la conciencia, los sentidos, el pensamiento y del intelecto.

8.4.4 Dijo que la salud es producto de la armonía de las sustancias del cuerpo. La enfermedad es consecuencia de la perturbación de esa armonía.

8.4.5 Estableció que sobre la salud influyen la alimentación y los cambios meteorológicos.

8.4.6 Describió el nervio óptico y formuló la teoría de que los ojos ven a través de su agua periférica por el fuego que contienen.

8.4.7 Diferenció las venas de las arterias; pero pensaba que por estas últimas circulaba el aire.

8.4.8 Descubrió las trompas de Eustaquio.

8.4.9 Dijo que de las sensaciones acústicas, visuales y afectivas se origina la memoria, el conocimiento y la opinión.

8.4.10 Formuló una teoría del sueño, según la cual el mismo se origina por el retiro de la sangre a las venas

8.4.11 Habló del desarrollo del embrión.

8.4.12 Dijo que la esperma provenía del cerebro.

8.5 Empédocles de Agrigento (504-443 a. de C.)

Fue, además de filósofo, mago, poeta, sacerdote, estadista y médico. Pertenecía a la clase de los aristócratas. Se dice que era muy inteligente y egoísta. Creía poseer una personalidad semejante a la de los dioses. Se adornaba con flores, escribía y recitaba sus obras en versos.

Ideas y aportes:

8.5.1 Inventó la retórica.

8.5.2 Formuló la teoría de los 4 elementos: fuego, aire, tierra y agua. Esto conllevó a la teoría de humores.

8.5.3 Los elementos se unen en vida del ser y se separan en la muerte.

8.5.4 La respiración, además de los pulmones, se realiza por los poros.

8.5.5 La salud es producto del amor y la concordia, mientras que la enfermedad lo es del odio y la discordia.

8.5.6 El sexo se determina por el calor. Temperaturas más altas producen varones.

8.5.7 Los hijos se parecen a la persona en la cual se piense.

8.5.8 En el embrión primero se forma el corazón, el cual distribuye el Pneuma.

8.5.9 El sueño se produce por el enfriamiento de la sangre. La muerte es el enfriamiento total.

8.5.10 Creía en la transmigración de las almas: uno es, por etapas, niño, arbusto, pez...

8.5.11 Fue sanitarista: combatió una epidemia en Agrigento, secando un pantano (desvió el curso de un río) y fumigando casas.

8.6 Anaxágoras de Clazomene (500-428 a. de C.)

    Ideas y aportes:

8.6.1 Escribió el libro "Tratado sobre la naturaleza."

8.6.2 Nada nace ni nada perece: todo es producto de las uniones y separaciones.

8.6.3 Las cosas están formadas de partículas homeomerías, divisibles. Cada partícula contiene parte del todo.

8.6.4 Estas partículas, en el cuerpo humano, provienen de la digestión de alimentos. Se convierten luego en huesos y carne.

8.6.5 Las sensaciones provienen por la acción de un contrario.

8.6.6 Los varones se engendran en el lado derecho del útero.

8.6.7 La muerte es la separación del alma.

8.6.8 Diseccionó animales.

8.7 Heráclito de Éfeso (590-480 a. de C.)
    Ideas y aportes:

8.7.1 Escribió un libro de la naturaleza. Allí habló del universo, de los dioses y de la política.

.7.2 El mundo es gobernado por el logos o mente.

8.7.3 El fuego es el origen de todas las cosas.

8.7.4 Introdujo el estudio de la dialéctica: el cambio es la constante para las cosas y la materia viva. Con los contrarios y su lucha se entiende la salud y la enfermedad

8.7.5 Los sueños son un fenómeno natural.

8.8 Filolao de Tarento. (XV a. de C.)

Para este filósofo el fuego es el fundamento de la vida y el calor es necesario para la conservación de la vida.

PREGUNTAS PARA AUTOCONTROL Y REPASO

1. Establezca una relación entre la medicina y la filosofía.
2. Hable del aporte de la filosofía al desarrollo de la medicina.
3. ¿Quién fue el primer médico científico y por qué?
4. ¿Quiénes fueron los periodeutas?
5. En qué consiste la teoría de los Cuatro Elementos y quién la sugirió.
6. Nombre algunos filósofos relacionados con la medicina.

CAPÍTULO X
LA MEDICINA HIPOCRÁTICA

1. Hipócrates.
2. Fundamentos de la medicina hipocrática.
3. Características de la medicina hipocrática.
4. La doctrina humoral.
5. Medicamentos usados por Hipócrates.
6. Insuficiencia y errores en la medicina hipocrática
7. El Cuerpo Hipocrático.
8. Libros del Cuerpo Hipocrático.
9. Fragmento del libro aire, agua y lugares.
10. Aforismos.
11. Frases y sentencias de Hipócrates.
12. El juramento hipocrático.

1. Hipócrates

Hipócrates es considerado el padre de la medicina. Su vida se confunde con la leyenda. Nació en Cos en el 406 a. de C. y murió en Tesalónica en el 370 a. de. C. Se dice que descendía de Asclepio por la rama de Podalirio. Era hijo de Heráclides, también médico y de Praxitela. Aprendió el arte de la medicina de su propio padre, según la tradición de la época. Fue discípulo del filósofo Demócrito, a quien trató como enfermo más tarde. Era bajo de estatura, según Aristóteles. Fue periodeuta o médico viajero. Visitó muchos países por lo que tuvo la oportunidad de conocer variadas patologías y establecer su relación con determinados pueblos y ambientes. Estuvo en Tracia, Escitia, Asia Menor, Macedonia, Libia y Egipto.

Hipócrates quiso establecer una medicina con carácter científico buscando comprender la totalidad de su arte bajo el prisma de una doctrina. Por eso en sus tratados es altamente crítico, reconociendo sus errores al realizar los análisis de respectivos casos clínicos. Por lo tanto, es racional en sus puntos de vista. La medicina hipocrática es entonces doctrinaria, crítica, racional, biológica y científica.

2. Fundamentos de la medicina hipocrática

2.1 Las doctrinas y sistemas de los filósofos naturalistas que ya habían establecido las causas naturales de la enfermedad.
2.2 Los archivos de los Asclepiones revisados por Hipócrates, y que seguramente le sirvieron de importante documentación.
2.3 Las recomendaciones de la medicina griega prehipocrática que recurría a las dietas y a los ejercicios físicos.
2.4 Los métodos socráticos para establecer la verdad, donde la mayéutica y la psicoterapia jugaron importante papel.
2.5 La herencia de la medicina egipcia.

3. Características de la medicina hipocrática

3.1 Consideraba la enfermedad como consecuencia de causas naturales
3.2 Estableció la necesidad de estudiar al paciente, como individualidad irrepetible. En ese sentido el estudio se centraba sobre el enfermo y no sobre la enfermedad.

3.3 El diagnóstico se realizaba luego de una evaluación integral del paciente que incluía el interrogatorio, la observación detallada del enfermo, su alrededor y ambiente, la auscultación, la palpación, la percusión, el olfato y el examen de heces, orina, esputo y sudor.

3.4 Tomaba en cuenta la edad, el sexo, la constitución, predisposición individual, herencia y el temperamento del paciente.

3.5 Dividió la enfermedad en varios períodos: la apepsis o invasión sin manifestaciones, la pepsis o aceleración del procedimiento y la crisis o manifestación abierta de la enfermedad.

Dividió la enfermedad en varios períodos: la apepsis o invasión sin manifestaciones, la pepsis o aceleración del procedimiento y la crisis o manifestación abierta de la enfermedad.

3.6 Escribió la historia clínica del paciente, de manera detallada y escrupulosa.

Introdujo el pronóstico como elemento para suponer el curso futuro de la enfermedad.

Descubrió un gran número de enfermedades.

3.7 Clasificó las enfermedades en:

a) Internas y externas
b) Agudas y crónicas
c) Esporádicas, endémicas y epidémicas
d) Exclusiva y asociadas
e) Curables e incurables.

3.8 Estableció las bases de la climatología y la etnografía y su importancia para la comprensión de ciertas enfermedades en dependencia del ambiente y de las razas.

3.9 En anatomía tuvo conocimientos de embriología a través del huevo de gallina. Conoció de las arterias, las venas, el colon, el útero, el bazo y el corazón. Conocía perfectamente los huesos y las articulaciones.

3.10. En fisiología sabía que el cerebro era el centro de las sensaciones; que el aire penetraba por la nariz, seguía por los pulmones y penetraba en la sangre. La concepción la entendía como producto de la mezcla de la esperma con el elemento femenino.

3.11 En ginecología y obstetricia estudió el parto de 7 y 8 meses.

3.12 En cirugía trató las fracturas, las dislocaciones, las heridas, las hemorragias, las fístulas y los tumores. Inventó la mesa de operaciones y el torniquete.

3.13 De las enfermedades mentales observó la epilepsia, el delirium tremens, la depresión, la ansiedad y los disturbios del sueño.

3.14 En terapia partía del principio de que es la naturaleza la que cura y el médico sólo ayuda oportunamente. El médico, actuaba de acuerdo al cuadro clínico, mientras tanto observaba. Recomendó dietas y ejercicios. Aplicó para las curaciones el sistema de los contrarios y el de los semejantes. Recurrió a los masajes, los baños, los vendajes y a diferentes medicamentos del reino vegetal, animal y mineral.

4. La doctrina humoral

En la medicina hipocrática fue formulada la doctrina humoral, la cual dejó su huella a lo largo de los siglos en la historia de la medicina. La doctrina humoral parte de la idea de los 4 elementos, cada uno de los cuales representa una de las sustancias que conforman el organismo. El equilibrio de esas sustancias representa la salud (armonía, crasis); mientras que su desequilibrio se traduce en enfermedad (desarmonía, discrasia). Los elementos y las sustancias representan también un estado determinado de la temperatura, un órgano y uno de los componentes del coágulo sanguíneo. En este último aspecto la doctrina humoral constituía un paso positivo hacia la comprensión del proceso de la coagulación sanguínea con respecto a la teoría de los vitalistas que explicaban ese fenómeno por el efecto de una sustancia vital.

Doctrina Humoral Hipocrática.

Sustancia	Elemento	Órgano	Coágulo sanguíneo	Temperatura	Estación del año.
Bilis Amarilla (Cole)	Fuego	Hígado y vías biliares	Suero sanguíneo	Calor-sequedad	Verano
Bilis Negra (Melándole)	Tierra	Estómago, Bazo	Parte oscura del coágulo	Sequedad	Otoño
Flema	Agua	Cerebro, nervios, médula espinal	Fibrina	Frío	Invierno
Hema (Sangre)	Aire	Corazón, venas	Parte roja del coágulo	Humedad	Primavera.

5. Medicamentos usados por Hipócrates.

Asfalto, alumbre, azufre, arsénico, plomo, agua de mar, sal marina, agua caliente, mandrágora, opio, belladona, perejil, beleño, laurel, loto, incienso, apio, aceite, lino, cebolla, harina de trigo, vinagre, vino, leche de vaca, leche de cabra, hidromiel, frío, calor y aceite de cedro, hiel de buey, grasa de cochino y de pato, mirra, higos secos, corteza de granada.

6. Insuficiencias y errores en la medicina hipocrática

6.1 Confundió arterias con venas
6.2 Confundió nervios con ligamentos
6.3 Confundió tendones con membranas
6.4 No conoció el pulso
6.5 En la circulación pensó que las venas nacen en el hígado y las arterias en el corazón. Por estas últimas circulaba sangre y aire.
6.6 La matriz, según la enseñanza hipocrática, tenía dos cuernos: en el derecho se alojaban los varones, mientras que en el izquierdo las hembras.
6.7 El semen proviene de todas las partes del cuerpo.
6.8 La leche y la sangre es lo que queda de la alimentación.
6.9 El pus es el alimento de las llagas.

7. El Cuerpo Hipocrático

El Cuerpo Hipocrático (corpus hipocraticum) constituye una serie de documentos atribuidos a Hipócrates y que influyeron enormemente en el desarrollo de la medicina occidental. Se piensa que no todas las obras pertenecen a la pluma de Hipócrates debido a los estilos diferentes de las obras. Los escritos del Cuerpo Hipocrático empezaron a coleccionarse a partir del siglo III a. de C. en Egipto, y se conservaban en la Biblioteca de Alejandría. Consta de 74 libros y 59 tratados. La colección está escrita en idioma jónico y su primera traducción se hizo al latín en 1525. Luego fue traducida al griego en 1526.

8. Principales libros del corpus hipocraticum

8.1 Aires, aguas y lugares

8.2 Pronósticos

8.3 De las epidemias

8.4 Aforismos

8.5 De las fracturas

8.6 De las articulaciones

8.7 Del régimen de las enfermedades agudas

8.8 De las heridas de la cabeza

8.9 Instrumentos de reducción

8.10 El juramento

8.11 De la antigua medicina

8.12 Dc la lcy

8.13 De la naturaleza del hombre

8.14 De los humores

8.15 De las enfermedades

8.16 De las afecciones

8.17 De las afecciones internas

8.18 Preceptos

8.19 De las crisis

8.20 De los días críticos

8.21 De la epilepsia o enfermedad sagrada

8.22 De las heridas o úlceras

8.23 De las fístulas

8.24 De los lugares en el hombre.

8.25 Del arte

8.26 De la oficina del médico

8.27   Del médico

8.28   De la conducta honorable.

El Cuerpo Hipocrático abarca todo el saber médico de la época. Se habla sobre dietética, patología general, terapéutica, clínica quirúrgica, oftalmología, ginecología y obstetricia, pediatría e higiene, entre muchas otras especialidades.

9. Fragmento del libro Aire, aguas y lugares.

La persona que quiera ocuparse de medicina debe estudiar las diferencias y los efectos de las estaciones, la naturaleza de los vientos propios, del país en que se encuentra, los caracteres de las aguas que bebe la gente, las particularidades de los terrenos, el régimen o manera de vivir de los habitantes: pues así el médico no solamente puede llegar a conocer mejor las enfermedades particulares a un país, sino que hasta es capaz de predecir las enfermedades que puedan azotar en una estación y a un individuo.

Existen relaciones entre la situación y exposición de las ciudades puestas al abrigo de estar a aquellos vientos y alteraciones de salud, complexión del cuerpo y carácter de los habitantes. Las aguas estancadas, de los pantanos, son malsanas, porque suelen ser la causa de ronqueras, de aumento de volumen y endurecimiento del bazo, de enflaquecimiento, de envejecimientos prematuros, de disturbios del embarazo y del parto, de disenterías, de diarreas, de fiebres cuartanas, de perineumonías, de fiebres ardientes. Entre las aguas de fuente, las mejores son las que brotan de lugares elevados, porque son claras, inoloras y de buen sabor; las aguas salobres son desagradables; pero su empleo puede convenir en algunos casos; el hombre sano y de buena constitución no tiene necesidad de seleccionar las aguas como a su vez debe hacerlo el que padece de determinadas molestias en la salud; las aguas de lluvia, que ya han sido seleccionadas y purificadas a través de la evaporación por obra del sol, son las mejores, las más límpidas y ligeras, aunque sea menester hervirlas para que no se corrompan y no hagan daño; aguas de ríos, riachuelos y lagos pueden formar concreciones o piedras en la vejiga de las personas que adolecen de cierta disposición orgánica. Los caracteres generales de las estaciones y sus variaciones climáticas necesariamente influyen en la aparición de estas o de aquellas enfermedades y por consecuencia también sobre las particularidades o variaciones de la salud durante el año.

10. Aforismos

I-17. También hay que tener en cuenta si es necesario recomendar al enfermo comer una vez al día o dos veces. Es importante la cantidad de alimentos a ingerir y las porciones. Es bueno observar las costumbres de cada uno, la estación del año, el lugar y la edad.

I-18. En verano y otoño el alimento se digiere con dificultad. En invierno el proceso es más pasajero y en primavera más fácil.

I-20. Durante la crisis, ni inmediatamente después de concluida, no existe movimiento alguno, ya sea por medio de purgas, ya por el de otros irritantes, sino deja descansar al enfermo.

I-21. Si son del caso de las evacuaciones, examina la dirección a que naturalmente propenden, pues deben promoverse por la vía más oportuna.

I-22. Conviene remover y purgar los materiales cuando estén cocidos no en su estado de crudeza, ni al principio de la enfermedad, a menos que haya urgencia, lo cual rarísima vez se verifica.

II-25. En el principio de las enfermedades no te detengas en obrar si te pareciere que el caso lo pide; pero cuando se hallen en todo su vigor, mejor es estarse quieto.

II-44. Los hombres obesos corren mayor peligro de morir súbitamente que los flacos.

III-1. En las estaciones del año, el tránsito de una a otra, y dentro de cada estación, las grandes mudanzas, ya de calor, ya de frío u otras a este tenor, son causas de muchas enfermedades.

III-2. Hay complexiones que se adaptan más bien al frío que al calor, y otras, al contrario.

III-3. Hay enfermedades que se asocian fácilmente con otras y enfermedades que se excluyen entre sí; hay también edades que piden o rehúsan ciertas estaciones, climas y métodos de vidas.

III-4. En las estaciones cuando en un solo día hace calor y frío pueden aparecer enfermedades del otoño.

III-4. Los vientos del sur entorpecen el oído, obnubilan la visión, dan presión en la cabeza, flojera y debilidad. Esto lo sienten los enfermos si hace ese tiempo. Los vientos del norte provocan las enfermedades de la garganta, estreñimiento, dificultad para orinar, temblor, dolor en el costado y el pecho. Durante estos vientos el enfermo debe esperar esos achaques.

III-6. Cuando el verano se parece a la primavera las fiebres transcurren con mucha sudoración.

III-7. En las sequías las fiebres son agudas.

III-8. En las estaciones del año sin variaciones y que a tiempo se suceden, las enfermedades curan sin dificultad. Mientras que en las estaciones inconstantes las enfermedades son así y curan con dificultad.

III-9. En otoño las enfermedades son más agudas y mortales; en primavera, al contrario, es el tiempo más saludable y con menos mortalidad.

III-10. El otoño es mal tiempo para los tísicos.

III-11. En lo que se refiere a las estaciones del año: si el invierno es seco y con vientos norteños y la primavera es lluvia y con vientos sureños, entonces en invierno habrá fiebres agudas, inflamación de los ojos, disentería con más frecuencia en las mujeres y en los hombres obesos por naturaleza.

III-12. Pero si el invierno pasa con vientos sureños y lluvias y es calmo, y la primavera es seca y con vientos norteños, entonces las mujeres que esperan parir en primavera abortan por cualquier causa; y las que paren, dan a luz niños débiles y enfermizos si acaso no mueren; otras personas enferman de disentería y de los ojos, y los ancianos de catarros mortales.

III-13. Si el verano es seco y con vientos norteños y el otoño con lluvias y vientos sureños, entonces en invierno se sufre de dolor de cabeza, tos, ronqueras y rinitis. A otros les ataca la tisis.

III-15. De todas las estaciones, las secas son las más saludables y menos mortales que las lluviosas.

III-19. En todas las estaciones aparecen enfermedades de toda especie, pero hay dolencias que son más frecuentes y graves en unos tiempos que en otros.

III-23. Del invierno son propias las pleuresías, perineumonías, letargos, corizas, ronqueras, toses, dolores de pecho, de costado, de lomos y de cabeza, vértigos y apoplejías.

III-31. Los viejos padecen dificultad de respirar, toses catarrales, disurias, dolores articulares y nefríticos, vértigos, apoplejías, caquexias y comezón general, vigilias, laxitud del vientre, fluxiones de ojos y narices ,ofuscación de la vista, glaucomas y torpezas de oídos.

V-9. Las tisis aparecen, por lo regular, desde la edad de dieciocho años hasta los treinta y cinco.

11. Frases y sentencias de Hipócrates.

11.1 Desde hace mucho tiempo la medicina posee muchas cosas, posee un principio y un método que ella ha logrado: con estas guías, numerosos y excelentes descubrimientos han sido hechos en el largo curso de los siglos y los demás se descubrirán si los hombres capaces, instruidos en los descubrimientos antiguos, los toman como punto de partida de sus investigaciones.

11.2 La vida es breve y el arte largo, la ocasión es fugaz, el experimento falaz y el juicio difícil.

11.3 Para las enfermedades más graves sólo son eficaces las curas muy precisas.

11.4 Lo que la medicina no cura lo cura el hierro, y lo que no cura el hierro lo cura el fuego y lo que el fuego no cura, debe considerarse incurable.

11.5 El amor al prójimo es el manantial del verdadero amor al arte.

11.6 El médico, por su parte, debe tratar las enfermedades teniendo en cuenta que cada una prevalece en el cuerpo según la estación que le es mas conforme.

11.7 Una crisis en las enfermedades, es o una exacerbación, o una debilitación, o una metaptosis en otras dolencias, o el final.

11.8 Las impurezas que deja la crisis al terminarse la enfermedad, suelen producir recaídas.

11.9 La naturaleza es el médico de las enfermedades.

11.10 El más desfigurado es el peor. Las facciones del rostro han llegado al último grado de alteración cuando la nariz se pone afilada, los ojos se hunden, las sienes se sumen, las orejas están frías y con los lóbulos hacia arriba, la piel de la frente está dura, tirante, seca, el color de toda la cara es pálido verde, lívido o aplomado, (facies hipocrática)

11.11 Los dolores se disipan por los contrarios, independientemente de lo que existe de particular en cada enfermedad. Por ejemplo, las personas de constitución caliente, a quienes enferman el frío, son aliviadas por el calor.

11.12 El médico debe conocer también cuáles son las enfermedades que, originándose de plenitud, se curan por medio de evacuaciones; y las que teniendo por causa las evacuaciones se curan por la reintegración: así como las que da la fatiga, los cura el reposo; y las que ocasiona la ociosidad, desparecen con el ejercicio.

11.13 Los contrarios son los remedios de los contrarios, porque la medicina es suplemento y supresión; supresión de los que está de más, suplemento de que es escaso. Quien cumple mejor esta doble indicación es el mejor médico, quien comete más errores contra ella, comete también más faltas contra el arte.

11.14 Cuando no se conoce la enfermedad es necesario, si se dan remedios, emplear los que no sean fuertes. Si el enfermo mejora, el camino está abierto, y no hay más que seguirlo paso a paso. Todo lo contrario, debe hacerse si el enfermo empeora.

11.15 Generalmente el médico debe saber prevenir el cuerpo contra las enfermedades que lo amenazan, en relación con el temperamento, la estación, la edad. Estirar lo que está aflojado, aflojar lo que está estirado, es la verdadera manera de destruir el mal: y toda la medicina se resume, según mi opinión, es este principio.

11.16 Es conveniente tener cuidado de la enfermedad para curarla, de la salud, para conservarla, de la salud también para darle gracia.

11.17 La medicina no hace siempre la misma cosa en este instante y en el instante que sigue, y procede de un modo opuesto a sí mismo en el mismo individuo.

11.18 El médico verdadero filósofo es igual a los dioses.

11.19 La timidez indica incapacidad, la precipitación es signo evidente de inexperiencia.

11.20 Para pronosticar correctamente quien curará y quien morirá, cuántos días se prolongará o acortará la enfermedad; uno debe conocer todos los síntomas y repasar su relativo valor.

11.21 Quien desee practicar la cirugía debe ir a la guerra.

11.22 El prestigio del médico exige de él que tenga buen color y un aspecto sano acorde con su propia naturaleza, pues el común de la gente opina que los que carecen de esa condición física no pueden tratar convenientemente a los demás. En segundo lugar, que presente un aspecto aseado, vaya bien vestido y se perfume con ungüentos olorosos, con un perfume que no sea en modo alguno sospechoso. Por otra parte, el discreto debe atender, en el aspecto moral, a las siguientes actitudes: no sólo ser reservado, sino llevar una vida morigerada, pues ello contribuye mucho a su prestigio. Además, mostrarse grave y afable con todo el mundo.

11.23 Una gran parte del arte es, yo creo, poder observar.

11.24 El médico puede captar muchas cosas que el paciente omite en su relato.

11.25 Me parece excelente que el médico practique el pronóstico, pues ni previamente conoce y declara ante sus pacientes el presente, pasado y futuro de sus dolencias, y les habla en detalles de todo cuanto estos han omitido, se confiarán a él para su tratamiento.

11.26 Ante la enfermedad sólo pueden tomarse dos actitudes: o curar o, al menos, no perjudicar.

11.27 No podrá el médico por si solo salir airoso en la curación de una enfermedad si no le favorece el enfermo, los existentes y las circunstancias exteriores.

11.28 No debemos repudiar el arte médico antiguo como vano, o pretextando que su método de investigación es defectuoso, precisamente no ha alcanzado exactitud en todo detalle. Muy al contrario, puesto que fue capaz de levantarse desde profunda ignorancia hasta la perfecta exactitud, pienso que se deben admirar sus hallazgos como el producto, no del azar, sino de la investigación precisa y correctamente conducida.

11.29 El arte médico es, entre todas los artes, la más bella y la más notable.

11.30 Quien quiera adquirir exacto conocimiento del arte médico debe poner una disposición natural, una buena escuela, debe instruirse desde la infancia, tener la voluntad de trabajar y tiempo que dedicar al estudio.

11.31 No hay una gran diferencia entre la medicina y la filosofía, porque todas las cualidades de buen filósofo deben encontrarse también en el médico: desinterés, celo, pudor, aspecto digno, seriedad, juicio tranquilo, serenidad, decisión, pureza de vida, hábito de sentencias, conocimiento de lo que es la vida útil y necesaria, reprobación de las cosas malas, ánimo libre de sospechas, devoción a la divinidad.

11.32 Cuando entre en la estancia del enfermo recuerde el médico estar atento al modo de sentarse, al modo de comportarse; debe ir bien vestido, mostrar el rostro tranquilo, ser sereno en obrar, atender con cuidado al enfermo, responder con tranquilidad a las objeciones y no perder la paciencia ni la calma ante las dificultades que surjan.

11.33 Es imperioso no ser descortés.

11.34 El hombre sensato ha de considerar a la salud como el mejor de sus bienes, y aprender de la enfermedad cómo beneficiar a aquella.

11.35 Es muy loable ayudar al enfermo a recuperar su salud, pero también lo es que se le ayude a conservar esa salud y que esta actitud la sigamos también nosotros.

12 .El juramento hipocrático

La Escuela Hipocrática aportó a la medicina no sólo una doctrina para hacer y explicar todo el conocimiento de la época sino también un método en el cual la observación y la experimentación jugaban importantes papeles. Introdujo Hipócrates, además de estos innovadores momentos, una moral y un conjunto de reglas que han sustentado la ética de los profesionales de la medicina. El juramento hipocrático es la manifestación de ese espíritu y mística que acompañan al médico en su desempeño.

El juramento original reza así:

"Juro por Apolo, el médico, por Higia y Panacea y por todos los dioses y diosas a cuyo testimonio apelo que yo, con todas mis fuerzas y en pleno conocimiento, cumpliré por entero este juramento:

Que respetaré a mi maestro en este arte como a mis progenitores, que partiré con él mi sustento y que le daré todo aquello de que tuviese necesidad.

Que consideraré a sus descendientes como a mis hermanos corporales y, a mi vez, les enseñaré sin compensación y sin condiciones este arte; que haré partícipe de esta doctrina e instrucción de toda la disciplina en primer lugar a mis hijos, luego a los de mi maestro y a aquellos que con escrituras y juramentos se declaren escolares míos, y a ninguno fuera de éstos.

En lo concerniente a la curación de los enfermos, prescribiré la dieta más conveniente a mi juicio y mantendré alejados de ellos todo daño y todo inconveniente.

No me dejaré influir por las súplicas de nadie, sea quien fuere, a administrar un veneno, ni a dar un consejo en semejante contingencia.

No introduciré prótesis en la vagina a ninguna mujer para impedir la concepción o desarrollo del niño. Consideraré santas mi vida y mi arte; no practicaré la operación de la piedra y, cuando entre a una casa, será sólo para el bien de los enfermos, me abstendré de toda acción injusta y no me mancharé de voluptuosidad con contactos de mujeres o de hombres, de libertos o esclavos. Cuanto viere u oyere durante la cura o fuera de ella en la vida común, lo callaré y lo conservaré siempre como un secreto, si no me es permitido decirlo.

Si mantengo perfecta e intacta fe a este juramento, que me sea concedida una vida afortunada y la futura felicidad en el ejercicio del arte, de modo que mi fama sea alabada en todos los tiempos; pero si faltase al juramento o hubiese jurado en falso, que ocurra lo contrario."

En 1948 el juramento hipocrático fue modificado en Ginebra, Suiza:

"En el momento de la recepción profesional como médico me comprometo solemnemente a consagrar mi vida al servicio de la humanidad.

Guardaré gratitud y respeto a mis maestros como es debido.

Ejerceré mi profesión con dignidad, conciencia y responsabilidad.

Mi preocupación principal será la salud de mis pacientes.

Respetaré las confidencias de las que mis enfermos me hagan depositario.

Mantendré por todos los medios que estén a mi alcance el honor, el prestigio y las nobles tradiciones de la profesión médica.

Mis colegas serán como mis hermanos.

No permitiré que factores como la religión, la raza, la nacionalidad, los partidos políticos o el estado socioeconómico interfieran con mi deber y mi paciente.

Mantendré el mayor respeto a la vida humana desde el momento de la concepción; aún bajo amenaza, me abstendré de utilizar mi conocimiento médico contra las leyes de la humanidad.

En verdad, solemne y libremente formulo este juramento."

13. Razones por las cuales Hipócrates es el padre de la Medicina:

Hipócrates es el padre de la medicina por tres razones: 1) Metodológicas (manera de abordar al paciente, historia clínica) 2) Doctrinarias (Doctrina humoral, forma materialista de explicar las enfermedades; y, 3) Éticas (juramento hipocrático).

Muchas de sus sentencias mantienen su vigencia; por ejemplo:-El arte médica es, entre todos los artes, la más bella y la más notable

-El hombre sensato ha de considerar a la salud como el mejor de sus bienes, y aprender de la enfermedad cómo beneficiar a aquella.

-El más desfigurado es el peor. Las facciones del rostro han llegado al último grado de alteración cuando la nariz se pone afilada, los ojos se hunden, las sienes se sumen, las orejas están frías y con los lóbulos hacia arriba, la piel de la frente está dura, tirante, seca, el color de toda la cara es pálido verde, lívido o aplomado, (facies hipocrática).

PREGUNTAS PARA AUTOCONTROL Y REPASO

1. Explique las razones por las cuales Hipócrates es considerado el padre de la medicina.

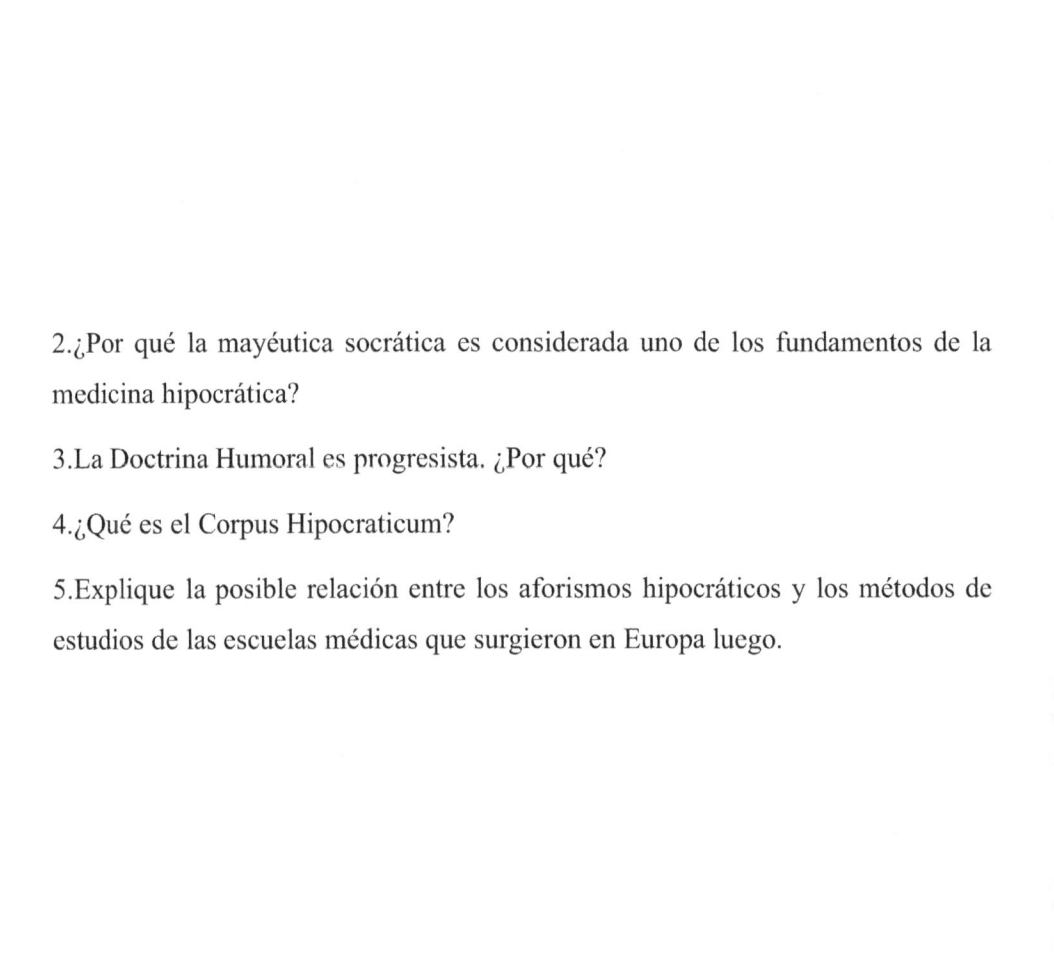

2.¿Por qué la mayéutica socrática es considerada uno de los fundamentos de la medicina hipocrática?

3.La Doctrina Humoral es progresista. ¿Por qué?

4.¿Qué es el Corpus Hipocraticum?

5.Explique la posible relación entre los aforismos hipocráticos y los métodos de estudios de las escuelas médicas que surgieron en Europa luego.

CAPÍTULO XI
LA MEDICINA EN ALEJANDRÍA

1. Reseña histórica.
2. Alejandría.
3. Aportes de la medicina Alejandrina
4. Desarrollo y características de la medicina en Alejandría:
4.1. Herófilo
4.2. Erasístrato
4.3 Las Escuelas Dogmática y Empírica.
5. Expresiones de Herófilo.

1.Reseña histórica.

Macedonia, a mediados del siglo IV a. de C., era uno de los Estados griegos con un alto desarrollo en las artes militares. El Rey Filipo II (359-336) organizó un potente ejército con sus famosos falanges: lanzas colocadas en los hombros de los soldados delanteros, manipuladas por otros desde atrás. Los macedonios conquistaron gran parte de los Estados helenos. En Atenas se discutía el papel de los macedonios para el futuro de los griegos. Unos apoyaban la idea de unirse a Filipo II para fomentar la unión de los pueblos helenos y declararle la guerra a Persia; mientras que otros, dirigidos por Demóstenes, se oponían, alegando que se perdería la libertad y la democracia. En 338 los griegos fueron derrotados por la falange macedónica en Beocia. Filipo II fundó en Corinto la liga de los Estados griegos e inició la guerra contra Persia; pero fue asesinado. Le sucedió su hijo Alejandro, joven culto, amante de las artes y las ciencias. Su maestro fue el filósofo Aristóteles. Alejandro cruzó el Helesponto y penetró en Asia Menor. En el río Gránico derrotó a los persas. En el 333 a. de C. Alejandro destrozó el ejército de Darío III en Isos. En Egipto Alejandro fue proclamado hijo del Dios Amón y heredero de los faraones. En su honor se fundó la ciudad de Alejandría en el 331 a. de C. Alejandro derrotó nuevamente a Darío III cerca de Nínive y tomó Babilonia y Persépolis. Hasta el 327 Alejandro se mantuvo con su ejército en las tierras que forman actualmente Uzbekistán y Tadzhikistán. En la India derrotó al Rey Poros. En el Indo las tropas se sublevaron: No querían seguir avanzando. Regreso a Babilonia en el 324 a. de C. y allí murió en el 323 a. de C., a la edad de treinta y dos años.

El lapso que se extiende desde la muerte de Alejandro hasta la conquista de Grecia y el Cercano Oriente por Roma se denomina período helenístico. El helenismo es la instauración de la hegemonía griega en el Cercano Oriente y el intercambio político, económico y cultural de las civilizaciones griegas y orientales.

2. Alejandría

Alejandro fundó la ciudad en la costa del Delta del Nilo en el 331. La construcción fue dirigida por el general griego Demócratas. Con un dique de 290 metros unió la ciudad con las islas de Pharos. Los Ptolomeo la hicieron capital del reino. Alejandría pasó a ser el centro cultural y económico del mundo helenístico. Una de las maravillas del mundo era el faro de Alejandría: tenía 160 metros de altura y su luz era visible a 60 Km. En el 306 a. de C., Ptolomeo Soler fundó la biblioteca. Su primer director fue Demetrio de Falero. Llegó a tener hasta 700.000 volúmenes. También se fundó el Museo, en honor a las musas. El museo tenía un pórtico, sala de estudio, sala de cenas, jardín botánico, jardín zoológico y un observatorio astronómico. El movimiento cultural que se gestó en estas instituciones se denominó la Escuela de Alejandría, en el siglo IV a. de C. No existía una orientación única y las ideas y tendencias eran múltiples.

Florecieron distintas corrientes literarias, filosóficas, artísticas y científicas. Los Ptolomeo invitaron a sabios y artistas que desarrollaron sus productivas labores en Alejandría.

Brillantes ideas surgieron durante el auge cultural de Alejandría. Euclides (320-260 a. de C.) fraguó los elementos de su geometría, Aristarco de Samos (310-230 a. de C.) ideó su sistema heliocéntrico; pero Claudio Ptolomeo (Siglo II) se opuso en su sistema geocéntrico que imperó hasta el siglo XVI. Arquímedes (287-212 a. de C.) hizo importantes descubrimientos que conformaron el principio que lleva su nombre; Apolunio de Perga describió la elipse, la parábola y la hipérbole; Hiparco

(190-120 a. de C.) hizo aportes al álgebra; Herón inventó una máquina de vapor; y Posidonia dijo que la tierra es esférica.

3. Aportes de la medicina alejandrina.

3.1 Se recopilaron los escritos hipocráticos.
3.2 La práctica de la disección de cadáveres permitió hacer avances en anatomía.
3.3 Se alcanzó un notable progreso en la fisiología y la cirugía.

4. Desarrollo y características de la medicina en Alejandría.

El desarrollo de la medicina en Alejandría se entiende con el estudio de la vida y obra de dos grandes médicos: Herófilo y Erasístrato. Ellos mantuvieron el espíritu hipocrático y profundizaron sus conocimientos con el estudio de la anatomía. Su actividad también de alguna manera tiene que ver con el surgimiento de dos grandes escuelas médicas: la Dogmática y la Empírica.

4.1 Herófilo(350-280 a . de C.)

Herófilo, junto a Erasístrato, fundó la Escuela médica de Alejandría. Plinio lo llamó el Oráculo de la Medicina. Fue discípulo de Crisipo de Cnido y de Praxágoras de Cos. Se le considera el primer anatomista de la antigüedad. Efectuó disecciones públicas, disecó más de 600 cadáveres y se dijo que practicó vivisecciones en reos condenados a muerte con el permiso de los Ptolomeos. Algunos autores dudan de la veracidad de esa información. La envidia pudo haber influido en el ánimo y las apreciaciones de los contemporáneos. Tertuliano lo llamó el Carnicero.

Herófilo estudió la anatomía cerebral. El seno de ese órgano, prensa de Herófilo, recuerda sus aportes. Descubrió las meninges y el cerebelo. Clasificó los nervios en sensitivos y motores; y también en voluntarios e involuntarios. Dijo que la inteligencia reside en el cerebro. Aristóteles afirmaba que esa función era competencia del corazón. Diferenció los nervios de los vasos sanguíneos y ligamentos.

En cardiología admitió que el pulso depende de la actividad del corazón. Lo midió con una clepsidra y determinó su ritmo comparándolo con la música. El pulso también lo detectó en las arterias y dijo que éstas son más gruesas que las venas. Descubrió la arteria pulmonar.

En oftalmología describió el ojo, la esclerótica, la coroide y la retina.

En ginecología y obstetricia estudió los órganos genitales femeninos. Explicó las funciones del orificio del útero. Escribió un tratado para comadronas. En Atenas enseñó a Agnodice, que se vestía de hombre para atender a las parturientas. Fue denunciada y absuelta. Desde entonces les fue permitido ejercer su trabajo sin limitaciones legales.

Además, Herófilo describió el hueso hioides, las parótidas, las glándulas submaxilares, el epidídimo, la próstata y dio el nombre al duodeno.

Herófilo escribió tratados sobre anatomía, cirugía, obstetricia, ginecología y terapéutica. Sus concepciones filosóficas partían de las ideas escépticas de Pirrón, según las cuales no hay nada cierto por eso la naturaleza no puede ser reguladora. En ese sentido se oponía a la concepción hipocrática de que la naturaleza cura y el médico sólo ayuda. Para Herófilo cuatro fuerzas gobiernan la vida: la alimenticia, la térmica, la sensitiva y la intelectual. Residen respectivamente en el hígado, el corazón, los nervios y el cerebro.

4.1.1 Algunas expresiones de Herófilo:

a) Por sobre todo el médico deberá conocer los límites de su poder; porque sólo es médico perfecto quien sabe distinguir lo posible de lo imposible.
b) Los medicamentos son un beneficio divino.
c) Sin salud no puede realizarse nada en el campo de la ciencia.
d) El bien más preciado es la salud.

Herófilo tuvo sus seguidores: los herofilistas. Entre ellos se destacan Andreas de Caristos, inventor de un aparato para curar las luxaciones del fémur; Demóstenes Filatetes, uno de los mejores oculistas de la antigüedad; y Dioscórides Facas, médico de Cleopatra.

4.2 Erasístrato (310-250 a. de C.)

Nació en Julis, isla de Ceos, hijo del médico Clembrote y de una hija de Aristóteles. Es de suponer que participó en la Escuela Peripatética. Sus maestros fueron Metrodoro y Teofastro. En Cos estudió con Praxágoras. Como seguidor de Demócrito consideraba que los órganos tienen una estructura compuesta de átomos, y la actividad de estos procede del Pneuma.

Realizó autopsias tanto en animales como en humanos. Se dice que también, como Herófilo realizó vivisecciones en humanos.

Estudió el sistema nervioso. Determinó que el cerebro es el centro de las funciones psíquicas, diferenció los nervios sensitivos y motores.

Él dijo: "La sensación de olor viene de las narices, que tienen orificios de comunicación con los nervios. Las sensaciones sonoras también se deben a relaciones semejantes de los oídos con los nervios; la lengua y los ojos reciben también el efecto de los nervios del cerebro". Puso su atención sobre las sustancias cerebrales y las circunvoluciones.

Sobre el corazón dijo que allí se formaba el Pneuma del aire respirado a través de los pulmones, luego pasaba a las arterias hacia todo el cuerpo. Supuso que el buen funcionamiento de las venas y arterias son determinantes para una buena salud; pero creía que la circulación sanguínea se iniciaba en el hígado y a través de las arterias llegaban al corazón por la aorta. Descubrió la válvula tricúspide del corazón y las venas del mesenterio. Estudió la pericarditis.

Para Erasístrato la enfermedad es producto de exceso de la acumulación de sangre (plétora) en el lugar donde unen las venas con las arterias (anastomosis). En fisiología consideró que la digestión no es un proceso de cocción de los alimentos, sino una actividad mecánica. Realizó experimentos con aves para tratar de establecer una relación entre el peso, la alimentación y las deyecciones.

Estudió también la tráquea, la epiglotis, dijo que el bazo era un órgano inútil, y a veces confundió ligamentos con nervios.

Se le considera uno de los primeros en estudiar la Anatomía Comparada y la Anatomía Patológica. En esta última rama estableció una relación entre el endurecimiento del hígado (Cirrosis) y la ascitis. No aceptaba la teoría humoral y recurrió poco a las sangrías. En cambio, recomendaba vendajes sobre las partes afectadas, dietas, baños y ejercicios.

Una anécdota nos relata cómo curó a Antíoco, hijo de Seleuco Nicator, en Babilonia. Erasístrato determinó por el pulso alterado que el príncipe estaba enamorado de la bella Estratonice. Este pasaje sitúa a Erasístrato como un médico profundamente conocedor del alma; pero algunos autores coinciden en que cronológicamente el hecho pudo haber acontecido con el padre, que también era médico.

Los seguidores de Erasístrato fueron denominados erasistrátidas; y entre ellos se destacan Xenofonte de Cos y Estratón de Berito.

4.3. Las Escuelas Dogmática y Empírica.

Platón (429-347 a. de C.) fue discípulo de Sócrates y maestro de Aristóteles. Tuvo influencia de Pitágoras y por eso la geometría fue centro de sus estudios. Trató de interpretar la naturaleza del alma y de la materia. Decía que el Estado debía ocuparse de la salud de los ciudadanos y prevenir las enfermedades. En Medicina, como en todo su sistema filosófico general, recurrió al método del razonamiento por lo que no hizo disecciones ni observaciones clínicas. Hizo falsas conclusiones sobre la anatomía humana. Sus seguidores conformaron la Escuela Dogmática.

4.3.1 Escuela Dogmática.

Los Dogmáticos (siglo II a. de C.) defendían la razón por encima de la observación.

4.3.1.1 Consideraban a Hipócrates la máxima autoridad médica; pero sin recurrir a su método y objetivos.

    4.3.1.2. Clasificaron las enfermedades de acuerdo a la doctrina humoral.

4.3.1.3 Explicaron procedimientos curativos como purgantes y sangrías.

Representantes:

Aristóteles (384-322 a. de C.)

Aristóteles fue discípulo de Platón y maestro de Alejandro Magno. Era hijo de médico. Nació en Estagira. Dio clases en Liko. Fundó la biología (Zoología y Botánica). Estudió los minerales. En embriones de huevos de aves determinó la aparición del corazón al cuarto día. Descubrió el puntum saliens, primer signo de vida del embrión. Como experimentalista observó los latidos del corazón en embriones y la respiración, determinando que esta última no la hacían por sí mismos.

Dijo que los fetos, masculinos y femeninos no se desarrollaban en distintos compartimientos como se creía, estableció diferencias entre venas y arterias, dio el nombre a la aorta y describió la trayectoria del uréter. Creía en la doctrina humoral, en la generación espontánea y en los sueños como presagios del futuro. Confundió nervios con ligamentos, indicaba la sangría del lado del órgano enfermo y pensaba que la inteligencia residía en el corazón.

Teofrasto (370-285 a. de C.)

Discípulo de Aristóteles. Descubrió muchas plantas, estudio la pérdidas de conciencia, el vértigo, la sudoración. Su nombre verdadero era Titanio de Lesbos.

Polibio

Yerno de Hipócrates, recogió los libros del maestro y amplio los conocimientos anatómicos con disecciones.

Diocles de Caristo (IV a. de C.)

Alumno de Aristóteles. Escribió sobre dialéctica, anatomía y embriología. Estudió la pleuresía y dijo que la fiebre era un síntoma de una enfermedad. Sostenía la doctrina de los cuatro elementos. Las enfermedades eran producto de la afección del Pneuma por la flema. Pero también dio importancia al paciente y a las estaciones del año. Recomendaba dietas y alternación de las jornadas de trabajo con los de descanso.

Diocles fue maestro de Praxágoras. La recopilación de los trabajos de Hipócrates por parte de Polibio y Diocles de Caristo influyó enormemente en el desarrollo de las ciencias médicas en Alejandría.

Praxágoras (340 a. de C.)

Fue maestro de Herófilo. Diferenció las funciones de las venas y las arterias. Por la primera circula la sangre, mientras que por la segunda lo hace el Pneuma. Diferenció once humores diferentes y determinó que el pulso sufría alteraciones durante la enfermedad.

4.3.2- Escuela Empírica (Siglo III a. de C.)

Surgió como una reacción a la Escuela Dogmática. No les daban importancia a las causas de la enfermedad, no estudiaban anatomía y fisiología. Se decían seguidores de Hipócrates y daban gran importancia a la experiencia personal del médico. Los empíricos afirmaban que las disecciones y los experimentos eran inútiles.

Según Celso los empíricos seguían los siguientes postulados:

    4.3.2.1 La enfermedad no se cura con palabras sino con drogas.

4.3.2.2 El agricultor y el filósofo no se forman mediante discursos, sino en la práctica.

4.3.2.3 Lo importante no es conocer lo que causa sino lo que cura la enfermedad.

4.3.2.4 Conocer la causa oculta de la enfermedad no es lo que beneficia al enfermo, sino los datos derivados de la afección actual.

Postulados del Trípode de la Escuela Empírica.

1. Autopsia: (no confundir con el término médico actual) – observación y experiencia propia del médico.

2. La historia: (no historia clínica) de los otros médicos y sus observaciones. Las experiencias ajenas.

3. Analogía: búsqueda de la cura del caso, siguiendo los pasos de uno parecido.

Representantes:

Filino de Cos (270-220 a. de C.)

Se le considera el fundador de la Escuela Empírica. Fue discípulo de Herófilo. A pesar de haber sido un gran anatomista decía que la disección no tenía importancia en la medicina, por eso afirmó: "Los conocimientos anatómicos que me enseñó Herófilo han sido inútiles para mí al tratar a los enfermos".

Heráclides de Tarento (II a. de C.)

Escribió sobre semiología, cirugía, dietética (Symposio) y farmacología. Interpretó a Hipócrates. Estudio muchos medicamentos y recomendó el cese del opio. Fue discípulo de Filino de Cos.

Zopyros

Inventó un antídoto (la ambrosia) y envió recetas al Rey Mitrídates.

Apolunio de Citium (Chipre, I a. de C.)

Comentó el libro Las articulaciones de Hipócrates.

Nicandro de Colofón (140 a. de C.)

Estudió los venenos de los escorpiones y serpientes. Escribió en versos la obra Theriaca y Alexifarmaca

Cratevas

Médico de Mitrídates VI Eupator. Escribió sobre las plantas venenosas. Descubrió las plantas Mitridatia y Eupatoris, cuyos nombres los dio en honor al Rey.

Ammonio (Litómano)

Inventó un instrumento para extraer cálculos de la vejiga.

5. Expresiones de Herófilo:

-Por sobre todo el médico deberá conocer los límites de su poder; porque sólo es médico perfecto quien sabe distinguir lo posible de lo imposible.
-Los medicamentos son un beneficio divino.
-Sin salud no puede realizarse nada en el campo de la ciencia.
-El bien más preciado es la salud.

PREGUNTAS PARA AUTOCONTROL Y REPASO

1. Hable del papel de Alejandría para el desarrollo de las artes y la ciencia en la Antigüedad.
2. Cite los médicos más importantes de Alejandría.
3. ¿Quién y por qué le dio el nombre al duodeno?
4. ¿Qué es una vivisección?
5. Nombre tres aportes de Alejandría a la medicina.

CAPÍTULO XII
LA MEDICINA EN ROMA

1. Reseña histórica.
2. Medicina primitiva romana.
3. Escuela metódica.
4. Escuela neumática.
5. Escuela ecléctica.
6. Los enciclopedistas.
7. La farmacología
8. Higiene y salud pública
9. La enseñanza de la medicina
10. Galeno

1. Reseña histórica

En la península de los Apeninos, cuna de Roma, en los tiempos antiguos vivían tribus celtas o galas itálicas, latinas, griegas y etruscas. Se desconoce el origen de los etruscos, cuyo poderío abarcó los siglos VII y VIII a. de C. Los etruscos construyeron ciudades, se ocupaban de la agricultura, trabajaban los metales y eran buenos comerciantes. A finales del siglo VI a. de C. las luchas intestinas entre las ciudades etruscas y los ataques de los griegos acabaron con la dinastía de los etruscos. Roma fue fundada en el año 753 a. de C. La primera forma de gobierno de la ciudad fue la Monarquía. Rómulo fue el primer Rey, le siguieron seis monarcas más de la dinastía de los Tarquinos. Servio Tulio, penúltimo rey de los Tarquinos, dividió la ciudad en cuatro distritos y la población en cinco clases.

Los más pobres eran los proletarios. Una insurrección destronó a Tarquino el Soberbio, iniciándose la República. En esa época existían tres clases: Los patriarcas que ejercían el poder, los plebeyos o resto de la población y los esclavos. Dos cónsules dirigían la ciudad y eran elegidos anualmente. El Senado era la institución suprema del poder y estaba integrado por trescientos miembros.

Los patriarcas y los plebeyos tuvieron muchos enfrentamientos. El tribuno de la plebe para representar y defender los intereses de su clase surge como consecuencia de uno de esos enfrentamientos; hasta que se eligen los nobilitas, grupo social resultante de la unión de las dos clases mencionadas.

Varias guerras, incluidas las efectuadas contra Pirro, hacen de Roma entre los siglos V y VI a de C. una potencia en el Mediterráneo. En sus intentos por expandirse los romanos lucharon contra los cartagineses. Empiezan las guerras púnicas. En la primera guerra púnica (264 – 241) los romanos obtuvieron Sicilia, Córcega y Cerdeña. En la segunda guerra púnica el general romano Publio Cornelio Escipión derrotó al general cartaginés Aníbal (201 a. de C.). En la tercera guerra púnica (146) los romanos destruyeron a Cartago, la quemaron y les pasaron el arado a las ruinas de la ciudad. Luego de estas conquistas hay en Roma dos grandes clases enfrentadas: la de los esclavistas y la de los esclavos. En Sicilia los esclavos se levantan de tiempo en tiempo. En el 133 a. de C. Tiberio Graco propuso la Ley Agraria para favorecer con tierra a los más pobres. En el 132 Tiberio fue asesinado. Graco propuso garantizar el reparto del trigo a la plebe a bajo precio. Murió junto a los suyos en guerra contra el Senado. Mitrídates VI atacó las posesiones romanas en Asia Menor. El Senado envió a Lucio Cornelio Sila para combatirlo, elegido Cónsul en el 88. La asamblea popular lo destituyó y le entregó el cargo a Mario. Sila atacó Roma y luego emprendió la lucha contra Mitrídates. Lo derrotó hasta hacerlo firmar la paz. Sila regresó a Roma para vérselas con los sublevados. Luego de su triunfo se proclamó dictador. Del 74 al 71 los esclavos se alzaron al mando de Espartaco, quien fue derrotado definitivamente al sur de Italia. Mitrídates nuevamente insurgió en el 74 y fue sometido por Pompeyo. Catilina trató de tomar el poder y fue denunciado por Cicerón, elegido Cónsul en el 63 a. de C. El primer triunvirato se formó en el 60. Lo integraban Pompeyo, Craso y César. Este último fue elegido Cónsul en el 59.

En el 57 Julio César conquistó las Galias luego de siete años de lucha. Craso fue muerto en Partia. Pompeyo envidiaba los éxitos de Julio César. Este último fue declarado enemigo de la patria por el Senado al no licenciar su ejército que ya había cumplido su misión. En el 49 Julio César cruzó el Rubicón, río en la frontera septentrional de Italia. Son famosas las palabras de Julio César: "Alea jacta est" (La suerte está echada). Julio César tomó Roma, pasó a España y atacó a Pompeyo. En el 48 Pompeyo fue derrotado en Farsalia y huyó a Egipto. Julio César llegó a Egipto. Apoyó a Cleopatra contra su hermano, sofocó un levantamiento en Alejandría y derrotó a Farnaces, hijo de Mitrídates. César hizo estas hazañas en cinco días por eso expresó: "Veni, Vidi, Vici". Con la batalla de Munda, César finaliza su campaña en el 45; y en el 44 es asesinado en el Senado. Marco Antonio pasó a ser el jefe de Roma. Ya era Cónsul desde el 44. Sus enemigos eran Octavio y Cicerón. El segundo triunvirato estuvo integrado por Marco Antonio, Octavio y Lépido. Marco Antonio viajó a Egipto y se unió a Cleopatra. Roma no aprobaba esa unión. Octavio y Marco Antonio se enfrentaron en la batalla naval de Actium. Marco Antonio derrotado se suicidó con Cleopatra el 31 a. de C. El 13 de enero del 27 a de C. Octavio fue declarado primer emperador con el título de Augusto. Después de 45 años en el poder, Octavio Augusto muere y le sucede su hijastro Tiberio en el 14 de n. e.

En materia cultural Virgilio (70 – 19. a. de C.) escribe las Bucólicas, las Geórgicas y la Eneida. Horacio (65 – 8 a. d. C.) escribe las Sátiras, las Odas y las Epístolas. Ovidio (43 a. de C. 17 de n. e.) escribe la Metamorfosis y los Fastos. Tito Livio (59 a de C. – 17 de n. e.) escribe sobre la fundación de Roma. Plinio el Viejo (I de n. e) escribió Historia Natural.

De la dinastía Julia – Claudia el emperador más conocido es Nerón. Le sucedió Tito Flavio Vespasiano (69 – 79 de n. e.) perteneciente a la dinastía de los Flavios. En el 79 la erupción del Vesubio destruyó a Pompeya y Herculano.

En el siglo II la dinastía de los Antoninos ejerció el poder: Marco Ulpio Trajano, Adriano y Marco Aurelio. Este último fue escritor de obras filosóficas durante el llamado siglo de oro del Imperio Romano (II de n. e.) En el 192 Cómodo, último emperador de los Antoninos es derrocado. Le sucede Septimio Severo (193 – 211). Luego llegó al trono Maximino.

Los motines y derrocamientos venían uno tras otro. Los bárbaros se disponían atacar. Los germanos, los francos y los sajones amenazaban las fronteras del Imperio. Empieza la decadencia del poder de Roma. El cristianismo se expande a lo largo del territorio del imperio. Diocleciano (284 – 305) dividió el imperio en cuatro partes para evitar su separación. Constantino (306 – 337) proclamó el cristianismo religión oficial en el 313 y trasladó la capital del imperio a Bizancio en el 330 y la cual fue denominada Constantinopla.

Teodosio (379 – 395) unificó el imperio, pero a su muerte fue dividido en Occidental y Oriental. Alarico, rey de los godos (tribus que vivían en territorio romano con el permiso del imperio) tomó Roma en el 410. Atila y los hunos atacaron al imperio en todos sus confines hasta que en el 451 es derrotado en los campos Cataláunicos (Francia). Odoacro, de las tribus germanas, destronó a Rómulo Augustino, último emperador de Occidente. Esto sucedió en el 476 y se considera el año de la caída del Imperio Romano de Occidente.

2. Medicina primitiva romana

2.1.- La medicina primitiva romana proviene de los etruscos y tenía rasgos mágico – religiosos y empíricos.

2.2- Una serie de dioses intervenían para proteger la salud: Carna defendía a los hombres de los chupadores de sangre; Salus equivalía a la diosa griega Higieia. Febris era la diosa de la fiebre; Mefitis actuaba contra los malos olores que provocaban las enfermedades; Carmenta era la diosa del embarazo; Lucina regulaba el parto y la menstruación; Rumina ayudaba en el parto, Cunina protegía a los recién nacidos y Priapus era el invocado para buscar novio.

En las diferentes fiestas en honor a los dioses se hacían las peticiones para conservar o devolver la salud. En las Metroniales, que se celebraban en marzo, en honor a la diosa Juno Lupccina, las mujeres rogaban por su fecundidad. En los Lupercales, en febrero, se sacrificaban cabras y con el cuero se vestían los sacerdotes (lupercos) y azotaban a las mujeres estériles.

Cuando los griegos fueron sometidos por los romanos, los dioses de los primeros se latinizaron: Zeus pasó a ser Júpiter, Atenas se convirtió en Minerva, Afrodita en Venus, Hermes en Mercurio y Asclepios en Esculapio.

2.3.- La medicina era ejercida por el padre de la familia o por un esclavo con vocación para la profesión.

2.4.- En materia sanitaria construyeron la cloaca máxima, prohibieron incinerar los cadáveres dentro de la ciudad, distribuyeron el agua potable a los pobladores a través de acueductos y secaron pantanos.

2.5.- Los aurúspices adivinaban el futuro y la salud examinando las entrañas. Practicaban la hepatoscopia y se orientaban en sus presagios teniendo en cuenta el comportamiento de los animales y el vuelo de las aves.

2.6.- Desarrollaron la dentistería. Fabricaban prótesis dentales metálicas.

2.7.- Para los tratamientos recurrían a los rezos y hacían exvotos de las partes enfermas.

2.8.- Entablillaban las fracturas.

2.9.- Utilizaban coles, repollos, sal y laurel como medicamentos. Emplearon enemas.

2.10.- La balneoterapia fue ampliamente desarrollada. Construyeron baños termales.

2.11.- Castigaban el aborto intencional.

2.12.- El primer médico en ejercer en Roma fue Arcagato Peloponesíaco. (III a. de C.). Tuvo fama como buen cirujano y lo llamaron "Vulnerarios". Luego se le consideró un verdugo (carnitex), aparentemente por algunos errores cometidos.

3. Escuela Metódica.
3.1.- Asclepíades de Prusa o de Bitinia

Estudió medicina y filosofía en Grecia y se trasladó a Roma a principios del siglo I d. de C. Se le considera el primero en llevar la medicina griega al imperio romano. Tenía un espíritu emprendedor. Se destacó primero como orador y luego alcanzó fama como médico hasta el punto que la leyenda le adjudicaba poder para resucitar a los muertos. Se codeó con los grandes. Fue amigo de Cicerón, Craso, Atico y Marco Antonio. Mitrídates de Ponto lo quiso contratar como su médico, pero no aceptó. Escribió muchos libros. Criticó a Hipócrates y a Erasístrato. Para Asclepíades quien cura es el médico no la naturaleza.

Como filósofo, Asclepíades estudió a los atomistas, epicureístas y estoicos. Según su teoría atómica, el organismo está constituido por partículas originales o átomos que se atraen y repelen. Entre ellos hay espacios o poros. La salud depende de la proporción, la medida y la cantidad de átomos. También de sus movimientos adecuados. Si los átomos se detienen y los poros se estrechan surge la enfermedad. Los humores y el neuma forman parte también en el desarrollo de la enfermedad. De acuerdo con esta teoría, Asclepíades prometía curar "Tuto celerites oc jacunde" (seguro, rápido y agradablemente). Por eso, según el principio de los contrarios y teniendo en cuenta que las enfermedades surgen por obstáculos mecánicos, recomendaba movimientos activos y pasivos, calor, frío, rayos solares, aguas, baños, masajes, dietas, ayunos y abstinencias.

Asclepíades inspiró a Temisón quien desarrolló la escuela metódica a la cual también pertenecieron Antipater, Dionisio, Proclo, Vesio Valente, Sorano de Éfeso y Tésalos de Tralles.

3.2.- Temisón

Temisón (I a de C), seguidor de Asclepíades de Prusa, fundó la Escuela Metódica, buscando una forma sencilla de diagnosticar y tratar las enfermedades, es decir un método. Según los metodistas las causas de las enfermedades son tres, partiendo de la teoría atómica:
1.- Status Strictus por contracción de los poros.
2.- Status laxus, cuando los poros se dilatan.
3.- Status mixtus provocado por las dos causas anteriores al mismo tiempo.

La enfermedad por status Strictus se acompaña de fiebre, piel seca y pocas secreciones. En el tratamiento se recomiendan las dietas y la terapéutica física. En la enfermedad por status laxus, sucede todo lo contrario con mucha secreción, por lo que es necesario contraer los poros.

Los metodistas además dividían las enfermedades en agudas y crónicas, pero las enfermedades crónicas no siempre eran consecuencia de las agudas y se desarrollaban por sí mismas.

3.3.- Tésalos de Tralles: "El Sabelotodo"

Como la tesis propugnada por los metodistas era muy sencilla para entender el origen y el tratamiento de las enfermedades aparecieron metodistas de todo tipo y sin preparación alguna. Uno de ellos fue Tésalos de Tralles, quien prometía enseñar la medicina en tan sólo seis meses. Enseñaba su método a los zapateros y artesanos. La gente los llamaba despectivamente "los asnos de Tésalos". Tésalos decía que él era el primer médico verdadero y que Hipócrates no sabía nada. Escribió libros que dedicó a Nerón y su jactancia era tanta que Galeno lo llamó el "Sabelotodo".

Tésalos propuso además un tratamiento especial para los enfermos crónicos en dos etapas: en la primera (circulus resumptivus) se aplicaban reconstituyentes con dietas; y en la segunda (circulus metasyncriticus) con un enfermo recuperado se aplicaba la medicina propiamente. Tésalos escribió el epitafio de su lápida: "Vencedor de los médicos".

3.4- Sorano de Efeso

Sorano de Efeso vivió en el siglo II d. de C. En Alejandría estudió medicina, filosofía y gramática. Escribió muchos libros, respetando los antepasados y citando las fuentes que consultaba. Se le considera el más importante de los metodistas. De su pluma salieron libros sobre el alma, la patología, la terapéutica, la vida de los médicos pasados, las enfermedades agudas y crónicas y los vendajes.

Como todo metodista no le daba importancia a la anatomía y la etiología de las enfermedades; no obstante, pensaba que esos conocimientos podían darle prestigio a un hombre de ciencias. Por eso escribió sobre anatomía, causas de las enfermedades y fisiología.

Sorano era internista, cirujano y ginecólogo. Se le considera el padre de la ginecología. Estudió las enfermedades de la mujer, los órganos genitales femeninos y su fisiología. Habló de la menstruación, el embarazo, el parto y la relación entre el útero y los senos. También estudió las enfermedades del recién nacido y la parturienta. Las enfermedades de esta última las dividió según el tratamiento fuera dietético, medicamentoso o quirúrgico. Aplicó maniobras para corregir la posición fetal y recurrió a la embriotomía para salvar a la madre. El examen ginecológico lo realizaba con espéculo.

Escribió también libros sobre higiene, cirugía, medicamentos, la procreación, la naturaleza del semen humano y un catecismo para comadronas utilizado ampliamente durante la Edad Media.

4. Escuela Neumática

Fue fundada por Ateneo de Atalia. Consideraba al neuma como la fuerza vital. Apareció en Roma en el siglo I d. de C. Entre sus representantes están:
Agatino de Esparta y Apolonio de Pérgamo. Los neumáticos de origen griego fueron:
Heliodoro que usó ligaduras en los vasos sanguíneos; Antilo, que operó cataratas y Arquígenes de Apamca (Siria, siglo I d. de. C.) que estudió las fiebres, el cáncer y la disentería. Clasificó el pulso en diez formas. Inventó muchas recetas. Realizó amputaciones. Publicó los siguientes libros: Del pulso, De las partes gangrenadas y úlceras pestilenciales, entre otros.
Ateneo estudió el pulso, los alimentos como el pan y el trigo. Valoraba el aire, el agua y el clima en general como agentes promotores de la buena salud. Hizo recomendaciones para cada edad, especialmente para la vejez.
Para los seguidores de la escuela neumática el neuma circula por las arterias, se apreciaba por el pulso y de su tono dependía la salud.

5. Escuela Ecléctica

Los eclécticos se oponían al neuma como principio vital. Sus representantes fueron:

5.1 Areteo de Capadocia (I – II d. de C.) Fue hipocrático en su método. Estudió la neumonía, la pleuresía, la diabetes y el tétano. Dijo que en la diabetes los órganos se licúan y se expulsan con la orina. Entre sus escritos tenemos: De las causas, de los signos y de la cura de las enfermedades agudas y crónicas. Dijo que la salud es la armonía entre las partes sólidas, líquidas y aéreas del cuerpo. Le dio importancia al sexo, la edad, la constitución individual, al clima y las comidas.

5.2 Rufo de Efeso (110-180 d n. e) .Estudió anatomía y oftalmología. Escribió sobre las enfermedades de los riñones y la vejiga, la satiriasis y la gonorrea. Diseccionó animales y describió el cruce del nervio óptico. Dijo que el corazón es el centro de la vida. Dividió los nervios en sensitivos y motores.

6. Los Enciclopedistas

Los enciclopedistas no fueron propiamente médicos, pero escribían sobre medicina. Entre otros enciclopedistas tenemos a: Marco Terencio Varrón, Aulo Cornelio Celso, Plinio el Viejo, Aulo Gelio y Valerio Máximo.

6.1.- Marco Terencio Varrón: (116 a de C). Dijo que el paludismo es producido por unos pequeños animales: Aconsejó no construir cerca los pantanos porque provocaban enfermedades. Escribió "Rerum Rusticarum".

6.2.- Lucrecio Caro: Escribió en "Rerum Natura" sobre los átomos que hacen posible la vida.

6.3.- Plinio el Viejo: (23 de C). Escribió Historia Mundi o Historia Naturales. Leía e investigaba constantemente. Fue el primero en citar bibliografías. Murió en el 79, cuando averiguaba las causas de la erupción del Vesubio.

6.4.- Celso (Aulio Cornelio Celso): Fue un patricio romano (19 – 137) que escribió sobre agricultura, derecho, arte militar, filosofía, retórica y medicina (8 libros). Describió por primera vez los signos y síntomas de la inflamación: rubor, tumor, calor, dolor. Escribió "De Atribus" sobre la guerra, la filosofía y la medicina. En "De médicos" se refirió a la medicina helenística. Dividió los tratamientos en dietéticos, farmacéuticos y quirúrgicos. Las enfermedades las clasificó en generales y locales, y las quirúrgicas.

7. La Farmacología

La farmacología fue desarrollada por Pedanio Dioscórides (41 – 68), médico de origen griego. Viajó con las guerras y recogió hierbas. Escribió una obra sobre plantas medicinales, considerada la primera en su género. Citó más de 600 productos provenientes del reino vegetal.

8. Higiene y Salud Pública

Entre los pueblos de la antigüedad se considera a los romanos los más grandes higienistas.

Valerio Máximo (I d. de C.) consideraba que los romanos conservaban su salud porque siempre estaban con actividad física, eran frugales a la hora de comer, no abusaban del vino ni del sexo. Los médicos romanos aconsejaban abrir el vientre de la mujer embarazada para sacar al hijo. La higiene se practicó individual y públicamente. Se construyó la cloaca máxima. En las casas existían letrinas y luego se construyeron los públicos. Los urinarios públicos aparecieron en el siglo II a. de C. Los baños públicos también fueron comunes. Estaba prohibido incinerar a los muertos en el perímetro de la ciudad.

9.- La enseñanza de la medicina

En un principio los médicos romanos no gozaron de aprecio y respeto por parte de la población y las autoridades gubernamentales. Adriano (117 – 118) exoneró a los médicos del servicio militar, iniciando una serie de actos reglamentarios a favor de los médicos que luego se convirtieron en privilegios, y más tarde fueron limitados por Antonio Pio (159 de C.) por considerarlos exagerados. Augusto (10 d. de C) prohibió el servicio militar para los médicos. Severo Alejandro (122 – 235) regularizó la enseñanza y el ejercicio de la medicina.

10. Galeno (129 – 199 d. de C.)

Fue el más importante médico de la antigüedad, después de Hipócrates. Galeno nació en Pérgamo, hijo de Nipón. Su nombre significa "pacífico". Estudió filosofía en su ciudad natal. Allí conoció a los médicos Estratónico, Aiscrón y Satyros. Desde el148 inicia sus viajes. Visitó Grecia y Alejandría. En el 157 fue designado médico de los gladiadores en Pérgamo. En el 162 llegó a Roma. Curó a su compatriota, el filósofo Eudemos de una fiebre cuartana después de haber sido tratado por otros médicos y con eso se hizo famoso. En el 166 está en Pérgamo, pero pronto vuelve a Roma.

Galeno estudió la anatomía de los animales. Diferenció los nervios sensitivos de los motores, estableció la relación entre nervios y órganos y descubrió que el corazón puede latir sin nervios (automatismo).

Obras de Galeno: Del Filósofo, De los elementos según Hipócrates, Del Médico, De las preparaciones Anatómicas, De la disección de venas y arterias, Del movimiento de los músculos, De las regiones enfermas.

Un sueño:

De la novela sobre Galeno "El médico del emperador" de Tessa Korber:

"Fue un sueño...lo que me condujo a mi profesión. Mi padre había querido que fuese arquitecto, como lo fue él. Sin embargo, en la víspera del día en que debía visitar a mi nuevo maestro tuve un sueño que me pedía que me inclinara hacia la medicina".

"...Le había administrado a mi paciente un remedio febrífugo y le había aplicado una lavativa para disipar la obstrucción intestinal y posibilitar, además, la expulsión regular de todos los humores perjudiciales. Después había ordenado que preparase en vino con mucha agua y miel, y se lo había hecho tomar al enfermo a pequeños intervalos..."

PREGUNTAS PARA AUTOCONTROL Y REPASO

1. Hable de la medicina etrusca y su carácter mágico-religioso.
2. Nombre las distintas escuelas médicas romanas.
3. ¿Quién fue el primer médico romano?
4. Explique el papel de Celso en la descripción de los signos de la inflamación.
5. ¿A quién se considera como el padre de la farmacología?
6. Haga un esbozo sobre Galeno.

CAPÍTULO XIII

LA MEDICINA EN LA EDAD MEDIA

1. La Edad Media.
2. La medicina en la alta edad media.

3. La medicina en la baja edad media.

4. Curaciones milagrosas de Jesús.

5. Cristianismo, iglesia y medicina.

6. Los santos y la medicina.

7. La medicina monacal.

8. Medicina, misticismo y supersticiones.

9. Las Cruzadas y la medicina.

10. Las Epidemias.

11. La Escuela de Salerno.

12. Las Universidades.

1. La Edad Media

1.1 La Edad Media es el período comprendido entre el final del Imperio Romano (Siglo V) y la toma de Constantinopla por los turcos (1453). Tres grandes culturas florecen: La de Europa occidental cristianizada; la bizantina con sus rasgos impregnados de cultura griega, religión cristiana y derecho romano; y la musulmana.

1.2 Geográficamente cada una de estas civilizaciones se ubicaba de la siguiente manera: *Europa occidental:* Inglaterra, Francia, Suiza, Norte de Italia, Alemania, Austria y Polonia. *Imperio Bizantino:* Turquía, Grecia, Bulgaria, Albania, Yugoslavia, Rumania, Sur de Italia, Islas Mediterráneas. *Imperio Musulmán:* España, Marruecos, Argelia, Túnez, Libia, Egipto, Arabia Saudita, Jordania, Israel, Líbano, Siria, Irán, Irak, Afganistán y Pakistán.

1.3 La Edad Media se caracteriza por la implantación del régimen feudal que tiene como figuras fundamentales al señor y al Vasallo, una religión monoteísta, bien sea la cristiana o la musulmana, un gobierno monárquico, el intercambio de conocimientos científicos y humanísticos como consecuencia de las cruzadas, y el surgimiento de las escuelas y universidades.

1.4   Se ha dividido la Edad Media en Alta y Baja; y cada una tiene rasgos muy característicos en lo que respecta a la medicina.

2. La medicina en la Alta Edad Media.

2.1   Se practica la medicina monástica.

2.2   Se tienen pocos conocimientos de la medicina griega y latina.

2.3   La regla benedictina y el carácter religioso impregnan la atención médica.

2.4   Las enfermedades se clasifican por los signos y síntomas.

2.5   Las dietas son el fundamento de los tratamientos médicos.

2.6   Se empiezan a construir algunos hospitales como el Hotel Dieu de Lyon (542), el Hotel Dieu de París (652), el Hospital de Santa María Scala en Italia (898) y el de York (Inglaterra) en el 937.

2.7   Entre los médicos se destacan:

    2.7.1 Isidoro de Sevilla (570 – 636), que escribió la obra Etimologías.

    2.7.2 Beda el Venerable (674 – 735), escribió De Natural Rerum y aceptó la doctrina de los cuatro humores.

    2.7.3 Rabano Mauro (780 – 856), escribió De Rerum Natura sobre anatomía y Terapéutica. Buscó las causas de las enfermedades.

    2.7.4 Hildegarda de Bingen.

2.8   Aparecen una serie de especialistas como curanderos, barberos, cirujanos, sacamuelas y parteras.

2.9   Se abren las boticas.

2.10   Aparecen los gremios los cuales agrupan a sus miembros por los instrumentos y materiales que usan: los cirujanos con los barberos, los médicos con los boticarios y los artistas (por los polvos que usaban, unos para curar y otros para los maquillajes).

2.11   Los médicos y los artistas impulsan la anatomía.

3. La medicina en la Baja Edad Media.

3.1   Se redescubren los textos médicos clásicos al ser traducido del árabe al latín.

3.2   En Salerno, Pedro Diácono y Constantino el Africano, traducen 30 obras clásicas relacionadas con la medicina al latín.

3.3   Se funda la Escuela de Medicina de Salerno, la cual funcionó hasta 1811, cuando fue clausurada por Napoleón.

3.4   La Escuela de Toledo de Alfonso X hace importantes traducciones de los textos clásicos.

3.5   Resurge un interés por la anatomía a través de la pintura y la escultura.

3.6 En anatomía se destacan: Guillermo de Saliceto, Tadeo Alderoti, Mondino de Luzzi y Henri de Mondeville.

3.7 Como médicos sobresalen: Arnau de Villanova, Tadeo Aldetori y Pietro de Abano.

3.8 Entre los cirujanos tenemos: Rogelio de Salerno y Teodorico da Lucca.

3.9 Se reconocen enfermedades como las hereditarias, las contagiosas, las regionales y las endémicas.

3.10 Para el diagnóstico de las enfermedades se recurre a la precisión de los síntomas y signos, al estado general del enfermo y las circunstancias que lo rodean, al interrogatorio, la exploración general, la apreciación del pulso y a exámenes clínicos como la uroscopia.

3.11 Renace el interés por la doctrina hipocrática.

3.12 Aparecen y se consolidan las universidades como instituciones conservadoras, productoras y difusoras del saber.

4. Curaciones milagrosas de Jesús.

Las curaciones milagrosas de Jesús inspiraron la actividad médica durante la Edad Media. Jesús curó gente con dolores y tormentos de distinta naturaleza. Trató a los endemoniados, epilépticos, paralíticos y leprosos. Con sólo colocar su mano aliviaba una fiebre como sucedió en la casa de Pedro: uno de sus discípulos, vio a la suegra de éste acostada y enferma con fiebre, rozó su mano, y la fiebre desapareció.

En Nazareth le trajeron a un paralítico acostado en una cama, procedió Jesús a decirle: *"levántate toma tu cama y vete a tu casa"*.

Una mujer que tenía doce años padeciendo flujo de sangre, vino por detrás y tocó el fleco de su prenda de vestir, ¡porque decía para sí "si solo toco su prenda de vestir recobraré la salud!". Jesús se volvió y al observarla dijo: *"Ten ánimo hija, tu fe te ha devuelto la salud"*. La mujer dejó de sangrar. También resucitó a muertos como en el caso de la hija de Jairo y de Lázaro.

Dos ciegos le siguieron pidiendo que los sanara, entonces les tocó los ojos y dijo: *"Según su fe, sucédales"* y sus ojos recibieron la vista. Un hombre con la mano seca se le acercó, entonces dijo al hombre: *"Extiende tu mano"*. Y la mano sanó. Hizo que ciego y mudo hablara y recuperara la vista.

En Galilea se le acercaron grandes muchedumbres, teniendo consigo personas que eran cojas, mancas, ciegas, mudas y muchas en otras condiciones y casi se les tiraron a los pies, y él los curó a todos.

En Jericó, dos ciegos que estaban sentados junto al camino clamaron y le pidieron misericordia. Jesús les tocó los ojos y ellos recobraron la vista.

Jesús otorgó a los doce discípulos poder y autoridad sobre todos y para curar enfermedades les envió a predicar y hacer curaciones. Partiendo entonces, ellos recorrieron el territorio de aldea en aldea, declarando buenas y ejecutando curaciones por todas partes.

Jesús no hizo discriminaciones a la hora de tratar a los enfermos. Esa manera humanitaria y caritativa de relacionarse con las personas cuya salud era afectada por una enfermedad influirá grandemente en el futuro desarrollo de la medicina. Por último, es necesario resaltar que las curaciones de Jesús encuentran sus explicaciones en la psiconeuroendocrinoinmunología.

5. Cristianismo, Iglesia y Medicina

5.1	El Cristianismo al triunfar en la Edad Media impone sus criterios en todos los renglones de la vida de aquel tiempo y la medicina no escapa a esas concepciones.

5.2	Según el Viejo Testamento, la enfermedad es castigo de Dios; no obstante, la iglesia fundamentándose en la acción milagrosa de Cristo para curar, proclama su poder sobre las enfermedades.

5.3	Bajo el concepto de la caridad cristiana se crearon las casas para los pobres, los ancianatos, los orfanatos y los manicomios.

5.4	El cristianismo se adapta a las distintas culturas para su mayor difusión y esto favorece la implantación de la fe cristiana como elemento fundamental en el proceso de sanación de los enfermos. A Cristo se le empieza a representar con barba y con un halo como los reyes orientales. Su representación sin barba se le compara con el Dios Horus de Egipto. Según una tradición siria, una madre dio a luz al dios Sol el 25 de diciembre y la iglesia acoge esa fecha como la del nacimiento de Jesús. En Egipto Isis es representada con su hijo en los brazos (Horus) y la iglesia toma para sí ese símbolo. También en Egipto se adoraba a Artemisa (la madre tierra) y su madre la diosa Atergatis, por eso se empezó adorar a María como la madre de Dios.

5.5	Plotino (205 – 270), desarrolló la teoría de las imágenes y su poder curador. Esto entraba en contradicción con los mandatos del Decálogo que instaba abstenerse de adorar imágenes. Según Plotino, las imágenes emanaban un poder curador (Doctrina de la Emanación). Las imágenes empiezan a usarse en el tratamiento de las enfermedades.

5.6	La Escuela de traductores de Toledo fue organizada por el clérigo Domingo Gundiralino. Allí se tradujo a Aristóteles del árabe al latín. Gerardo de Cremona tradujo a Hipócrates, Galeno y Dioscórides.

6. Los santos y la medicina

6.1 Los médicos seglares fueron desplazados por los santos de la iglesia durante la Edad media.

6.2 Santa Elena, madre de Constantino, fundó en el 330 un hospital en Constantinopla (Bizancio), actual Estambul.

6.3 San Basilio en el 369 fundó un hospital en Cesárea, capital de Capadocia (Asia Menor).

6.4 San Efrén (306 – 373), fundó un hospital para apestados en Edesa.

6.5 Fabiola, una rica patricia romana fundó el primer hospital europeo, vivió en el siglo IV y provenía de la ilustre familia de los Fabianos. Dedicó su vida y fortuna al cuidado de los pobres y los enfermos. San Jerónimo fue su tutor. En el 395 construyó el hospital de Roma.

6.6 Estos hospitales cristianos hicieron grandes aportes a la medicina desde el punto de vista de la atención humanitaria. Los enfermos pobres eran asistidos durante largo tiempo, atendidos con entusiasmo y se regían por el principio de la caridad cristiana.

6.7 San Alberto Magno (1143 – 1280), fundó la orden de los regulares.

6.8 Santo Tomás de Aquino (1225 – 1279), discípulo de Alberto Magno refundó el pensamiento aristotélico, según el cual dios es el principio motor de todas las cosas, la fuente de todos los cambios y la causa y explicación de todos los fenómenos sobrenaturales. Esto obstaculiza las ciencias al separar lo natural de lo sobrenatural. La medicina no escapó a esa concepción errada.

6.9 Desatacados Santos médicos fueron: San Colombano (+615), San Galo (+646), San Pantaleón de Nicomedia (+305).

6.10 La santidad se demostraba con curaciones milagrosas, principio que tenía su origen en las acciones de Cristo de carácter médico. Además, San Lucas, el evangelista, era médico y uno de los primeros seguidores de la nueva doctrina.

6.11 Los hermanos San Cosme y San Damián (III), ejercieron la medicina entre los pobres y fueron martirizados en el 278. Después de su muerte curaron con milagros: Una vez sustituyeron la pierna de un enfermo de gangrena por la de un negro que había muerto.

6.12 Según la teoría de Plotino las imágenes emanaban fuerzas curativas. De allí su uso frecuente en los monasterios, además de la imposición de manos, los amuletos, las oraciones y los exorcismos.

6.13 San Ambrosio especuló sobre el simbolismo negativo de la enfermedad, asociándola a un futuro tenebroso para la humanidad. Él dijo: *"Marchamos hacia la disolución de los tiempos y ciertas enfermedades no hacen sino anunciar el fin que se aproxima"*.

6.14 San Isidoro de Sevilla (VI – VII) se preocupó por el desarrollo de la medicina y recomendó su estudio. Se atenía con las doctrinas hipocráticas y sugería las dietas para el tratamiento de las enfermedades.

6.15 Para rogarle a San Vito se bailaba hasta la pérdida del conocimiento. Las ceremonias eran masivas lo que provocaba histerias colectivas. Estas manifestaciones populares tal vez tengan que ver con el baile andaluz. En lo que respecta a San Vito se sabe que fue un mártir cristiano de Sicilia que murió en el 303 bajo el dominio del emperador Diocleciano. Se le asocia actualmente con la corea aguda.

6.16 A cada enfermedad se le llegó asignar un santo que protegía al afectado. Santa Isabel para los leprosos, Santa Teresa del Ávila protegía los enfermos del corazón y San Roque a los pestosos.

7. La medicina monacal

7.1 En el 529 Justiniano cierra la Academia de Atenas. Pacomio en el 348 estableció las primeras reglas monásticas. San Benito de Nursia (480 – 554) fundó la abadía de Monte Cassino, una orden de religiosos anacoretas, la cual prestaba una forma peculiar de asistencia médica a la par que desarrollaban un trabajo de traducción de manuscritos. La medicina monástica mantuvo su vigencia hasta el siglo XI cuando se fundó la Escuela de Salerno.

7.2 La asistencia a los enfermos es un mandato de Benito de Nursia, adoptado por todos los monjes como la "regla Benedictina".

7.3 Son rescatados los textos médicos clásicos de Hipócrates, Galeno, Dioscórides, Sorano de Efeso y Oribasio.

7.4 La existencia hospitalaria se desarrolla al lado de los monasterios.

7.5 La medicina seglar se encontraba en un estado desorganizado.

7.6 Al lado de la medicina se cultivan otros campos del saber como lo recomendaba el Abad Casiodoro de Monte Casino (490 – 583). El sugirió el estudio de Hipócrates, Galeno y Dioscórides.

7.7 Se atrasan la terapéutica y la cirugía por cuanto se oponían al estudio de la medicina.

7.8 La dietética y la higiene forman parte fundamental del arsenal terapéutico.

7.9 Aurelio Cariodoro (480 – 573), ingresó a la orden benedictina y recomendó el estudio y traducción de las obras de Hipócrates, Galeno y Disocórides.

7.10 En los monasterios para realizar el trabajo de asistencia médica se contaba con un jardín botánico, bibliotecas, copistas y personal de enfermería.

7.11 El Papa Gregorio Magno, elegido en el 590, asoció la actividad de los monasterios con la iglesia, impulsando el trabajo de los monjes dedicados a la traducción y copia de los libros clínicos.

7.12 Walefrido Strabo, abad de un monasterio, escribió un tratado de botánica.

7.13 El monje Dungalo propuso que la medicina se estudiara como la octava disciplina de los centros liberales. Las siete restantes eran la gramática, la retórica, la dialéctica, la música, la aritmética, la geometría y la astronomía.

7.14 Hildegarda de Bingen (1098 – 1179), fue una monja herborista y decían que hacía milagros. Para la cefalea recomendaba un ungüento preparado con hígado de unicornio y clara de huevo. Escribió Scivias y Physica. En su pensamiento aceptó al hombre y al mundo como un ente unitario, la naturaleza le otorga el don de la salud al hombre, quien debe responder por la misma.

La enfermedad aparece cuando el hombre perdió la inmortalidad, por eso debe luchar contra la muerte y las enfermedades. La naturaleza le dio hierbas al hombre para buscar el restablecimiento de la salud.

7.15   La asistencia médica en los conventos finaliza por las recomendaciones de los Concilios de Clermont (1130), Reinas (1131), Letrán (1139) y el sínodo de París (1213).

8. Medicina, misticismo y supersticiones

8.1   Durante la Edad Media el Cristianismo al extenderse en diferentes espacios, adoptó las costumbres y creencias de los habitantes locales, permitiendo el auge y difusión de distintas manifestaciones supersticiosas, mágicas y místicas. Estas manifestaciones se asocian con el arte de curar.

8.2   El análisis de la orina se hacía dejándola reposar. Luego se observaban las zonas turbias y se relacionaba su altura con las partes del cuerpo para tratar de diagnosticar.

8.3   La doctrina de la signatura consistía en asociar las piedras preciosas con las estrellas del firmamento y establecer alguna influencia sobre la salud. Por ejemplo, la amatista, un cuarzo de color violeta se utilizaba para combatir la embriaguez y la debilidad sanguínea. El coral blanco aumentaba la producción de leche en las mujeres lactantes. La esmeralda la asociaban con Venus, y las perlas con la luna. Las piedras se usaban como talismanes, pero también se ingerían como medicamentos en forma pulverizada.

8.4   Las ordalías o juicios de Dios consistían en introducir la mano del reo en fuego o agua caliente. Si procedía una inmediata curación era inocente, si por el contrario no curaba, era culpable.

8.5   Las grandes epidemias fueron explicadas, por una conjunción negativa de Saturno y Marte, por los astrólogos.

8.6   La astrología se asocia a la práctica médica. Los elementos tierra, agua, aire y fuego adquieren un simbolismo mágico. Cada signo del zodíaco se corresponde con una parte del cuerpo y cada planeta influye sobre un órgano determinado.

8.7   Las sangrías para eliminar una supuesta flema que provocaba la enfermedad era práctica común. Se realizaba de acuerdo a un calendario lunar. Según ese mismo calendario se tomaban los vomitivos y purgantes.

8.8   La alquimia fomenta la búsqueda de la piedra filosofal, el elixir de la eterna juventud y difunde el uso de medicamentos exóticos como carne de momia y polvos de cuerno de unicornio.

8.9   En Francia desde los tiempos del rey Clodoveo del año 496 se hizo famosa una práctica curativa de carácter mágico: El toque Real. Los reyes tocaban al enfermo de escrófula o adenopatía cervical tuberculosa (mal del rey) para curarlo. Esta imposición de manos se les aplicó a miles de enfermos.

9. Las cruzadas y la medicina

9.1   El papado organizó unas expediciones militares para expulsar de los santos lugares a los musulmanes. La peregrinación de los cristianos a tierra santa empezó en el año 1000. En 1060 los turcos selyúcidos conquistaron Asia Menor, Siria y Palestina. Urbano II instó a la cristiandad para emprender las cruzadas en 1095 en el concilio de Clermont. La primera cruzada partió en el 1096 y conquistó tierra santa en el 1098. La segunda cruzada se realizó para reconquistar Edesa en manos de los turcos. Dirigida por franceses y alemanes terminó en un rotundo fracaso en el 1149. La tercera cruzada (1189 – 1192) se realizó para expulsar a Saladino de Jerusalén. Franceses, alemanes e ingleses emprendieron la lucha, al frente de la cual terminó Ricardo Corazón de León y su ejército inglés. Ricardo Corazón de León pactó con Saladino. No hubo vencedores ni vencidos.

La cuarta cruzada partió de Venecia y tomó Constantinopla en el 1203, con intrigas entre los mismos cruzados. La cruzada infantil se efectuó entre la cuarta y la quinta. Un joven pastor francés predicó que sólo los inocentes y limpios de corazón conseguirían el santo sepulcro. Niños de Alemania y Francia marcharon, y en los Alpes muchos perecieron. En Roma el Papa disuadió a muchos para no continuar. En el 1212 muchos niños fueron vendidos, en Marsella, en calidad de esclavos. La quinta cruzada se hizo con la participación de húngaros, holandeses y austriacos. Conquistaron Egipto y en el 1221 se retiraron ante los ataques de los enemigos y la Crecida del Nilo. La sexta cruzada fue dirigida por Federico II de Alemania, quien se apoderó de Jerusalén, Nazaret y Belén tras un acuerdo con los egipcios. La séptima cruzada fue dirigida por Luis IX de Francia. Emprendió la lucha en el 1248. Fue hecho prisionero en Egipto tras ser derrotado.

La octava cruzada fue organizada también por Luis IX de Francia. Embarcó hacia Túnez en el 1270. Cercó la ciudad, pero una epidemia acabó con su vida y un número considerado de sus soldados. Su hermano Carlos de Anjou continuó la empresa y obtuvo un ventajoso tratado con los tunecinos.

9.2 Durante las cruzadas las órdenes hospitalarias desplazaron a los monasterios en la asistencia médica, y particularmente de enfermería. Las órdenes acompañaban a las cruzadas.

9.3 Se destacó la orden de los Caballeros del Hospital de San Juan de Jerusalén (los hospitalarios) fundada en 1099.

9.4 Otras órdenes importantes fueron: La orden de los Caballeros del templo de Salomón (templarios), la orden de San Lázaro en el siglo XII, para atender a los leprosos; la orden de los Caballeros teutónicos y la orden del Santo Espíritu.

9.5 La orden de los Caballeros teutónicos en realidad fue un hospital de campaña durante la tercera cruzada aprobada por el Papa Clemente II (1191).

9.6 La orden del Santo Espíritu contribuye a la fundación de hospitales en toda Europa. Aparecieron los hospitales de Santo Spiritu (Roma), Hotel – Dieu de París y St. Thomas en Inglaterra.

9.7   El intercambio de los conocimientos médicos durante las cruzadas permitió la aparición en Europa de nuevos medicamentos provenientes de Oriente. Entre otros, aparecieron las mixturas y los jarabes.

9.8   Las partes del cuerpo del soldado participante de las cruzadas fueron objetos de adoración o reliquias, por lo que el papa Bonifacio VIII prohibió el desmembramiento de cadáveres. Esta prohibición influyó negativamente sobre el desarrollo de la anatomía al no permitir la disección.

10. Las epidemias

10.1   Las epidemias en la Edad Media fueron consecuencia de las cruzadas.

10.2   Las enfermedades más conocidas en la época fueron la peste, la lepra, el tifus y la disentería.

10.3   La ingestión masiva de pan de cornezuelo de centeno produjo verdaderas epidemias de ergotismo o fuego de San Antonio.

10.4   La orden de Lázaro empieza a construir los leprosorios.

10.5   En 1397 la peste bubónica se extendió a Europa desde la India y Rusia. En Crimea los tártaros que asediaban la ciudad, la abandonaron. Pero tal vez conocían el peligro de contagio porque catapultaron los cadáveres hacia la ciudad.

10.6   La cuarentena apareció con las epidemias. En Europa, a los procedentes de Dubrovnik (Yugoslavia) se les aislaba al principio 30 días, luego se extendió este período hasta 40.

10.7 Las epidemias tuvieron como consecuencia el abandono del campo, lo que a su vez se materializó en la ruina de la agricultura y la ganadería y la aparición de hambrunas.

10.8 Ante el sufrimiento y la muerte aparecen los flagelantes y las ordenes mendicantes. La enfermedad, las epidemias y el dolor son formas del castigo divino que exige expulsar las culpas a través del sufrimiento y el autocastigo.

10.9.- Boccaccio en su Decamerón hizo unas descripciones magistrales de la peste y sus consecuencias sobre la población.

11. La Escuela de Salerno.

11.1 La Escuela de Salerno es la primera institución conocida con carácter científico, para preparar a especialistas diplomados en medicina.

11.2 En el siglo IX su fama ya era conocida. La leyenda dice que fue fundada al sur de Italia, por cuatro médicos: Uno griego, uno judío, uno árabe y uno cristiano. Esto es una forma idealista y poética de expresar la influencia que tuvo de todas esas culturas.

11.3 La Escuela de Salerno se construyó no lejos del Monte Cassino, monasterio benedictino donde los enfermos eran recibidos. Le precedió la formación del Colegio Hipocrático, cuyos miembros, seguidores de Hipócrates, atendían a los enfermos y estudiaban las obras clásicas médicas.

11.4 Fueron prácticos y empíricos los médicos salidos de sus recintos. Tomaron en cuenta la filosofía, pero sin inmiscuirla totalmente en el ámbito médico.

11.5 La política asistencial y académica fue amplia: Alberone, obispo de Verdún, acudió a la Escuela en busca de ayuda médica. Las mujeres fueron aceptadas para realizar estudios médicos: Trótula escribió incluso un tratado sobre obstetricia.

11.6 Uno de los médicos más destacados de la Escuela de Salerno fue Constantino el Africano (1010 – 1087). Nació en Cartago. Fue viajero y en Babilonia estudió la medicina de los caldeos, árabes y persas. Casi cuarenta años de viajes hasta Siria, India, Egipto y Etiopía le dieron los conocimientos necesarios para instaurar en Salerno una tradición médica con el aura de los mandatos de Hipócrates y Galeno.

Fue fraile del monasterio de Monte Cassino. Sabía árabe y latín lo que le permitió traducir muchas obras.

11.7 En el siglo XI Garioponto de Salerno escribió Passionarius, libro que se convirtió en texto de la medicina laica.

11.8 Petroncellus recopiló varios textos clásicos bajo el nombre de "práctica".

11.9 Alfano aceptó la teoría de los cuatro humores, relacionó el micro con el macrocosmos. Con esa concepción comparó el sol con el corazón y la luna con el hígado.

11.10 De aegritudiorum curatione es un manuscrito anónimo de Salerno (siglo XI – XII) que habla de las distintas formas de fiebre y de las enfermedades en general. En esta obra la epilepsia y la psicosis son referidas como enfermedades con causas orgánicas.

11.11 Los conocimientos anatómicos de la Escuela de Salerno provenían de las obras de Galeno y de las disecciones en animales como cerdos.

11.12 El más famoso de los cirujanos de Salerno fue Ruggero de Frugardo.

11.13 Los textos de estudios de los salernitanos se conocieron como las Articella. De ellos el más famoso fue el Régimen Sanitatis Salernitanum, el cual es un poema en latín sobre higiene y dietética. Contiene 362 versos y fue escrito en el siglo XIII.

11.14 En 1140 Rogerio II de Sicilia prohibió el ejercicio de la medicina sin la rendición de exámenes. Su nieto Federico II Hochenstauffen (1221) reglamentó el ejercicio de la medicina. El examen era público en Salerno. Se exigía una edad mínima de 21 años, ser hijo legítimo y haber estudiado lógica durante tres años. La carrera duraba cinco años con uno de práctica tutelada. Al juramentarse los médicos recibían el título de doctor, un anillo, un libro y un beso de paz.

11.15 Médicos famosos de la Escuela de Salerno fueron Bartholomaeus, Platerius, Copho, Ferravius, Maurus y Urso.

11.16 En Salerno se graduaron: Giles de Corbeil (1200) que escribió De Pulsis y de Urinis; Miguel Scot (1175) que inventó una receta para anestesiar con apio; Nicolás de Salerno que escribió Antidotarium Parvum; Nicolás Myrepsos (XIII) que se dedicó a fabricar ungüentos; Roberto de Noremandía (1100) a quien se le atribuye la autoría del Régimen Sanitatis Salernitatum.

11.17 La Escuela de Salerno influyó sobre las universidades de Bolonia, Padua, Nápoles, Montpellier.

11.18 La Escuela de Salerno fue clausurada con un decreto de Napoleón en 1811.

12. Las universidades

12.1 Las universidades surgieron entre los siglos XII y XIII para agrupar a los intelectuales de una ciudad. La acumulación de conocimientos superó la capacidad de las instituciones escolásticas de la Edad Media. Las Escuelas de los monasterios y las catedralicias, éstas últimas iniciadas por Geberto de Aurilla (el papa Silvestre II), fueron las bases de las universidades. De las escuelas catedralicias una de las más importantes fue la de Chartres, (en Francia) hacia el año 1000. Allí se destacaron Fulberto de Chartres, discípulo de Gerberto, Berengario de Tours, discípulo de Fulberto y conocedor de lo que se hacía en la escuela de Salerno, Bernardo de Chartres, quien reconocía que la vida tranquila propiciaba una buena salud, y Juan de Salisbury, quien se opuso al ejercicio de la medicina sin previa preparación.

El advenimiento de las universidades fue favorecido por la difusión de los conocimientos aristotélicos, las obras de Euclides y de los médicos griegos y árabes. En el siglo XII los centros preuniversitarios se denominaron estudios generales y eran autorizados por el rey o el papa. Las universidades tenían cuatro facultades: Artes, teología, derecho y medicina. Se exigía el conocimiento del latín. En la de París se otorgaba un título después de los 35 años. Las primeras universidades fueron: La de Salerno (XI), especializada sólo en medicina y conocida como la Escuela de Salerno; la de París (1158), la de Oxford y Montpellier (1289), la de Palencia (1208), la de Salamanca (1218), la de Bolonia (1200) y la de Padua (siglo XII).

12.2 La universidad de Montpellier fue fundada en el siglo XII .Se habla de la influencia que tuvo Salerno en la formación de los médicos. Arnaldo de Villanova (1235 – 1312) fue su principal exponente. Nació en España y fue médico de reyes. Como un alquimista buscó el elixir de la vida. Escribió el Breviarium práctica. Consideró a las mujeres ponzoñosas.

Entre los extranjeros se destacan: John de Gadesden, quien hizo la primera operación de un cálculo sublingual; Bernard de Gordon (1285), quien escribió el Lilium medicinal; y Petrus Hispánicus (1277), quien nació en Lisboa y luego fue papa.

12.3 La universidad de Bolonia tiene entre sus médicos destacados a Tadeo Alderotti (1223 – 1303) y su libro Concilia, Hugo de Lucca (1252), Guillermo de Scalicet (1210 – 1277), quien trató de unir la medicina con la cirugía; y Henri de Mendeville (1260 – 1320), notable cirujano, quien sostuvo que se podía mentir para mantener el buen ánimo del enfermo.

El mejor disector medieval fue Mundino de Luzzio (1257 – 1326). Fue llamado también Mundinus. Hizo las primeras disecciones sistemáticas. Escribió Anathomía, publicado en 1487.

Otro destacado médico de Montpellier fue Guy de Chauliac (1300 – 1376), quien fue también teólogo. Se curo de la peste. Escribió cirugía magna. La observación y la experiencia formaron parte de su método. Recomendó la historia médica, el uso del braguero en las hernias y uso la posición conocida después con el nombre de trendelmburg. Decía que sin anatomía no había medicina de alto nivel.

12.4   La Universidad de París. Entre los médicos de esta universidad se destacan: Guido Lanfranchi (1315), escribió Cirugía Magna, criticó los barberos que ejercían la cirugía. Decía que la filosofía era importante en la formación del médico. Roger Bacón (1214 – 1294) abogó por la medicina experimental. Inventó un microscopio y los anteojos. Alberto Magno (1192 – 1280), escribió De Vegetalibus sobre las plantas curativas.

12.5   Universidad de Padua

Pedro de Abano (1250 -1315) fue el médico más destacado de esta institución. Estudió filosofía y medicina. Conocía varios idiomas, viajó mucho y se enfrentó a la iglesia. Tradujo a Galeno y escribió "Conciliator" con comentarios sobre las autoridades médicas, la teoría y la práctica médica. Trató de explicar los milagros. Fue acusado por la inquisición. Murió antes de terminado el proceso en su contra por lo que fue quemado muerto.

REGIMEN SANITATIS SALERNITANUM

La primera institución científica conocida para preparar especialistas diplomados en medicina fue la Escuela de Salerno, al sur de Italia. Su fama ya era conocida en el siglo IX. La leyenda dice que fue fundada por cuatro médicos: uno griego, uno árabe, uno judío y uno cristiano. Esto es una forma idealista y poética de expresar la influencia que tuvo de todas esas culturas. Los textos de estudios de los salernitanos se conocieron como las Articela. De ellos el más famoso fue el Régimen Sanitatis Salernitanum ,el cual es un poema en latín sobre higiene y dietética. Contiene 362 versos y fue escrito en el siglo XIII. La poesía era el método mnemónico para aprender medicina.

REGIMEN SANITATIS SALERNITANUM (Fragmento):

Vida honesta y arreglada;
usar de pocos remedios
y poner todos los medios
de no apurarse por nada.
La comida moderada;
ejercicio y diversión;
salir al campo algún rato,
poco encierro, mucho trato ;
y continua ocupación.

o-o

Jacques Le Goff:

"Aquellos que hablan del oscurantismo (en la Edad Media) no han comprendido nada. Esa es una idea falsa, legado del siglo de las Luces y de los románticos. La era moderna nació en el Medioevo. El combate por la laicidad del siglo XIX contribuyó a legitimar la idea de que la Edad Media, profundamente religiosa, era oscurantista. La verdad es que la Edad Media fue una época de fe, apasionada por la búsqueda de la razón. A ella le debemos el Estado, la ciudad, la universidad, los derechos del individuo, la emancipación de la mujer, la conciencia, la organización de la guerra, el molino, la máquina, la brújula, la hora, el libro, el purgatorio, la confesión, el tenedor, las sábanas y hasta la Revolución Francesa."

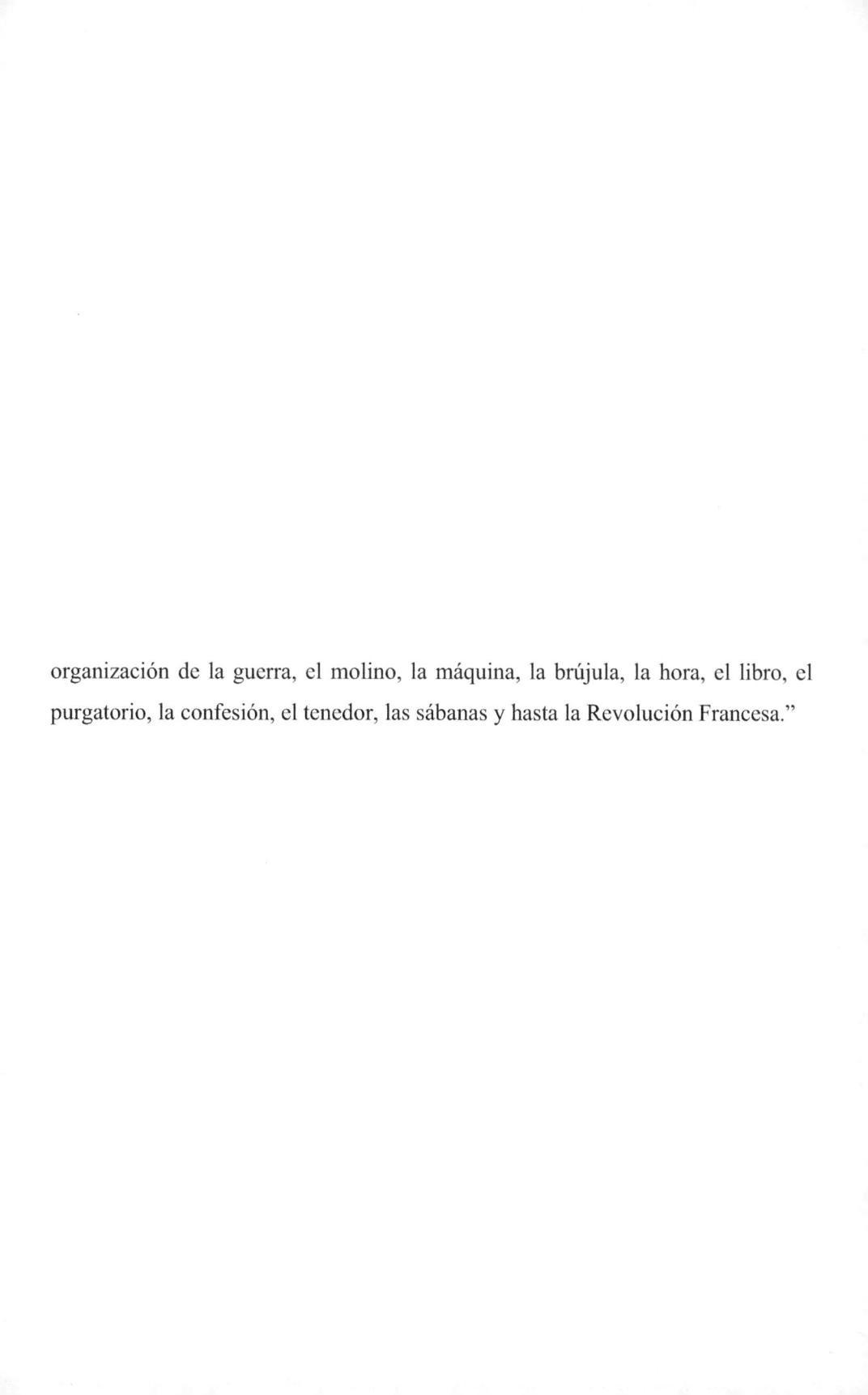

PREGUNTAS PARA AUTOCONTROL Y REPASO

1. Enumere cinco características de la medicina medieval.
2. Compare la posición de Hipócrates con respecto a los enfermos terminales y la del cristianismo.
3. Diga su punto de vista sobre la medicina monacal.
4. ¿Cómo influyeron las cruzadas sobre la salud del hombre del Medioevo?
5. Hable del surgimiento de las universidades.
6. ¿Qué importancia tiene la Escuela de Salerno?

CAPITULO XIV

LA MEDICINA EN BIZANCIO

1. Reseña histórica.

2. Los nestorianos y los hospitales.

3. Características y desarrollo de la medicina en Bizancio.

4. Médicos Bizantinos.

1. Reseña histórica

El emperador Teodosio I dividió el Imperio Romano en dos administraciones: la de Occidente a cargo de Honorio y la de Oriente al mando de Arcadio. En el 395 el Imperio Romano de Oriente se separó definitivamente del de Occidente y pasó a denominarse Imperio Bizantino por la ciudad de Bizancio, a orillas del Bósforo, actual Estambul (Turquía).

Este imperio estaba conformado, además de Turquía, por Grecia, Bulgaria, Albania, Yugoslavia, Rumania, Sur de Italia, Mesopotamia, Siria, Palestina, Sinaí, Egipto, Chipre, Rodos, Creta y todas las demás Islas del Mediterráneo Oriental. En el siglo VII la lengua griega se hizo oficial para todo el imperio. Bizancio se mantuvo gracias al régimen socioeconómico que permitía el desarrollo de la agricultura por cuanto los esclavos llegaron a ser colonos. A lo largo de mil años Bizancio fue portadora de la cultura griega y romana. En el 330, Constantino I le cambió el nombre a la capital por Constantinopla. El imperio fue atacado por los godos y los hunos.

Justino I, gran reformador, mantuvo la unidad del imperio, amenazado por invasiones y las polémicas religiosas y políticas. Justiniano construyó grandes obras arquitectónicas y codificó el derecho (Corpus Iuris Civilis). En el siglo VI llegaron los eslavos a la península de los Balcanes. Los árabes invadieron Alemania, Mesopotamia, Siria y Egipto en el siglo VII. Cirilo llevó su actividad misionera a toda la Europa Oriental para convertirla al cristianismo. Las iglesias ortodoxas de Constantinopla y la latina de Roma se excluyeron mutuamente. En el 1054 la ruptura entre las dos iglesias fue definitiva.

En 1453 Constantinopla cayó en poder de los turcos, llegando a su fin el Imperio Bizantino.

En síntesis, el Imperio de Bizancio fue guardián de la cultura clásica y grecorromana y sirvió de puente para comunicarla a los pueblos musulmanes, eslavos, latinos y germanos.

2.- Los nestorianos y los hospitales

En la Edad Media y particularmente en el ámbito geográfico del Imperio de Bizancio, tienen lugar las más enconadas luchas en el campo religioso, y cuyos resultados influyeron sobre el cristianismo y su difusión universal.

Arrio, sacerdote de Alejandría, decía que Jesús era un hombre como cualquier otro. El Concilio de Nicea en el 325 lo condenó. El Concilio de Constantinopla en el 381 volvió a condenar al arrianismo y proclamó la divinidad del Padre, el Hijo y el Espíritu Santo. Por el contrario, Eutiques, monje de Constantinopla, sostenía que Jesús tenía solamente una naturaleza divina (monofisismo) y fue condenado en el concilio de Efeso del 449.

Entre 428 y 431 el patriarca de Constantinopla, Nestorio, difundió la idea de que María era la madre de Cristo, pero no de Dios. El patriarca de Alejandría, Cirilo, se le opuso. En el Concilio de Efeso en el 431, Néstor fue condenado. Se reafirmó la divinidad y humanidad de Cristo y se legitimó la invocación de María como madre de Dios. Néstor y sus seguidores fueron perseguidos y emigraron a Persia. En Odessa, en el hospital de San Efrén y en otros de la ciudad trabajaron en labores sanitarias y enseñando medicina. Al ser expulsados de Bizancio siguieron con sus obras en otras ciudades.

3. Características y desarrollo de la medicina bizantina

3.1 La medicina en Bizancio fue dogmática por la influencia del cristianismo. Al mismo tiempo fue práctica y su enseñanza escolástica.

3.2 La medicina sufrió un estancamiento y la labor de los médicos consistió en ordenar y recopilar los conocimientos grecorromanos.

3.3 Se seguían los postulados de Hipócrates y Galeno. La doctrina humoral mantuvo su vigencia.

3.4 Siendo la medicina de carácter escolástico se estudiaba junto a la retórica y la filosofía.

3.5 La fe estaba por encima de la razón. Los santos médicos llegan a tener mucha importancia cuando de tratamiento y curaciones se trata.

3.6 Con Justiniano, El Grande, aparecieron los hospitales, casa para pobres, orfanatos y ancianatos.

3.7 Se reglamentó el ejercicio de la medicina. En las universidades de Atenas, Pérgamo, Alejandría y Constantinopla se lucha contra el paganismo. No obstante, se difunden las prácticas supersticiosas, la magia, la astrología, la alquimia, los ensalmos, conjuros y los amuletos. Todo esto en sustitución de la medicina científica.

3.8 El pecado como causa de la enfermedad, en muchos casos, es relegado a segundo plano y se busca una etiología natural.

3.9 La caridad cristiana recomienda la atención del enfermo, independientemente de su rango social y pronóstico del mal. El legado hipocrático permitía sólo el tratamiento en pacientes con posibilidades de curación.

3.10 Los hospitales funcionaban al lado de los monasterios y eran atendidos por monjes. En ellos trabajaban los médicos y los cirujanos, los ayudantes y los sirvientes.

3.11-Fue muy utilizado un calendario dietético el cual recomendaba determinados alimentos para cada época del año. Esta fue la posible causa de la existencia de muchos casos de gota.

3.12 En el tratamiento de la enfermedad se recurría a las sangrías, los ayunos, el reposo, las hierbas, los masajes y el cauterio.

4. Médicos bizantinos

4.1 Oribasio *(325 – 400)*

Nació en Pérgamo y estudió en Chipre y Alejandría. Fue médico de Juliano el Apóstata. Escribió los libros "Sinagoga médica", Sinopsis o Epítome. Fue el primero en abordar los postulados galénicos en profundidad y que marcaron la medicina durante la Edad Media. El Euporista, también de su cosecha, es un tratado de medicina popular.

4.2 Aecio *(Ecio, VI)*

Nació en Amida (Anatolia). Fue médico del emperador Justiniano. Mezcló paganismo con cristianismo en sus concepciones médicas. Sus actos médicos reflejan su eclecticismo: en algunos casos aplicaba una medicina racional, mientras que en otros era religioso. Escribió Tetrabiblón en el que habla sobre cirugía y enfermedades internas, epidemias, enfermedades de los ojos, etc. Fue un gran recopilador de las obras griegas y seguidor de la doctrina hipocrática.

4.3 Alejandro de Tralles *(525 – 605)*

Fue el principal médico bizantino. Pertenece al período que corresponde al mandato de Justiniano y trabajó en Constantinopla y en Roma. Dudó de la autoridad infalible de Galeno. Escribió Summa (12 libros sobre las ciencias médicas llamadas también De Re Médica). Habla sobre muchas enfermedades según su localización desde la cabeza a los pies. Reconocía la fuerza de la naturaleza como motor fundamental de la curación. Trató las enfermedades del tracto respiratorio como pleuritis y tuberculosis. Describió las enfermedades nerviosas, mentales, de los ojos y las parasitosis intestinales como tenías, áscaris y oxiuros. Recomendaba en sus tratamientos la climaterapia y la hidroterapia. Para la tuberculosis sugería el consumo de leche de burra.

4.4 Pablo de Egina *(VII)*

Estudió y trabajó en Alejandría. Fue cirujano y obstetra. Fue médico práctico, alejado de la medicina religiosa. Escribió "De la medicina", donde habla sobre higiene, dietética, cirugía, patología general, enfermedades del cerebro, oídos, ojos, nariz y boca. Estudió también la lepra. Hizo referencias sobre Hipócrates y Oribasio. Del estudio de la medicina dijo: "Es tan difícil, por no decir imposible, recordar todos los conocimientos médicos y sus particularidades".

4.5 Poseidonio *(IV)*

Dijo que la actividad mental residía en el cerebro.

4.6 Los hermanos Filagrio *(IV)*

Estudiaron las enfermedades del bazo y del hígado.

4.7 Teófilo Protospatarios

Hizo estudios sobre la orina.

4.8 Miguel Psellos *(XI)*

Decía que la medicina y la religión eran dos cosas distintas, por lo que evitó mezclarlas.

4.9 Miguel Seth *(XI)*

Habló de medicina árabe.

4.10 Nicolás Myrepsos *(XIII)*

Escribió un libro sobre terapéutica.

4.11 Juan Actuario *(XIII)*

En el último período del Imperio Bizantino fue el médico más destacado. Sus ideas médicas eran una combinación de los postulados galénicos y la medicina árabe. Describió el tricocéfalo.

0-0-0

Colonos griegos procedentes de Megara fundaron en el 657 a.C. una ciudad a las orillas del Bósforo y le dieron el nombre de Bizancio en honor del fundador, el rey Bizas. Casi mil años más tarde allí se fundó la Nueva Roma o Constantinopla. El imperio bizantino surgió el 11 de mayo del 330 d.C. y finalizó el 29 de mayo de 1453. El griego era el idioma común y su cultura provenía de los sirios, armenios, anatolios, palestinos y eslavos. En su territorio se fundió lo helenístico con lo romano por ser continuación del Imperio Romano.

PREGUNTAS PARA AUTOCONTROL Y REPASO

1. Brevemente hable de la historia de Bizancio.
2. ¿Por qué se afirma que en Bizancio convergió lo helenístico y lo romano?
3. Hable de los nestorianos.
4. Enumere algunas características de la medicina bizantina.
5. Nombre algunos destacados médicos de Bizancio.
6. Explique el significado actual del término bizantino.

CAPÍTULO XV
MEDICINA ÁRABE

1. Nociones generales.

2. Influencias sobre la medicina árabe.

3. Aportes a la medicina universal.

4. La enfermedad.

5. Diagnóstico y tratamiento.

6. La enseñanza de la medicina.

7. El Corán y la medicina.

8. Médicos importantes.

9. Los hospitales.

1. Nociones generales

El islamismo se expandió en el siglo VII en el Cercano y Medio Oriente, África, España y Francia a través de tres dinastías:

A .Abasidas (750-1258) con Bagdad de capital , y uno de sus califas más destacados fue Harun al- Rasid (764-804), el de "Las Mil y una Noches".

B. Los Omeyas (756-1031), en Córdoba, España.

En el siglo XIII termina el dominio de los árabes: Córdoba es ocupada por Fernando de Castilla en 1237 y Bagdad es saqueada por los mongoles en 1258.

C. La dinastía egipcia de los Fafimitas (909-1171) en El Cairo.

2.Influencias sobre la medicina árabe.

2.1. Las tradiciones de las tribus árabes .
2.2.Los mandatos del Corán.
2.. La medicina egipcia .
2.4. La medicina grecorromana(a través de los nestorianos que tradujeron a Hipócrates, Galeno, Dioscórides, Oribasio y Pablo de Egina)
2.5. La alquimia.

3. Aportes a la medicina universal.

3.1. Compilación y conservación de los conocimientos médicos de la cultura grecorromana.
3.2.Se hicieron traducciones de los libros de Aristóteles, Hipócrates y Galeno.
3.3.Los arabistas conservaron las tradiciones médicas del pasado y cultivaron la farmacia y la química. Conocieron las técnicas de preparación de medicamentos, destilación y cristalización.
3.4. Describieron enfermedades como la sarna, el sarampión, la tuberculosis, la pericarditis y el absceso del mediastino.

3.5. En fisiología describieron la circulación pulmonar (Ibn-al-Nafis)

3.6. Fueron los primeros en utilizar el yeso en medicina (Rhazes y Abu Mansur Muwaffak)) para fracturas y otras lesiones óseas.

3.7. Aporte al lenguaje médico: del árabe provienen términos como alcohol, alcalino, alcanfor, jarabe y elixir.

3.8. Entre los medicamentos aportaron el jengibre, la pimienta, el sándalo, el ruibarbo, la nuez moscada y el alcanfor.

3.9. Dejaron un legado en materia de creación y de administración de hospitales.

3.10. Establecieron puentes entre las medicinas de muchos países.

4. La enfermedad.

4.1. La enfermedad era entendida como consecuencia del castigo divino.

4.2. Dios manifestaba su poder curativo a través del médico.

4.3. Socorrer al enfermo es obra buena a los ojos de Dios.

4.4. La creencia en otra vida, después de la muerte, hizo imposible la disección de los cadáveres.

5. Diagnóstico y tratamiento.

5.1. Adjudicaban a la oración poder curativo. Aunque por lo general en materia de etiología eran naturalistas como Hipócrates y Galeno. No es casualidad que Yuhanna (Juan de Damasco-857), el primer médico que empleó el árabe en sus obras y organizó una escuela de traductores, dijera: "Unas cuantas píldoras hacen más que todas las oraciones".

5.2. Tenían en cuenta el comportamiento del paciente.

5.3. Observaban las excreciones corporales como las heces y la orina.

5.4. En el examen de la orina catalogaba su consistencia, sedimentos, olor y sabor.

5.5. Buscaban posibles tumoraciones.

5.6. La astrología tenía gran importancia para diagnosticar, tratar y pronosticar las enfermedades.

5.7. Los médicos menospreciaban la cirugía, por eso era practicada por los profanos.

5.8. La litotomía estaba prohibida.

5.9. Emplearon cauterizaciones.

5.10. La anestesia era aplicada con una esponja en la boca.

5.11. Provocaban la formación de pus en la herida para curarla (Pus loable, un concepto errado de Galeno).

5.12. En farmacología emplearon ámbar gris, alcanfor, mirra, clavos, sen, jarabes y elixires.

6. La enseñanza médica.

En el siglo X el Califato de Bagdad empezó a exigir un examen para practicar la medicina. Se estudiaba la carrera en academias, escuelas, hospitales y bibliotecas. El maestro vigilaba al alumno, quien examinaba al paciente y luego recetaba. Al final de sus estudios el alumno recibía un diploma. Los hombres no podían examinar a las mujeres, quienes eran atendidas por matronas.

7. El Corán y la medicina.

Mahoma, fundador del islamismo, recomendó prácticas higiénicas. En el Corán, además, hay recomendaciones dietéticas y métodos para tratar ciertas enfermedades.

8. Médicos importantes.

En el Califato Oriental sobresalieron: Rhazes, Avicena, Haly Abbus e Isaac Juadaeus. En el Califato Occidental: Albucasis, Maimónides, Avenzoar y Averroes.

8.1.Rhazes: (850-923). Generoso. Ayudó a los pobres. Explicaba a sus discípulos en el lecho del enfermo. Afirmaba que "todo cuanto está escrito en los textos tiene mucho menos valor que la experiencia adquirida por un médico juicioso". Escribió 237 libros, casi todos perdidos, sobre anatomía, fisiología y ética médica. Hizo descripciones clínicas, observaciones acuciosas sobre enfermedades (fue el primero en hablar del sarampión y en describir la viruela) y aplicó tratamientos prácticos. Dividió las sustancias en minerales, vegetales y animales. Recurrió a las sangrías, aconsejó dietas y piedras preciosas. Dijo que la fiebre es un síntoma, un esfuerzo del organismo para luchar. Aconsejó cómo construir hospitales. Recomendó el ajedrez contra la melancolía . Se le atribuye la utilización del yeso por primera vez en medicina en su tratado "Hawi" con la adicción de agua a un polvo de sulfato cálcico deshidratado que luego lo convertía en material sólido. Erróneamente afirmaba que los antojos servían para predecir el número de hijos.
Algunos de sus aforismos dicen:
-Cuando Galeno y Aristóteles concuerdan sobre un asunto, la decisión de los médicos es fácil, pero cuando aquellos difieren es difícil que estos se entiendan.
- Quien consulta muchos médicos comete muchos errores.

8.2.Avicena : (980-1037).Nació en Bujará. Se aprendió el Corán a los 10 años. Estudió filosofía, gramática, poesía, geometría, astronomía, anatomía y fisiología. A los 21 años escribió una enciclopedia científica. Describió enfermedades como la psoriasis, la meningitis, la hemiplejía, la pleuresía, la úlcera péptica y la ictericia. Su obra más importante es el Canon de la Medicina, que consta de cinco libros: I. Medicina teórica y patología general. II. Materia médica. III. Patología descriptiva y terapéutica de las enfermedades regionales de la cabeza a los pies (ab capite ad calcem). IV .Enfermedades generales. V. Farmacología.

En el Canon de la Medicina, Libro I, Parte 2, Parágrafo 3 denominado "Sobre la naturaleza de las estaciones del año y sus cambios", Avicena escribe:

"Las estaciones no son lo mismo para los médicos que para los astrónomos. Para los astrónomos las cuatro estaciones del año son el período cuando el sol pasa de un cuarto del zodíaco a otro, empezando desde el punto primaveral; mientras que, para los médicos, la primavera es la estación cuando en los países de clima templado no hay necesidad de calentarse a consecuencia del frío o de refrescarse por el calor y cuando empiezan a crecer los árboles. La primavera es el período entre los equinoccios primaverales. Puede empezar un poco antes o un poco más tarde, antes de la entrada del sol en la mitad de la constelación de Tauro. El otoño aparece en esos países como nuestra primavera por su duración. En otros países la primavera puede empezar antes y el otoño después. El verano es todo el periodo caluroso, y el invierno es todo el periodo frío. La primavera y el otoño, cada uno de estos períodos, según el cálculo de los médicos, son más cortos que los otros, es decir que el verano y el invierno. El invierno se corresponde por su duración al verano, y puede ser más corto o extenso, según el país. La primavera es el periodo de las flores y de los frutos, y el otoño la estación de los cambios del color de las hojas y su caída.

Decimos que la naturaleza de la primavera es la naturaleza del equilibrio: ni calurosa ni fría, como piensan algunos; pero una investigación profunda sobre esto confirma una parte de la naturaleza referente a la filosofía. Vamos a considerar de manera indiscutible que la primavera es un periodo equilibrado, mientras que el verano es caluroso y seco como consecuencia de la aproximación del sol al cenit y la fuerza que emana de sus rayos se refleja en un ángulo muy agudo o se elevan hacia atrás por la misma línea que caen. En ese momento pareciera que los rayos se concentran. En realidad, la causa de eso está en que el lugar de la caída de los rayos del sol a veces aparece como el lugar de la caída del eje de un cono o cilindro...".(Traducción del ruso : el autor)

Luego de este largo análisis de las estaciones, Avicena se ocupa de las enfermedades más frecuentes en cada una de ellas. La primavera es la mejor estación, aunque influye negativamente en los procesos crónicos; el invierno es bueno para la digestión, pero provoca las enfermedades de las vías respiratorias. El calor del verano disminuye las fuerzas del organismo y el otoño trae gusanos en la barriga.

Avicena también escribió el Poema de la medicina, donde resume en versos el saber médico:

-La medicina es el arte de conservar y, eventualmente, de curar las enfermedades que se presentan en el cuerpo.

-La conservación de la salud del hombre es, en verdad, lo mejor para nosotros los médicos.

8.3. Haly Abbas: (+994). Hizo comentarios sobre Hipócrates, Galeno, Oribasio, Pablo de Egina y Rhazes. Dijo que "la ciencia del arte médico es la primera de todas las ciencias y la más importante por su poder y sus peligros, y también la más útil de todas, puesto que todo el mundo tiene necesidad de ella." Fue el primero en suponer la existencia de los capilares y habló de los movimientos del útero para expulsar el feto, idea contraria a la de Hipócrates, quien habló de movimientos del niño. Para el mal de amor recomendó baños con aceite de violetas, paseos en jardines, campos y praderas. Rodearse de flores, escuchar música, leer cuentos y combatir la ociosidad con algún trabajo. Aconsejó también a los hombres afectados por este supuesto mal, divertirse con otras mujeres.

8.4. Isaac Judaeus: (850-950)Escribió muchos aforismos:

-La mayor parte de las enfermedades curan sin ayuda del médico, gracias a la acción de la Naturaleza.

-Si puedes curar al paciente valiéndote de una dieta, no recurras a los medicamentos.

-No confíes en las panaceas, porque casi siempre son fruto de la ignorancia y la superstición.

-Debes procurar que el paciente tenga fe en su curación, incluso aunque tú no estés seguro de ella, porque así favoreces la fuerza sanadora de la Naturaleza.

-Si a un médico le sobreviene la adversidad, no abras la boca para condenarle, que a cada uno le llega su hora.

-No te olvides de visitar y tratar a los pobres, que no hay ningún trabajo tan noble como ese.

8.5 Albucasis: (936-1013). El más destacado de los cirujanos árabes. Aconsejó el estudio profundo de la anatomía antes de practicar la cirugía. Aplicó el cauterio, ventosas y sangrías. Escribió al-Tasrif. Describió los traumas, fracturas, lujaciones y esguinces; habló de las intervenciones quirúrgicas, los instrumentos y la ortopedia .Empleó medicamentos como el tamarindo, ruibarbo, clavo, alcanfor, nuez moscada, limón, mercurio, ámbar y alcohol.

8.6. Maimónides: (1135-1204). Nació en Córdoba. Además de medicina estudió también filosofía. Ejerció la medicina en distintos países: Marruecos, Palestina, Egipto. Fue médico del sultán Saladino. Escribió sobre dietas, higiene, primeros auxilios y venenos. Fue seguidor de Hipócrates y Galeno. Escribió El libro de los preceptos. Es famosa su Oración Matinal:

8.7. Avenzoar: (1091-1162). Nació en Sevilla. Rechazó muchas teorías de Aristóteles, Galeno y Avicena. Repudió el misticismo y la astrología en medicina. En el tratamiento recurrió a la alquimia y a las dietas. Aplicó la traqueotomía.

Describió el cáncer del estómago, la pericarditis, el absceso del mediastino y dijo que la sarna era provocada por un pequeño animal. Recomendaba la experiencia a la hora de tratar a los enfermos.

8.8.Averroes: (1126-1198). Discípulo de Avenzoar. Estudió filosofía y leyes. Siguió a Aristóteles. Rechazó la religión. Dijo que la inmortalidad es la unión del alma con la naturaleza y el universo.

9. Los hospitales.

La caridad, uno de los pilares del islamismo, permitió desarrollar una labor humanitaria materializada a través de la construcción de hospitales:

9.1. El califa Al-Welid fundó un hospital general en Bagdad en el 707 para proteger a los ciegos y a los leprosos.
9.2. En el 840 la madre del califa Motawakil abrió un hospital y trabajó ad honores.
9.3. En el 907 el emir Adad-Adaula fundó en Bagdad un hospital con 22 médicos.
9.4. El emir Nureddin fundó en Damasco un hospital en el 1160 con varias salas, incluyendo una de clases y biblioteca.
9.5. En el 1284 se fundó en El Cairo el más importantes de los centros hospitalarios por el sultán Al. Manssur. Tenía 4 patios, salas para los diferentes enfermos, sala de conferencias, escuela, orfanato, cocina, sala de música y capilla.

0-0-0

Avicena se destacó en doce saberes :filosofía, música, física, química, astronomía, medicina, botánica, matemática, álgebra, geometría, teología y lingüística. El escribió sobre sí mismo: "A los diez años me sabía el Corán y todos se sorprendían...Conocía el método de las polémicas y de la discusión... Estudié lógica y leí varios libros como el de Euclides. Luego estudié física y metafísica. Empecé a leer libros sobre medicina. No es una ciencia difícil y en poco tiempo aprendí muchas cosas, hasta tal punto que los hombres más destacados en el arte de curar quisieron aprender de mí... Tenía apenas dieciséis años...No dormía mucho en las noches, y en el día sólo me ocupaba de las ciencias hasta que no aprendí todo lo que sé hasta hoy...

PREGUNTAS PARA AUTOCONTROL Y REPASO

1. Nombre algunas influencias sobre la medicina árabe.
2. ¿Cómo tractaban los árabes la enfermedad?

3. Enumere algunos aportes de la medicina árabe.

4. Hable sobre Avicena.

5. Nombre otros médicos árabes destacados.

CAPÍTULO XVI

LA MEDICINA EN EL RENACIMIENTO.

1. Concepto de Renacimiento.

2. Algunas características del Renacimiento.

3. Renacimiento y Medicina.

4. Pintores Anatomistas.

5. Vesalio y otros Anatomistas.

6. Paré y otros cirujanos.

7. Paracelso y otros médicos.

8. Anatomía patológica en el Renacimiento.

9. Fisiólogos.

10. La Epidemiología y Fracastoro.

1. Concepto de Renacimiento.

El Renacimiento es definido como un movimiento cultural y artístico que giró en torno a la revalorización de la Antigüedad grecolatina y el cuestionamiento de la civilización cristiana. Este periodo abarca los siglos XV y XVI y su cuna es considerada Italia. La visión del mundo cambió y el hombre llegó a ser la medida de todas las cosas. El historiador Jacob Burckhardt publicó en 1860 el libro "La cultura del Renacimiento en Italia". Allí expresa que el renacimiento es un fenómeno Italiano y destaca la aparición de la conciencia individual, la creación del Estado y el surgimiento de una nueva concepción del mundo y del hombre. Cuando se habla de renacimiento necesariamente se habla del humanismo. El Renacimiento es una concepción sobre la cultura que tiene que ver con la vida del hombre, las artes, las letras, las ciencias, la política, las costumbres, etc. El humanismo es una actitud innovadora hacia las letras y la filología. Esa actitud provoca una revolución en las ciencias, la teología, el derecho y la medicina. Petrarca (1304-1374) es el iniciador del humanismo. El humanismo se planteó desde un principio el retorno al mundo antiguo y el rompimiento con el mundo medieval. La más representativa escuela filosófica del Renacimiento es la del Neoplatonismo florentino. Allí convergen el Platonismo, el Aristotelismo y las grandes religiones como el Paganismo, el Judaísmo y el Cristianismo. Los representantes de esta escuela son: Marsilio Ficino (1433-1499) y Giovanni Pico della Mirandola (1463-1494).

2.-Algunas características del Renacimiento.

2.1 Los protagonistas del Renacimiento tuvieron clara conciencia del carácter revolucionario e innovador de su movimiento. Giorgio Vasari (1511-1574), artista florentino, sugirió volver a Grecia y a Roma y llamó esta nueva etapa "Rináseita".

2.2 El Renacimiento trató de exaltar la dignidad del individuo, el valor de la humanidad y de la naturaleza.

2.3 Se puso en duda toda autoridad científica, filosófica y teológica.

2.4 Aparece la concepción mecanicista para explicar los fenómenos físicos y biológicos: el mundo es un gran mecanismo.

2.5 Se realizan los descubrimientos geográficos y surge la colonización.

2.6 Se perfecciona el papel y se inventa la imprenta.

2.7 Acontecen cambios sociales, políticos y religiosos. Se pueden sintetizar estos cambios en 3 grandes vertientes: Artísticos, Humanísticos y Religiosos.

2.8 Se rompe con los mitos y supersticiones de la Edad Media.

2.9 Aparecen los Estados en sustitución del régimen feudal.

2.10 Prospera el comercio, se desarrolla el mercantilismo y se fortalecen los bancos.

2.11 Entre los grandes hombres de ciencia se destacan Copérnico, Galileo, Kepler, Torricelli y Gutenberg.

2.12 Surge un nuevo concepto de la Historia con Nicolas Maquiavelo, Leonardo Bruno, y Jean Bodin. La historia según el cristianismo contemplaba 3 etapas: creación, advenimiento de Jesús y Juicio final. En el Renacimiento se habla también de 3 etapas, pero con una connotación humanista: Antigüedad, Edad media y Renacimiento. Se redescubren los Diálogos de Platón ,se lee a Heródoto y a Tucídides.

2.13 Surgen los mecenas, personas protectoras de las artes: Los Medici en Florencia, los Este en Fenara y el papado en Roma.

2.14 Se desarrollan la arqueología, la filosofía y la numismática.

2.15 En pintura aparece la perspectiva lineal que hizo posible representar el espacio tridimensional en una superficie plana. Entre los pintores destacan: Rafael, Da Vinci, Miguel Ángel, Giorgione, Tiziano y Tintoretto.

2.16 En escultura figuran Donatello y Miguel Ángel.

2.17 En arquitectura el palacio sustituye al castillo feudal.

2.18 En política se estudia el derecho romano, la libertad como concepto amplio y las formas de la Justicia.

3. Renacimiento y Medicina.

3.1 Se reaccionó contra el escolasticismo galénico.

3.2 Los artistas desarrollan y estudian la anatomía.

3.3 Se busca la perfección del cuerpo humano a través del entrenamiento físico.

3.4 La medicina es claramente dividida en anatomía, fisiología y patología.

3.5 Las enfermedades más difundidas eran el tifus, el escorbuto, la peste, la tuberculosis, el sarampión, la viruela, la difteria, la sífilis, paludismo, influenza, escarlatina y el sudor inglés; esta última aparece en 1486, resurgió en 1528 y en 1554 desapareció totalmente. Los enfermos morían rápidamente con fiebre, mucho sudor y mal olor.

4.- Pintores Anatomistas.

4.1-Leonardo Da Vinci (1452-1519).

Fue uno de los máximos representantes del Renacimiento. Se ocupó de la pintura, la escultura, la música, la ingeniería, la arquitectura, la física, la matemática, la filosofía y la anatomía. Nació en Vinci, Toscana, Italia. Estudió en Florencia las primeras lecciones de pintura y escultura. En sus obras resume el ideal de Renacimiento: Conocer la naturaleza a través del arte y la ciencia, teniendo como punto de referencia la belleza, la proporción de las formas, el orden y la certeza del cálculo matemático. Los cuatro pilares de la sabiduría son el arte, la ciencia, la filosofía y la pintura. Como físico estudió la estática y la dinámica. Formuló leyes como la de la inercia, el principio de acción y reacción, el teorema de paralelogramo de la fuerza y el de la velocidad. Diseñó diversas máquinas. Estudió la mecánica de los vuelos y varios aspectos de la hidráulica. Las imágenes son representadas por Leonardo teniendo en cuenta la devoción de la gente y el aspecto dramático y psicológico. A la medicina se acerca a través del estudio de la anatomía, la óptica y la biología. Leonardo se ocupó de hacer disecciones en el hospital del Espíritu Santo de Roma. Sus observaciones están plasmadas en "Manuscrito Anatómico" (1510-1511). Sus láminas representan el cuerpo humano y sus órganos. Destacan los detalles correspondientes a la osteología y la miología. Para el estudio de la anatomía recomendaba tener amor a esa tarea junto a un buen estómago, perder el miedo a la muerte y valentía para descuartizar los cadáveres. Además, ser buen dibujante recurriendo al cálculo geométrico y la perspectiva. En más de 750 diseños y dibujos Leonardo estudió los esqueletos, los músculos, los nervios, los vasos (arterias y venas) y su relación con los órganos. Estableció la relación del corazón con los vasos sanguíneos. Describió las paredes del corazón, el pericardio, las válvulas auriculoventriculares, los cartílagos, las articulaciones, tendones y ligamentos. Hizo modelos musculares y trató de comprender las funciones del aparato digestivo, el cerebro, los órganos reproductores, el crecimiento del niño en el útero, etc.

4.2 Miguel Ángel (1475-1564).
Michelangelo Buonaroti, nació en Caprese y murió en Roma. Fue pintor, escultor y arquitecto. Fue protegido de Lorenzo de Médicis, a quien dedicó muchas de sus

obras. Esculpió un Hércules, adquirido por Francisco I , Rey de Francia. En Bolonia hizo el arca de mármol para los restos de Santo Domingo de Guzmán. En Florencia esculpió San Juan Niño y Cupido durmiendo. En 1496 vivió en Roma y esculpió un Cupido y un Baco, además de su obra maestra La Piedad. En 1501, en Florencia, esculpió la estatua de David. En 1533, en Roma, esculpió su Moisés para la Tumba de Julio II y terminó la pared del altar de la Capilla Sixtina con las pinturas sobre la Creación y el Juicio Final. Desde 1546 fue el arquitecto principal de San Pedro. Miguel Ángel estudió anatomía 20 años en el convento del Santo Espíritu de Florencia.

5. Vesalio y otros Anatomistas.
5.1 Andreas Vesalius (1514-1564)
Nació en Bruselas y está considerado el padre de la anatomía moderna. Su familia provenía de la ciudad de Vesel, y de allí el apellido. Su espíritu investigativo se desarrolló desde la niñez, cuando disecaba animales en su afán de descubrir los secretos de la naturaleza. Estudió medicina en París, donde el método escolástico y galénico de enseñar anatomía no fue de su agrado. Estudió anatomía por su propia cuenta y siguió sus investigaciones en su tierra natal. Con su compatriota, Juan Esteban Kalkas, viajó a Padua. Allí se doctoró en 1537, a los 23 años fue profesor de anatomía y cirugía de la Universidad de Padua. Publico un atlas sobre anatomía y encuentra gran cantidad de errores en la obra de Galeno que sólo había disecado animales. En 1543 publica "De humani Corporis Fabrica Libri Septin", con dibujos de Kalkas. La obra sale a la luz en Basilea y con sus 663 páginas y 300 ilustraciones tiene gran acogida. Publicó también los Epitomes para los estudiantes. Luego fue medico de Carlos V y Felipe II. Dicen que hizo una disección a una mujer viva, y por eso la inquisición le persiguió. Viajó a Jerusalén y murió a su regreso en Zante, Isla Jónica, en 1564. Vesalio fue un adelantado de su tiempo, conocedor de varios idiomas (griego, latín, árabe, Hebreo) y traductor

de las obras grecorromanas clásicas de la medicina, lo que le permitió advertir la fortaleza y debilidades del conocimiento anatómico de la época.

Su aporte puede resumirse en varios aspectos:

1) Resaltó la anatomía como ciencia fundamental para el desarrollo de la ciencia.

2) Demostró la importancia de las disecciones y las ilustraciones, para una mejor compresión de la anatomía por parte de los estudiantes.

3) Demostró los errores de la doctrina galénica, fundamentada en disecciones de animales .

4) Hizo descubrimientos importantes como el de la vena ázigos mayor.

5.2 **Gabriel** Falopio (1523 – 1562)

Nació en Módena y murió en Padua. Estudió los huesos, los órganos sexuales femeninos, los canales semicirculares y el tímpano. Estudió en Ferrara y en Pisa. En Padua sustituyó a Vesalio en la cátedra de anatomía. Escribió Observationes Anatomicae (1561). Describió las trompas que llevan su nombre.

5.3 **Berengario** da Capri (1550)

Estudió el seno esfenoidal, el tímpano, el apéndice vermiforme, los cartílagos, los ventrículos cerebrales y las válvulas del corazón. Escribió un libro sobre las fracturas del cráneo: De fractura calvaries cranii.

5.4 Canano (1515 – 1579)

5.5 **Jerónimo** Fabricio de Acquapendente.

Fue profesor de anatomía en Padua. Descubrió las válvulas venosas (1574). Estudió la anatomía y la fisiología del feto y del parto. Diseñó un anfiteatro anatómico. Escribió Venarum Ostialis.

5.6 Aranzio (1530 – 1589)

Fue profesor de la Universidad de Bolonia. Estudió la anatomía del feto.

5.7 **Bartolomé** Eustoquio.

Estudió la anatomía comparada y descubrió las trompas que llevan su nombre.

5.8 Constancio Varolio (1543 – 1575)

Trabajó en Padua. Estudió el cerebro y describió el puente que lleva su nombre.

6. Paré y otros cirujanos

6.1 Ambroise paré (1510 – 1590)

Nació en Bourg- Hersent, en los alrededores de Laval, Francia. Fue aprendiz de barbero y luego estudió en el Hotel-Dieu de París. No sabía latín, pero indagaba constantemente en el arsenal popular de la medicina y estudiaba las recomendaciones y recetas de colegas experimentados. Giovanni de Vigo enseñaba que las heridas de bala debían ser tratadas con aceite hirviendo para evitar la infección. En un principio, Paré recurrió a ese método; pero en la guerra de Milán al terminarse el aceite recurrió a una mezcla de yema de huevo con aceite de rosas con resultados positivos. Jacques Dubois, en 1544, lo animó para que escribiera un libro sobre el tratamiento de las heridas de bala, el cual salió a la luz en 1545. Estudió anatomía entre 1545 y 1550. Preparaba el lado derecho del cadáver y en las operaciones se orientaba con el izquierdo. Escribió varios manuales prácticos de anatomía. En 1552, en plena guerra, empleó la ligadura vascular y determinó su ventaja sobre la cauterización en las amputaciones. En 1554 fue designado maestro cirujano en el colegio San Come. En el Servicio militar fue médico durante los reinados de Enrique II, Francisco II y Carlos IX. Murió en medio de la fama y el reconocimiento general. En su modestia llegó a decir que Él trataba al enfermo y Dios lo curaba.

6.2 Otros Cirujano:

En el renacimiento existían varios tipos de cirujanos: operadores ambulantes que extraían la piedra de la locura, alquimistas que utilizaban el elixir de oro como panacea, los cirujanos empíricos que extraían cálculos ,los barberos para hacer las extracciones dentarias y aplicar las ventosas y las sangrías, los cirujanos de luxaciones y fracturas ,y finalmente los cirujanos diplomados. Entre estos últimos tenemos: Juan Vigo, Mariano Santo de Barletta, Juan Andrés della Croce, Miguel Ángelo Biondo, Horacio Augenio, Bartolomé Maggi, Guido Guidi, Guillemeau y Escipión Mercurio

7. Paracelso y otros médicos.

7.1- Paracelso (1493 – 1541)

Felipe Teofrasto von Hohenheim (Paracelso) nació en Einsiedeln, Suiza. Aprendió de su padre, que era médico, las primeras letras. A los 8 años fue llevado a Austria. Estudió con los monjes Benedictinos, continuó su formación en Viena y se graduó de médico en Ferrara, Italia. En busca de conocimiento viajó12 años. Visitó Moscú, Kiev, Asia Menor y Egipto. Quería aprender de la gente y de la naturaleza por eso dijo:

"Comadronas, curanderos, nigromantes, barberos, pastores y campesinos saben muchas cosas que aparentemente no han sido tomadas en consideración por los doctores eruditos. Los barberos, los médicos del pueblo, saben el arte de curar, no a merced de los libros sino a través de la luz de la naturaleza o por la tradición procedente de los antiguos magos".

A los 30 escribió su primera obra: Paramirum, en alemán, signo de los nuevos tiempos, pues el idioma médico era el latín. Paramirum es un libro donde se

analizan las enfermedades desde el punto de vista de la mística y la astrología. Según ese libro la vida humana depende de cinco factores o influencias:
La astral. La natural, la influencia del mundo circundante, la espiritual. Los cuatros factores tienen un orden y su alteración produce la enfermedad. El quinto factor es la curación.

En 1526 por recomendación de Erasmo curó al impresor Frobenius en Basilea, quien sufría de una gangrena y los médicos querían amputarle un pie. En su proyecto de en enseñanza decía:

"No vamos a seguir la enseñanza de los viejos maestros, sino la observación de la naturaleza, confirmada por una larga práctica y experiencia. ¿Quién ignora que la mayor parte de los médicos dan falsos pasos en prejuicio de sus enfermos? Y esto sólo por atenerse a las palabras de Hipócrates y Galeno, Avicena y otros. Lo que el médico necesita es el conocimiento de la naturaleza y de sus secretos. Yo comentaré, por lo tanto, cotidianamente, durante dos horas en público y con gran diligencia para provecho de mi auditorio, el contenido de los libros de medicina interna y cirugía práctica y teórica, de los cuales yo mismo soy autor. No he escrito estos libros como muchas otras personas repitiendo lo que han dicho Hipócrates o Galeno, sino que los he creado basándome en mi experiencia, que es la máxima maestra de todas las cosas. Y lo demostraré, no con las palabras de las autoridades, sino mediante experimentos y consideraciones razonables. Si vosotros, queridos lectores míos, sentís el afán de entrar en estos secretos divinos, si algunos quieren aprender en breve tiempo toda la medicina, que venga a Basilea a visitarme y encontrará todavía más de lo que puedo decir con palabras. Para explicarme con mayor claridad indicaré, como ejemplo, que no creo en el dogma de los humores con el que los antiguos explican equivocadamente todas las enfermedades; pues únicamente una mínima parte de los médicos tienen un conocimiento más exacto de las enfermedades, de sus causas y de sus días críticos. Prohíbo hacer juicios superficiales sobre Teofrasto antes de haberlo oído.

Que Dios os guarde y os haga comprender benévolamente la reforma de la medicina. Basilea, día 5 de Junio de 1527".

Los médicos de la facultad no aceptaron su proposición. Entonces Paracelso quemó públicamente los libros de Avicena, Galeno, Rhazes y otros en señal de protesta. Se marchó a Alsacia y publicó su libro Paragranum. Dice en esta obra que la medicina es fundamental en la filosofía, la astronomía, la química y la virtud.

En 1529 publica en Nuremberg dos obras sobre la sífilis. Luego publicó varios libros sobre teología, y en 1535 escribió un trabajo sobre la peste.

Las ideas de Paracelso

1.- Las ideas médicas de Paracelso están expuestas en sus libros Paramirum, Paragranum, Cirugía mayor y Origene morborum invisibilum y Enfermedades tartáricas.

2.- La sal, el azufre y el mercurio, son los componentes de todas las cosas.

3.- Además de los elementos aire, agua, tierra y fuego, existe otro elemento llamado "Quintaesencia".

4.- Introdujo el uso del mercurio para el tratamiento de la sífilis bajo el siguiente razonamiento: la enfermedad proviene de la diosa Venus por cuanto es producto del contacto sexual. Pero es un amor que las prostitutas venden, entonces es necesario tomar en cuenta al Mercurio, el dios del comercio. Algunos consideran a Galeno el padre de la farmacología por el uso innovador de muchos medicamentos.

5.- Con la experiencia que obtuvo en las minas escribió un libro sobre enfermedades laborales y se considera el primero en esa especialidad.

6.- Aceptó la teoría del macro y el microcosmo, siendo este el último el organismo humano.

7.- La epilepsia la relacionó con la tormenta. Decía que los ojos del epiléptico brillan con destello de fuego. El trueno trae agua, la epilepsia trae espuma.

8.- Introdujo la química en los estudios médicos, pues consideraba a la vida como un proceso químico.

9.- Las enfermedades son desarmonías, producto del pecado original.

10.- El retorno a Dios es la búsqueda del equilibrio.

11.-Las enfermedades tártricas son los venenos.

12.- Hay enfermedades producto de las acciones malignas de personas que se ocupan de la magia.

13.- Recomendó los viajes para aprender, y para la salud la vida al aire libre, la alimentación moderada y el ejercicio físico.

7.2 Copérnico (1473 – 1543)

Además de medicina estudió física y astronomía.

7.3 Niccolo Leoniceno (1428 – 1514)

Enseñó en Padua, Bolonia y Ferrara. Tradujo los aforismos de Hipócrates y trabajó los textos de Galeno.

7.4 Tomas Linacre (1460 – 1524)

Tradujo al latín los libros de Galeno.

7.5 Jean Fernel (1447 – 1588)

Estudió en París. Escribió "La medicina universal". Dividió la medicina en fisiología, patología y terapéutica. Estudió la sífilis.

7.6 Giambatista da Monte o Montanus (1498 – 1552)

Fue docente de Padua. Enseñó medicina junto al lecho del enfermo, como Hipócrates.

7.7 – Girolamo Mercuriale (1530 – 1606)

Publicó "Artis Gymnasticae opud antiquh" en 1564. Trata sobre los deportes y se inspiró en los antiguos griegos; es la primera obra en su género.

8. Anatomía patológica en el Renacimiento

Antonio Benivivieni (1443 –1503) nació en Florencia. Practicó las primeras exploraciones anatomo – patológicos. Coleccionó casos clínicos y practicó la autopsia en veinte de ellos. Escribió "De algunos casos obscuros y admirables enfermedades y curaciones". En uno de los casos, el XXXVI comenta: "Endurecimiento del estómago: mi paciente, Antonio Bruno, retenía por un corto espacio de tiempo el alimento que había comido y luego lo vomitaba. Fue cuidadosamente tratado con toda clase de remedio para curar el trastorno del estómago; pero como nada le trajo ninguna utilidad, su cuerpo empezó a enflaquecer debido a la desnutrición hasta que quedo convertido en poco más que hueso y piel. Finalmente murió.

El cadáver fue abierto por razones de beneficio público. Se encontró que la abertura del estómago había cerrado y que este órgano se había endurecido en la parte inferior con el resultado de que nada podía pasar a través de ella a otros órganos y así la muerte fue la inevitable consecuencia".

9. Fisiólogos

9.1 Miguel Servet (1511 – 1553). Nació en Tudela. Era médico y teólogo. Estudió en Zaragoza. En religión negaba la trinidad .Estudió medicina en Francia. Publicó un libro sobre la circulación menor de la sangre. Diferenció las arterias de las venas. En su libro Restituido Cristianismo contestó a Calvino sobre sus diferencias en los conceptos religiosos y médicos .Los calvinistas lo juzgaron y condenaron a la hoguera en Ginebra.

9.2 Juan Valverde de Amusco. Nació en Amusco en 1525. Viajó a Italia en 1542. Enseñó medicina en el hospital del Espíritu Santo de Roma. En 1556 publicó "Historia de la composición del cuerpo humano" .

9.3 Realdo Colombo (1500). Fue profesor de anatomía en Padua. Hizo una descripción de la circulación de la sangre, antes que Servet.

9.4 Andrea Cesalpino (1519 – 1603). Nació en Arezzo y murió en Roma. Fue también filósofo y botánico. Estudió el sexo de las flores. Hizo investigaciones sobre la circulación de la sangre. Decía que existía un principio regulador del micro y del macrocosmo. Ese principio es el ánima y reside en el corazón que da fuerza y calor a través de la sangre.

10 La Epidemiología y Fracastoro

Girolamo Fracastoro (1478 – 1553)

Estudio en la universidad de Padua. Inició sus investigaciones con las enfermedades infecciosas y venéreas. Se le considera el padre de la epidemiología. Dio el nombre a la sífilis. Fracastoro estudió la muerte negra que azotaba Europa desde el siglo XIV. Era la peste. Recopiló datos, los analizó y dio sus recomendaciones y consejos. Para el estudio de las enfermedades venéreas, Fracastoro recurrió a la poesía: una enfermedad, proveniente del nuevo mundo azotaba Europa. Era castigo divino porque los españoles habían matado las aves sagradas. La enfermedad en un principio fue el castigo que recibió un pastor pecador por parte del dios sol. Este pastor, según Fracastoro, era syphilus, nombre que tomó de la historia de Ovidio sobre Niobe, cuyo hijo sipylus fue petrificado por Zeus.

En 1530 publicó su libro "Syphilidis sive de morbo Gallico". En 1545 publicó tres tomos sobre las enfermedades contagiosas y su tratamiento. Habla del mecanismo de contagio de persona a persona por contacto directo o indirecto, a través de las cosas y por el aire.

También investigó los tipos de fiebres y sus variaciones según la enfermedad. Fracastoro alcanzó gran fama y fue nombrado por el Papa Paulo III, médico ordinario del concilio tridentino. Fue un hombre de su tiempo y como humanista abarcó muchos campos del saber : la poesía, la física, la geología, la astronomía y la filosofía. Dijo que la enfermedad es producto del desequilibrio entre las relaciones de los elementos naturales. Su gran aporte a la epidemiología radica en haber clasificado a las enfermedades contagiosas según su forma de transmisión: por contacto directo (sarna, tuberculosis, lepra), por contacto indirecto (a través de los vestidos) y a distancia como la peste bubónica y la viruela. Vivió en el campo cerca de Verona, rodeado de libros, realizando paseos y ejerciendo su profesión siempre en guardia para investigar las enfermedades.

0-0-0

"...El acontecimiento fundamental que condujo al Renacimiento ocurrió en el siglo catorce, cuando la peste negra azotó a Europa. Prácticamente la mitad de la población murió rápida y horriblemente...La devoción, la piedad y la lealtad a la iglesia no protegieron a la gente y su fe perdió estabilidad. Las familias pudientes se vieron disminuidas de la noche a la mañana, lo que hizo que la riqueza se concentrara en manos de los afortunados sobrevivientes. Mientras que previamente habrían gastado sus excedentes en la iglesia, los ricos se volvieron más precavidos después de la peste y empezaron a invertir en el saber independiente. En lo que originalmente fue un cambio de conciencia sutil y casi imperceptible empezaron a buscarse respuestas por fuera de la oración y del dogma. La creciente energía intelectual, contenida durante un milenio dentro de los muros de la comunidad eclesiástica, comenzó a fluir a través de la brecha abierta por la pestilencia". (Michael J. Gelb)

PREGUNTAS PARA AUTOCONTROL Y REPASO

1. Defina el Renacimiento.

2. Hable de Leonardo Da Vinci.

3. ¿En qué consistió la revolución de Paré?

4. ¿Por qué Vesalio es considerado el padre de la anatomía?

5. Hable de las teorías de Paracelso.

6. Exponga brevemente sobre la vida de Miguel de Servet.

7. ¿Qué puede decir sobre Fracastoro?

CAPÍTULO XVII

MEDICINA INCA

1. Reseña histórica.
2. Fuentes de información médica.
3. Dioses y medicina inca.
4. Los especialistas médicos .

5. Desarrollo y características de la medicina inca.

1. Reseña histórica

Antes de El Tahuantinsuyo, o Imperio de los Incas, existieron otros regímenes preincaicos como la civilización Mochica en los Valles del Moche, entre los siglos VII y VIII d. C. Los Mochicas fueron vencidos por las tribus Yuncas. Estos constituyeron el Estado Chimú a mediados del siglo Sven la región del Altiplano puna surgió Tiahuanaco, cerca del lago Titicaca. Tiahuanaco influyó sobre la cultura Moche. Hacia el siglo XII los incas se establecieron en el Valle del Cuzco. De un pueblo vecino tomaron el idioma: el quechua. El imperio inca comprendía el actual Perú, Colombia, Bolivia, Ecuador, Chile y Argentina.
Según la tradición hubo trece emperadores incas. El período propiamente inca es el sexto con el emperador Pachacútec. La leyenda dice que Manco Cápac, uno de los cuatro hijos del sol proveniente del agujero de una caverna, fundó la dinastía inca. Con un bastón de oro, Manco Cápac probó la fertilidad de los suelos del Cuzco. Con el séptimo monarca, Yahuar Huacac, los incas sometieron a los pueblos vecinos. El inca Huayna Cápac gobernó de 1493 a 1525. Sus hijos, Huáscar y Atahualpa desencadenaron la guerra civil para disputarse el trono. Atahualpa triunfó cuando ya Pizarro comenzaba su conquista.

Los incas consideraban a su imperio dividido en cuatro partes con su capital el Cuzco. Tenían una estructura gubernamental teocrático – feudal. El inca era el emperador absoluto y lo acompañaban los familiares en el desempeño de sus funciones. La tierra, se dividía en tres partes: una para él, otra para el sol y sus sacerdotes y la restante para el pueblo. Todos los súbditos cultivaban la tierra. El inca repartía las tierras y los bienes del Estado. Los incas desarrollaron la arquitectura, la escultura y la pintura. Construyeron caminos para comunicar las ciudades localizadas en lugares estratégicos de los valles. Los incas tuvieron conocimientos de los astros, diseñaron un calendario y en matemática inventaron un sistema de cálculos con hilos y nudo (quipo).

2. Fuentes de Información médica

2.1 El arte: Las piezas de cerámica reproducen aspectos que fácilmente se pueden asociar con enfermedades: cegueras, parálisis facial, mutilaciones de huesos, mutilaciones de la nariz (leishmaniosis, etc.) En la cerámica mochica, una de las culturas con la cual se nutrió la civilización inca, se reflejan intervenciones quirúrgicas; y en otras es notoria la importancia que se le adjudicaba a la fertilidad: sexo, embarazo y culto al Dios Falo.

2.2 La paleopatología: El estudio de las momias (el inca y otros personajes del imperio eran embalsamados al morir) hablan de la existencia entre los incas de enfermedades como periostitis, pinto, bocio, leishmaniosis, gota y reumatismo.

2.3 Los informes de los conquistadores.

3. Dioses y medicina inca

Los incas fueron politeístas y en sus templos adoraban una gran variedad de dioses. Viracocha era el dios creador; Inti, el dios del sol; Mamacocha representaba al mar y protegía contra las enfermedades. Adoraban a las estrellas, la luna y los fenómenos cósmicos.

4. Los especialistas médicos

La profesión médica era desempeñada por varios especialistas:

4.1 Ichuri: médico adivinador

4.2 Amauta: médico de la nobleza

4.3 Comarca o Sancoyoc: médico general

4.4 Colla – huaya: médico ambulante

4.5 Hampa – canayac: farmaceuta

4.6 Ñayca umu: sacerdote mago

4.7 Sircak: cirujano

Los amautas estudiaban otras ciencias como las matemáticas y el uso del quipo. Los honorarios se cobraban en forma de especies.

5. Desarrollo y características de la medicina inca

5.1 La medicina inca era mágico – religiosa. Las enfermedades eran castigo de los dioses y efectos de la magia negra practicada por particulares.

5.2 Reconocían las causas naturales de algunas enfermedades, y en su sentido hablamos del desarrollo de una forma de medicina empírica.

5.3 El desarrollo de la cirugía, bajo la concepción empírica de la medicina, contempla la extracción de cuerpos extraños, amputaciones, trepanaciones, uso de prótesis en extremidades amputadas. Utilizaban instrumentos quirúrgicos metálicos y de piedras. Practicaban la cirugía con carácter ornamental: la deformación craneal, y la perforación del tabique nasal. La perforación de la oreja indicaba el inicio de la pubertad y era practicada por el propio jefe inca. Para suturar empleaban hormigas, las cuales eran decapitadas al morder y unir los bordes de la herida.

5.4 Los incas sufrieron de una diversa gama de enfermedades: parálisis de las extremidades, enfermedades congénitas, epilepsia, diarreas, enfermedades parasitarias, tuberculosis, sarna, pulmonía, etc.

En 1999 el arqueólogo Guillermo Cook y su equipo descubrieron en el barrio Tupac Aurom de Lima, un cementerio de momias. La momia llamada "La Señorita" con periostitis. A la señorita la acompañan dos niños con desnutrición extrema.

5.5 Las trepanaciones empezaron a estudiarse con cráneos provenientes de momias incas en 1865. Entre los incas eran practicadas con fines mágico – religiosos para expulsar espíritus; pero también para aliviar los síntomas de presión intracraneal. Por la regeneración del tejido óseo alrededor del orificio de la trepanación se calculaba que la sobrevivencia era de un 50%.

5.6 Los incas prohibían los matrimonios entre inválidos, el incesto, la homosexualidad, la prostitución, el adulterio y la embriaguez.

5.7 Diseñaron un calendario religioso que reflejaba la periodicidad de ciertas enfermedades.

5.8 Para el diagnóstico de la enfermedad recurrían a rituales a divinativos y a la confesión del enfermo. Empleaban augurios, bailes, masajes, succiones y consumían hojas de coca. El sacerdote Ichuri luego de confesar al paciente escupía sobre un manojo de hierbas y los arrojaba al río. El enfermo – pecador se bañaba en el río. También con un cuyo (conejillo de indias) frotaban el vientre del enfermo. Luego sacrificaban al animal y observaban las vísceras.

5.9 Los huacas eran las fuerzas espirituales y el lugar sagrado. La citva consistía en una ceremonia religiosa de carácter colectivo. Los guerreros iban hacia los cuatro puntos cardinales para pelear contra los dioses de las enfermedades de manera simbólica. La ceremonia se iniciaba con la salida de la luna. Sus gritos pretendían ahuyentar las enfermedades. Con Sancú (papillas de maíz) pintaban sus caras. Luego se bañaban y purificaban en el río.

5.10 El tratamiento de la enfermedad contemplaba el uso de sustancias provenientes de todos los reinos: carne de vicuña en las infecciones, sangre de cordero para los nervios, sangre de vicuña para la enfermedad de las montañas, vísceras de conejillo de indias contra el reumatismo, grasa de avestruz contra los tumores, pimienta en las enfermedades de los pies y para limpiar los dientes, granadilla en las diarreas, sulfato cuprico como cicatrizante, azufre con grasa de animales contra la sarna, arcilla en la disentería, sulfuro de arsénico contra la leishmaniosis, resina de bálsamo del Perú en las enfermedades de la piel, etc.

5.11 Mención aparte merece un singular aporte de la medicina inca, la farmacología universal: el uso de la coca como anestésico y de la quina contra el

paludismo. La quina (yara – chuccho) la empleaban contra varios tipos de fiebre. Era difundida por los jesuitas por lo que la llamaron "polvo de los jesuitas".

5.12 Los incas poseían un sistema de solidaridad social que permitía a los enfermos recuperarse en trabajos relativamente poco forzados como de vigilantes, tejedores, porteros, calculadores de quipo, etc.

5.13 En el imperio de Tahuantinsuyo existía un alto nivel de planificación urbana que contemplaba la construcción de cementerios con reglas estrictas para los enterramientos: 10 tumbas eran colocadas en una excavación de 8 a 16 metros.

ORACIÓN AL SOL

¡Oh Hacedor! Que diste ser al Sol y después dijiste hay noche y día, amanezca y esclarezca, salga en paz; guárdale para que alumbre a los hombres que criaste, ¡oh Hacedor!

¡Oh , Sol! Que estás en paz y en salud, alumbra a estas personas que apacientas, no estén enfermos, guárdalos sanos y salvos.
(Ritos y fábulas de los incas)

PREGUNTAS PARA AUTOCONTROL Y REPASO

1. Hable de la importancia del Imperio Inca en el contexto de la historia precolombina.
2. Explique el papel de las trepanaciones en la medicina inca.
3. Analice la importancia de algunas plantas como aporte de los incas a la farmacología universal.
4. Explique el uso de hormigas por parte de los médicos incas en operaciones quirúrgicas.

CAPÍTULO XVIII

MEDICINA AZTECA

1. Reseña histórica.

2. Religión, dioses y medicina.

3. Fuentes de información médica.

4. Desarrollo y características de la medicina azteca.

1. Reseña histórica.

Varias civilizaciones vivieron en el territorio de México antes de imponerse la azteca. Desde 500 años a. de C. se suceden las culturas Olmecas, Toltecas, Zapotecas, Mixtecas y otras más. En el centro de México, llamado antiguamente Anáhuac, (en el idioma de los nahuas significa "país junto al agua"). Los Toltecas construyeron la ciudad de Teotihuacán con monumentos y esculturas. Eran buenos comerciantes, inventaban un tipo de escritura y un calendario.

Los Culhuas, en Culhuacán, cerca del lago Texcoco, desplazaron a los Toltecas. Luego ellos fueron sometidos por los Tepanecos en el siglo XIV. En 1426 los aztecas pactaron con las tribus de Texcoco y Acopan para acabar con el dominio de los Teponecas y terminar por imponerse en el México central. Los aztecas asimilaron la cultura de las civilizaciones anteriores. Empleaban el riego artificial en la agricultura. Cultivaban maíz, tomates, cacao, algodón y tabaco. Desarrollaron la alfarería, la tejeduría y trabajaban los metales. Construyeron presas, canales y edificios. El jefe de los aztecas era también sacerdote.

Hacían la guerra a los vecinos, comerciaban mediante trueque y practicaban la esclavitud. Alcanzaron grandes progresos en las artes plásticas, especialmente en la escultura y la arquitectura. Su calendario era solar y su escritura pictográfica.

Al náhuat, la lengua de los aztecas debemos las palabras: aguacate, cacao, coyote, chicle, chile, chocolate, hule, jícara, petaca, tamal, tiza y tomate.

2 .Religión, dioses y medicina

El sacrificio humano es el rito más característico de la religión azteca. Según su mitología, los dioses se sacrificaron para crear al hombre; por eso el hombre debía sacrificarse por ellos y alimentarlos. Huitzilopochtli, el sol, es el Dios más importante. Él nace y muere diariamente. La sangre de los hombres lo mantiene. La guerra se hacía para obtener hombres y sacrificarlos.

Quetzalcóatl (serpiente de plumas, símbolo del planeta Venus) enseñó a los hombres las ciencias, las artes y las industrias.

Una gran variedad de dioses estaba ligada al quehacer médico. Entre estos tenemos:

Tzapotlatenan: Diosa de la medicina, descubrió la resina uxith, sagrada y curativa.

Xipe: Enviaba enfermedades como mal de ojo y sarna.

Tezcatlipoca: Castigaba con las enfermedades venéreas.

Quetzalcóath: Se le pedía cuando se enfermaban de catarro y reumatismo.

Tlaltecuin: Protegía a los niños enfermos.

Xochiquetzol: Protegía a las mujeres embarazadas.

Centeotl: Diosa de la tierra y de las yerbas medicinales.

Tlaloc: Diosa de las aguas, del reumatismo y de los ahogados.

Amimitl: Se le pedía cuando se enfermaban con diarrea.

Xolotl: Era el causante de parto con gemelos, también se le invocaba durante el aborto.

Nanahuatl: Dios de los leprosos.

Xoaltectil: Dios del sueño.

Ixtlitlon: Protegía a los niños.

Teteoinán: Diosa de los médicos y de la medicina.
Mictlantecuhtli: Dios de la muerte.

Según la mitología azteca al cielo se llegaba con una escalera de nueve peldaños hacia arriba; mientras que al infierno se baja con una escalera también de nueve peldaños.

El tótem jugó papel importante dentro del mundo religioso azteca: la serpiente representa al tiempo, los búhos y los perros se relacionan con la muerte, la mariposa es la alegría y la reencarnación, el águila es el sol y el día y el jaguar es la estrella de la noche.

3. Fuentes de información médica.

3.1 Datos de la paleopatología que indican signos de enfermedades óseas (osteopatología). En ese sentido los restos humanos encontrados en Tehuacán, encontrados en 1967 y con una edad aproximada de 6.500 años presentan huellas de abscesos alveolares, osteoartritis y fracturas consolidadas. Los de Santa María Astahuacán que datan de 8.500 años y descubiertos en 1952 tienen signos de un probable quiste oncocercosis.

3.2 El Arte: La pintura, la escultura, la arquitectura y la cerámica. Arte que se extiende hasta el trabajo de las piedras volcánicas para elaborar cuchillos utilizados como instrumentos quirúrgicos.

3.3 Los informes de los conquistadores como Hernán Cortés que reconocen la existencia de una medicina altamente desarrollada y con buenos médicos.

3.4 Los estudios del Dr. Francisco Hernández, médico personal de Felipe II, rey de España. Francisco Hernández investigó todo lo referente a la medicina Náhuatl (1571 – 1577) y escribió un tratado sobre la misma que se conservó en la biblioteca de El Escorial.

3.5 El Códice Badiano escrito en 1552 en Náhuatl por el médico azteca Martín de la Cruz de Tlatelolco y traducido al latín por Juan Badiano. Tiene 120 páginas y trata sobre los medicamentos de origen vegetal, animal y mineral. Su título en latín es: Libellus de Medicinalibus Indorum Herbis.

En el Código Bediano hay una sentencia ética y moral: "El sabio es el buen médico, digno de confianza. El ignorante es el médico engañador, de quien debe huirse".

3.6 Los códices americanos, pictogramas sobre cuero de venado o tigre elaborados por los indígenas en tiempos prehispánicos. Entre ellos tenemos: el borbónico y el tonalamalt (París) y la tira de peregrinación (México) de la cultura azteca, Nuttall (Oxford) de la cultura mixteca y el Fijervari – Mayer (Liverpool) de la cultura zapoteca, y el Código Florentino.

4. Desarrollo y características de la medicina azteca.

4.1 concepciones médicas mágico – religiosas. Los Nahmas concebían el cuerpo humano como el microcosmos atravesado por energías vitales provenientes de los dioses: El hígado (ihlyotl) y el cerebro (tonalli) eran los principales centros anímicos. El primero representa la parte inferior del cuerpo, mientras que el segundo es la superior.

El hombre es el centro del universo y el rompimiento de su equilibrio produce la enfermedad. Los dioses rompían ese equilibrio cuando provocaban la enfermedad, o mantenían la salud cuando abogaban por el equilibrio. La tierra es el centro del universo, es su ombligo. Arriba están los cielos, abajo los infiernos. Las fuerzas positivas están arriba, las de abajo son las negativas. El ombligo del humano es el distribuidor de la energía. Si las funciones umbilicales están en desarmonía proviene entonces la enfermedad. Por eso se aplicaba masaje y medicamentos sobre el ombligo. El cordón umbilical se enterraba en un campo de batalla para que el niño llegara a ser guerrero. El de la niña se enterraba en el piso de la casa. Así podría ser una buena ama de casa. Durante el embarazo el ombligo se deforma y eso es prueba de los cambios del organismo.

4.2 A la par de la medicina mágico – religiosa se desarrollaba la medicina empírica. Reducían luxaciones, aplicaban remedios, abrían abscesos y flemones. Suturaban las heridas con hilos de cabellos. El cabello largo era símbolo de fuerza, el corto era debilidad. He aquí una combinación de la magia con la práctica útil. El curandero o sacerdote mencionaba las partes afectadas para extraer el mal: sapos, culebras, etc. En cirugía empleaban cuchillos de piedras volcánicas (obsidiana). Reconocían enfermedades provocadas por los cambios climáticos: Las lluvias, el aire, etc. El códice bodiano expone los signos de la muerte para los aztecas: ojos tristes, nariz puntiaguda, músculos rígidos, lengua fría, dientes sucios.

4.3 Existía una organización rigurosa de la enseñanza y especialmente la médica. En la escuela superior la medicina se estudiaba junto a la religión, las leyes y la música. La profesión médica se enseñaba de padres a hijos. El hijo desempeñaba su labor luego de la muerte del padre.

4.4 Existían las especializaciones en diferentes ramas de la medicina:

4.4.1 Tlama – Tepatiticitl – Internista.

4.4.2 Texoxotla – Tícitl – Cirujano.

4.4.3 Tezoc – Tezoani – Febotomiano.

4.4.4 Tlamat – Quitícitl – Comadrona.

4.4.5 Papiani – Panamani – Herbolario.

4.4.6 Teixpati – Oculista.

4.4.7 Teomizquitzani – Componedor de huesos.

4.5 En el diagnóstico también tomaban en cuenta si la enfermedad provenía de los dioses o de un hechicero en particular, que también podía provocarla. El horóscopo tenía su valor, el mes, la luna y sus fases, así como también la dirección del viento y fenómenos naturales como la lluvia y los eclipses.

4.6 Practicaron trepanaciones craneales, tal vez partiendo de la creencia de que es la cabeza el universo, el pensamiento, la sabiduría. El soplo divino lo ubicaban en la coronilla que era el alma. Así como la cara era el reflejo de la fuerza interior y la frente el prestigio.

4.7 El corazón era la vida, los sentimientos y las sensaciones. La opresión conllevaba a la muerte. Se extraía con un cuchillo de obsidiana en el sacrificio para mantener el sol en pago por lo que hicieron los dioses por los hombres. El sol necesitaba el corazón y la sangre para mantenerse. Por las venas circulaban los espíritus.

4.8 Como el organismo es el microcosmos cada órgano representa a los elementos del macrocosmos. La tierra es el hígado, recipiente de sangre. El viento son los pulmones; el agua representa el pelo y el oído. El estómago es una vasija donde el calor procesa los alimentos. El bazo es el fuego para cocer los alimentos. Los intestinos son los conductores de las impurezas de la digestión. Pie y pantorrilla, como el talón de Aquiles de los griegos, es receptora de la fuerza del guerrero. El hechicero miraba la pantorrilla para provocar un mal o los convertía en ágiles aves para volar.

4.9 Colocaban incrustaciones de oro, jade y turquesa en los dientes, tal vez como elemento de belleza, pero también puede ser para el tratamiento de la caries. Utilizaban cuchillos y agujas de Adriana en las operaciones y como anestesia empleaban varias yerbas (datura stramonium) y el copal. La miel de maguey la usaban como cicatrizante. Aplicaban vendajes de algodón. Para las fracturas colocaban entablillados y una pasta de conchas marinas.

4.10 En anatomía conocieron más de tres mil términos. Enseñaban a los sacrificados la manera de extraer el corazón y cortar las articulaciones. Clasificaron las enfermedades por las partes del cuerpo: Enfermedades de la cabeza, del cuello, de los brazos, etc.

4.11 En oftalmología operaban cataratas y pterigiones.

4.12 Diferenciaron una serie de enfermedades y síntomas: vómitos, indigestión, dispepsia, diarreas, oclusión intestinal, disentería, dolor precordial, hemoptisis, tuberculosis, catarro nasal, bronquitis, asma, pleuritis, prurito, pápula, pitiriasis, elefantiasis, sarna, tiña, pediculosis, urticaria, psoriasis, delirio, locura, hemiplejía, temblores, calambres, epilepsia, convulsiones, cefalea, impotencia, satiriasis, blenorragia, chancro, bubones, dismenorrea, esterilidad, viruela, sarampión, fiebre, sífilis.

4.13 La enfermedad y su curso era pronosticada recurriendo al azar: agarraban granos de maíz sobre un manto y luego interpretaban sus posiciones.

4.14 Recomendaban y aplicaban reglas de higiene personal y pública. Los dientes se limpiaban con miel, cenizas y plantas aromáticas. Tenían un sistema de evacuación de desechos con letrinas en las calles. Limpiaban la vía pública y recogían la basura en sitios especiales.

4.15 En obstetricia la figura principal era la partera. Asistía a la boda de la nueva pareja. La mujer se casaba a los 14 años. Visitaba a la mujer a los 3 y 7 meses de embarazo. Si era necesario realizaba maniobras de colocación del feto. Practicaba baños en el temazcalli. Recurría a la embriotomía en caso de muerte del feto.

4.16- La sangría se hacía con extracción de pequeñas porciones de sangre para untarse en las orejas y adquirir resistencia y en las sienes para los débiles.

4.17 En la medicina azteca se emplearon los baños de vapor para tratar ciertas enfermedades. Ese lugar era denominado termoazcalli y funcionaba con piedras calientes rociadas con sales de mercurio y sulfuro. La piroterapia se empleaba en la sífilis y enfermedades reumáticas.

4.18 Antibioticoterapia: Los médicos aztecas conocieron de las propiedades curativas de ciertos hongos como por ejemplo el que se produce en una tortilla de maíz como manchas al ser sometidas a la humedad. Esas tortillas eran aplicadas para curar afecciones locales.

4.19 Los aztecas construyeron hospitales para soldados y tratar algunos enfermos de la piel que consideraban necesario aislar. Esas construcciones se realizaron en ciudades como Tenochtitlan, Texcoco, Chalupa y Tlaxcalu.

4.20 El herbolario azteca es uno de los primeros en el mundo. En los jardines imperiales se cultivaban plantas medicinales las cuales eran clasificadas y estudiadas. Su redacción se hacía considerando las fases lunares. Los dibujantes detallaban sus características para su identificación en otros lugares.

4.21 Los tratamientos de las enfermedades se hacían con oraciones y drogas provenientes de los reinos vegetales, animales y minerales. Utilizaban cocimientos y maceraciones, cataplasmas, píldoras, polvos, pomadas y tes. Recomendaban para las curaciones purgantes, vomitivos, narcóticos, abortivos y ungüentos. Empleaban carne de víbora, iguanas, lagartijas, agua de col, azufre, sal, tabaco, manzanilla, pimientos, hongos, jugo de tomate, atole de maíz, y otros productos médicos.

0-0-0

Antibioticoterapia: Los médicos aztecas conocieron de las propiedades curativas de ciertos hongos como por ejemplo el que se produce en una tortilla de maíz como manchas al ser sometidas a la humedad. Esas tortillas eran aplicadas para curar afecciones locales.

En la medicina azteca se emplearon los baños de vapor para tratar ciertas enfermedades. Ese lugar era denominado temazcalli y funcionaba con piedras calientes rociadas con sales de mercurio y sulfuro. La piroterapia se empleaba en la sífilis y enfermedades reumáticas.

PREGUNTAS PARA AUTOCONTROL Y REPASO.

1. Hable brevemente sobre la historia de los aztecas.
2. Enumere algunas fuentes de información de la medicina azteca.
3. ¿Por qué podemos afirmar que los aztecas fueron los primeros en tener noción sobre los antibióticos?
4. ¿Qué era el temazcalli?

CAPÍTULO XIX

LA MEDICINA MAYA

1. Reseña histórica.
2. Fuentes de información.
3. Dioses y medicina maya.
4. Desarrollo y características de la medicina maya.

1. Reseña histórica

El alto desarrollo científico y cultural alcanzado por los mayas ha hecho que se les llame los "Griegos de América". Geográficamente la civilización Maya se ubicaba en la península de Yucatán, Guatemala, Honduras y El Salvador.

Tres épocas comprenden la historia de los mayas: Preclásica (hasta el 300 d. C), la Clásica, llamada también Imperio Antiguo (del 300 al 900) y la posclásica o Imperio Nuevo (desde el 900 hasta la llegada de los españoles).

El momento estelar de la cultura maya corresponde a la época clásica. Se construyen las grandes ciudades de Tikal, Copán y Palenque.

En el siglo X los mayas abandonaron sus tierras. Los cambios climáticos y la invasión de los toltecas explican la emigración hacia la parte septentrional de Yucatán.

Sobre la cultura maya nos informan además del Popol Vuh, los monolitos con jeroglíficos. La tablilla de Leyden es uno de ellos (320 d. de C.). También los códices tienen importante información. Solo se conservan tres en la actualidad: El Códice de Oresde, el Códice Tro – cortesiano y el Códice Peresiano. Los códices se hacían de corteza de árbol recubierta con cal. Sobre esa superficie se dibujaba.

El sistema métrico de los mayas era vigesional. Un punto era la unidad, el número cinco se representaba con una línea. Conocían el cero.

Estudiaron el sol, los planetas y los eclipses. El año lo dividían en 360 días. Tenían un calendario solar, uno lunar y otro sacerdotal.

Para los mayas el mundo había pasado por 3 edades y cada una terminaba en una catástrofe.

El cosmos tenía nueve mundos hacia abajo y trece hacia arriba. La tierra era el centro. Se organizaban en ciudades – estado. El jefe de núcleo se llamaba Halac Uinic. El poder se heredaba. El bataboob desempeñaba funciones administrativas, judiciales y militares. Tenían cuatro clases sociales: nobles, campesinos, pueblo y esclavos. Cultivaban el maíz, el cacao y el algodón. El comercio se hacía con trueque. Los mayas alcanzaron grandes logros en la arquitectura, la escultura y la pintura. También fueron buenos orfebres y ceramistas.

2. Fuentes de Información médica

2.1 El Popol – Vuh: escrito en lengua maya – quichí y alfabeto latino. Allí están los mitos mayas sobre la creación del universo y del hombre. Fue traducido al castellano por el jesuita Francisco Ximenez en el siglo XVIII. El hombre, según el Popol – Vuh fue creado sucesivamente de arcilla y madera, pero fue destruido. La versión definitiva fue hecha de maíz.

2.2 El ritual de los Bacabes: Libro que recoge los conocimientos médicos de los mayas. Habla de los días favorables para las curas, de los ritos y tratamientos y las plantas medicinales.

2.3 Los códices Oresde y Madrid: Hablan de diversas enfermedades ligadas al calendario. La diosa Luna (Ixchel) tiene especial mención como patrona de la medicina, del parto y la adivinación.

2.4 Los libros del Chilar Balam hacen referencia a calamidades, curaciones, enfermedades y plantas medicinales.

2.5 El arte, especialmente la escultura y la cerámica.

2.6 La traducción oral.

2.7 La vida y costumbres de los grupos humanos actuales que heredaron el legado cultural maya.

2.8 El museo de la medicina maya, en Chiapas, México, muestra las plantas, animales y minerales empleadas en las curaciones por los médicos mayas. Además, refleja la importancia de las parteras y el efecto mágico religiosos de las luces de las velas en la medicina tradicional, entre otros muchos aspectos.

3. Dioses y medicina maya

3.1 Los mayas eran politeístas. Tenían dioses para todas las ocasiones y circunstancias. Estos dioses tenían una naturaleza dual: mitad hombres, mitad mujeres, mitad viejos, mitad jóvenes, mitad animales, mitad humanos.
Los mayas tenían una concepción dualista de la vida: sobre el hombre influían fuerzas favorables y adversas. En ese sentido eran dialécticos. La luz se contraponía a la oscuridad, la lluvia a la sequía, etc.

3.2 La divinidad suprema era Itzamna señor del cielo, inventor de la escritura y protector de la ciencia.

3.3 Ixchel, esposa de Itzamna, diosa de la luna, junto a Citoboltun fundó la profesión médica.

3.4 Ixpiyacoc e Ixmucane, abuelos de Cabello blanco, hacían curaciones mágicas.

3.5 Ixbalanquí – representaba la medicina mágica.

3.6 Xiquiripat y Cuchumoquic – influían sobre la sangre.

3.7- Ahalgana y Ahalpuh producían hinchazones y el color amarillo.

3.8 Chamiaholom y Chamiabec producían adelgazamiento.

3.9- Xic y Patan producían hematemesis.

3.10 Al Duch – diosa de la muerte.

3.11 Ex – Chel diosa de la preñez.

3.12 Ixtab – dios del suicidio.

4. Desarrollo y características de la medicina maya

4.1 Concepción médica mágico – religiosa. La enfermedad era castigo de los dioses e inevitable. El olvido de una ofrenda a los dioses provocaba la enfermedad. Los hechiceros también podían causar daños.

4.2 Desarrollaron también una medicina empírica. Reconocían las causas naturales de la enfermedad: malos vientos, desequilibrio de los alimentos fríos, calientes, etc.

4.3 La medicina era desempeñada por varios especialistas y enseñada de padres a hijos. El Ah – men (el que entiende) era el sacerdote que se comunicaba con los espíritus. Utilizaba una piedra (zaztún) en donde veía a las personas que causaban el mal.

El brujo hechicero (pul – ya hob) curaba las enfermedades con rito, plantas y animales. Con una figurilla de barro ahuyentaban los espíritus malignos y los malos vientos. Podía convertirse en un animal para causar daño.

Los dzac yahes conocen las yerbas y sus efectos curativos. Son los verdaderos botánicos curanderos.

También había médicos masajistas, los hueseros, las parteras, los santiguadores y los consejeros en caso de conflictos personales.

4.4 En cirugía utilizaban instrumentos de obsidiana y pedernal. Abrían abscesos y hacían agujeros en la nariz y la oreja para colocar piedras y aretes. También colocaban incrustaciones de turquesa en los dientes con fines estéticos. La deformación craneal obedecía a estos mismos principios.

4.5 Gran importancia adjudicaban los mayas a la fertilidad y el sexo. En la ciudad de Uxmal está el palacio llamado Casa del Gobernador, el edificio más majestuoso de América. Allí, frente a su escalerita está un falo que medía tres metros. Cerca de la Casa del Gobernador está el templo de los falos que habla de la importancia que le otorgaban los mayas a ese singular culto.

4.6 Los matrimonios entre consanguíneos eran prohibidos.

4.7 Puede hablarse de un alto desarrollo deportivo entre los mayas y su pueblo influencia positiva sobre la salud. Practicaban un juego de pelotas entre dos equipos. El juego consistía en hacer pasar la pelota por un anillo de piedra sin tocarla con las manos y los pies. Este juego se practicaba cerca de los templos, pues tenía carácter religioso al tratar de representar el movimiento de las estrellas.

4.8 Los mayas sufrieron de muchas enfermedades: fiebres, disneas, diarreas, hemorroides, edemas, cefaleas, etc.

4.9 Para el diagnóstico utilizaban la adivinación con granos de maíz. El enfermo debía confesar sus culpas.

4.10 El tratamiento abarcaba oraciones, ceremonias, ritos, sangrías de la parte afectada y el uso de baños y hierbas. Empleaban tabaco, maíz y otras plantas para tratar las enfermedades.

EL POPOL VUH

El Popol Vuh relata la inexistencia del mundo hasta que el creador y formador decidió generar la vida. La intención era que sus propias creaciones le pudieran hablar y agradecer por la vida. Primero crearon la Tierra, después los animales y, finalmente, los hombres. Éstos fueron inicialmente hechos de barro, pero como el intento fracasó, el Gran creador y formador decidió extraerlos de la madera. No obstante, los nuevos hombres eran altivos, vanidosos y frívolos, por lo que el Gran Padre los aniquiló por medio de un diluvio. Pese a este suceso el creador no desistió y en una última tentativa creó a los hombres a partir de granos de maíz molidos y de los cuerpos de aquellos a cuatro mujeres. Una vez constituidas otras tantas familias, el creador y formador, temeroso de que a sus criaturas pudiera tentarlas la idea de suplantarlos en sabiduría, disminuyó la vista e inteligencia de los ocho.

PREGUNTAS PARA AUTOCONTROL Y REPASO

1. Cite las fuentes de información médica de los mayas.
2. Establezca una relación entre el desarrollo deportivo maya y la salud.
3. Hable de la cirugía maya.
4. Diferencie la medicina empírica maya de la mágico-religiosa.

CAPÍTULO XX

LA MEDICINA EN EL SIGLO XVII

1. Tres corrientes del pensamiento: aristotelismo, galenismo y paracelsismo.
2. Dos filósofos : René Descartes y Francis Bacon.
3. Tres sistemas médicos: iatroquímica, atomismo y iatromecánica.
4. Dos grandes inventos: el termómetro y el microscopio.
5. Un descubrimiento: la circulación de la sangre.
6. Un gran clínico: Thomas Sydeham.
7. Dos teorías en embriología: preformismo y epigenética.
8. Surgimiento de las sociedades científicas.

El siglo XVII está marcado por la iatroquímica , la iatrofísica y el atomismo. Aunque el aristotelismo, el galenismo y el paracelsismo mantienen su influencia, no obstante, la medicina progresa con el invento del microscopio y el termómetro. Este es el siglo del auge del Toque Real (el rey curaba con sólo tocar al enfermo) para tratar la adenopatía cervical tuberculosa o escrófula, pero también del descubrimiento de la circulación de la sangre, el cual significó un gran paso para entender los secretos del funcionamiento de los organismos vivos.

1. Tres corrientes del pensamiento.

Durante el siglo XVII tres corrientes del pensamiento influyeron sobre el desarrollo de la medicina: el aristotelismo, el galenismo y el paracelsismo.

1.1. Aristotelismo. Aristóteles (484 -322) fue un filósofo con formación médica, por eso dijo que el filósofo debería comenzar por estudiar medicina y el médico debería terminar por estudiar filosofía. Fue el primero en hablar de las categorías: sustancia, cantidad, cualidad, espacio, tiempo, etc. En su teoría del conocimiento explica que el saber se adquiere a través de las sensaciones, la experiencia, la técnica o el arte y la sabiduría. Estableció los fundamentos de la lógica: el juicio, el silogismo, la inducción y la definición.

Su método experimental para investigar los fenómenos de la naturaleza incluyendo los relacionados con la biología y la medicina parte de los siguientes principios: 1-Observación. 2-Comparación en los distintos animales. 3-Razonamiento. 4-Exposición y crítica de las ideas de los demás. 5-Fin de la naturaleza, la cual siempre persigue el bien (teleología).

La teleología está ligada al pampsiquismo (toda la naturaleza posee vida y psique) y al hilozoísmo (la vida y la sensibilidad son inherentes a todas las cosas de la naturaleza). La teleología intenta explicar la interconexión universal, la regularidad de todos los fenómenos de la naturaleza. Aristóteles consideraba que cada cosa tiene su predestinación, su fin, su alma, su entelequia. Todos los fines de la naturaleza se subordinan a un fin superior (Dios).

La teleología se usó para explicar los fenómenos biológicos y por lo tanto también médicos. La teoría evolutiva de Darwin explicó racionalmente la finalidad relativa de los seres vivos como proceso de adaptación al medio circundante.

1.2. Galenismo. Las ideas de Galeno (129-199) influyeron sobre la medicina de los siglos posteriores con sus aciertos y errores, especialmente en el campo de la anatomía.

1.3 Paracelsismo. Paracelso (1493-1541) aplicó en sus investigaciones la observación y el experimento. Fue un hipocrático inconsecuente: habló de su método, pero no lo aplicó. Recurrió a la astronomía para explicar las enfermedades y las trató con preparados químicos lo que dio fundamento para el advenimiento de la iatroquímica.

2. Dos filósofos y sus doctrinas: René Descartes y Francis Bacon.

2.1. René Descartes (1596-1650) .Además de matemático y filósofo fue fisiólogo. Creó la geometría analítica, habló de la relatividad del movimiento y el reposo. Expuso sus ideas sobre el desarrollo natural del sistema solar, aunque fue mecanicista y dualista porque aceptaba la materia, pero creada por Dios .El alma y el cuerpo interaccionan a través de la glándula pineal. Hizo las primeras descripciones del acto reflejo con un esquema de reacciones motoras. Descartes pensaba que la finalidad del saber radica en dominar las fuerzas de la naturaleza, descubrir e inventar recursos técnicos y conocer las causas y efectos de los fenómenos naturales .Para eso debemos dudar de todo lo existente: "Pienso, luego existo". Las concepciones materialistas de Descartes influyeron sobre las otras ciencias como la medicina por su fisiología y su método mecanicista antirreligiosos.

2.2. Francis Bacon. (1561-1626). Bacon nació el 22 de enero de 1561 en York House, Londres. Sus padres pertenecían a la nobleza inglesa. Estudió leyes en el Trinity College de Cambridge. En 1576 desempeñó el cargo de agregado del embajador. En 1579 muere su padre, pero no recibió herencia por ser el hijo octavo. Desde 1582 trabajó como abogado en los tribunales. En 1584 se inició como miembro del parlamento. Se hizo amigo y luego fue consejero del Conde de Essex, quien le regaló una finca. El conde, luego de ser gobernador de Irlanda, es acusado de traición a la Reina Isabel; y Bacon es el acusador. El conde es ejecutado y este episodio figura como una mácula en la biografía de Bacon por traicionar la amistad.

En 1618 recibe el título de Barón de Verolam y en 1621 el de Vizconde de San Abano. Acusado de prevaricación es encarcelado. Pierde todos sus cargos. En 1624 es perdonado por el rey. Hasta su muerte estudió y escribió nuevas obras.

Francis Bacon es el introductor del método experimental en las ciencias, el que opuso a la escolástica. El método de Bacon influyó profundamente en el desarrollo de la medicina porque permitía el estudio del cuerpo humano.

Aunque Bacon no tuvo formación médica, muchos autores lo consideran un filósofo – médico por cuanto estudió una serie de problemas relacionados con la medicina: Bacon analizó la relación entre el alma y el cuerpo; pero entendía por alma la posibilidad psíquico – emocional. El cuerpo humano se puede ver desde el punto de vista médico, de la cosmética, el atletismo y la ciencia del placer. La medicina la dividió en tres partes: 1- Para el mantenimiento de la salud. 2- Para la curación de la enfermedad; y 3- Para prolongar la vida.

Frases de Bacon relacionadas con la medicina:

1.- "La medicina es una de las artes más nobles. Si el sol es el creador y fuente de toda vida existente en la naturaleza, el médico cuando mantiene y conserva la vida se convierte en una segunda fuente de vida".

2.- Del organismo humano dijo que entre todos los creados por la naturaleza, era el más amplio y diverso.

3.- La medicina que no se fundamente en la filosofía no puede ser segura.

4.- No hay enfermedad que no pueda ser evitada con los ejercicios físicos.

5.- Los científicos – médicos no han estudiado suficientemente la relación entre los órganos y el organismo en general y su forma y estructura.

6.- La salud y la longevidad dependen del medio ambiente.

7.- El desgaste del organismo depende de la acción del espíritu vital congénito y del medio ambiente.

Una relación más estrecha de Bacon con la medicina la establece Engels cuando afirma que el filósofo inglés preconizaba el manejo de su nuevo método empírico, inductivo, para lograr prolongar la vida, rejuvenecer hasta cierto punto, cambiar la estatura y los rasgos fisonómicos, convertir unos cuerpos en otros y crear nuevas especies. Bacon era un verdadero adelantado de las ciencias médicas.

Bacon clasificó las ciencias según la memoria, la imaginación y el entendimiento. La historia natural y civil son materias pertenecientes a la memoria. La poesía es objeto de la imaginación, mientras que la filosofía, las matemáticas y las ciencias naturales son esferas del entendimiento.

El estudio del individuo es la fisiología cuando se refiere al cuerpo y la psicología cuando se trata del alma.

Bacon no se detenía ante las circunstancias para realizar sus investigaciones científicas. Quiso comprobar que el frío conservaba los alimentos y un día nevado llenó con nieve una gallina. Se resfrió y murió el 9 de abril de 1626.

Los ídolos o errores en el proceso de adquisición de conocimientos

La creación del nuevo método de las ciencias experimentales debía ser precedido por una crítica de los obstáculos que aparecen en el proceso del conocimiento.

Bacon partía de la idea según la cual la inteligencia no es un espejo, sino que refleja la luz perfectamente. Más bien es un espejo áspero, donde la luz se desvía de acuerdo a su forma. Así es la razón sometida a la acción de las cosas, a través de los sentidos. Elabora ideas y conceptos, pero nos da su naturaleza con la naturaleza de las cosas. La inteligencia es un espejo encantado lleno de visiones fantásticas que engañan. Los ídolos son errores o desviaciones de la inteligencia humana. Su influencia cambia la apreciación del intelecto.

Los ídolos son según Bacon cuatro: de la tribu, de la caverna, del foro y del teatro. A continuación, los mencionamos junto a su relación con la medicina:

Los ídolos de la tribu

Son los errores provenientes de las inclinaciones del intelecto humano. La razón y los sentidos pueden equivocarse. Interpretamos los fenómenos de la naturaleza antropomórficamente. Nos imaginamos a Dios a nuestra imagen y semejanza (orientación oficial). De allí la magia, la mitología y la religión. La observación de los astros y su influencia natural sobre el clima es trasladada hasta el hombre y su destino. Así nace la astrología y la concepción mágico-religiosa de la salud: la enfermedad es disposición divina.

Ídolos de la caverna

El individuo tiene una educación peculiar (prejuicio personal) y unas costumbres que le son propias. De allí que ve el mundo desde un punto de vista, desde su caverna. Para el médico es importante saber que piensa el paciente de su propia enfermedad, determinar cuál es su caverna sobre el mal que padece.

Los ídolos del foro

Se deben al uso inapropiado del lenguaje. Cuando decimos salió el sol (opinión popular), somos geocéntricos sin advertirlos. Es decir, apoyamos la idea de que la tierra es el centro y el sol gira alrededor de ella. Entre el pueblo las enfermedades pueden tener muchos nombres que conllevan a la confusión.

Los ídolos del teatro

Hay tantas corrientes filosóficas como obras de teatro. La crítica apasionada de cada idea puede ser útil para discernir el valor de cada una. La aceptación acrítica de las ideas (autoridad aceptada) de Aristóteles, Hipócrates y Paracelso, por ejemplo, implicó la repetición de muchos errores.

OBRAS

Ensayos (1597), que representan un conjunto de artículos sobre los temas más variados. Sabiduría de los antiguos (1609); Nueva Atlántida (1614 – 1617), donde plantea sus ideales aplicados a la nueva sociedad; Nuevo órgano (1620), obra en la cual explica la ordenación metódica de las ciencias de acuerdo a la nueva filosofía experimental. Según Bacon el filósofo es como una abeja que recopila material para transformarlo luego en poder propio. El razonamiento empieza con las cosas particulares, de allí pasa a las menores, luego a los medianos y remata con los generales. Sylva Sylvarum (1627) ,materiales para la filosofía natural.

3.Tres sistemas médicos.

Los sistemas médicos que florecieron durante el siglo XVII fueron la iatroquímica, el atomismo y la iatrofísica.
3.1.La iatroquímica: es la unión de la alquimia, la medicina y la química realizada por los seguidores de Paracelso. Sus máximos representantes fueron Jan Baptista Van Helmont y Franz de le Boe (Franciscus Sylvius).

3.1.1. Jan Baptista Van Helmont (1577-1644): Químico, fisiólogo y médico belga (Bruselas) que reconoció la existencia de gases discretos e identificó el dióxido de carbono. Puede considerarse a Van Helmont como puente entre la alquimia y la química. Aunque con inclinaciones místicas y creyente en la piedra filosofal, fue un observador cuidadoso y un experimentador exacto. Utilizó métodos experimentales y recurrió a la cuantificación, determinó el peso específico de la orina y les asignó papel importante a los fermentos en los procesos fisiológicos .Dijo que la enfermedad es una entidad exterior con respecto al organismo y las trató con preparados químicos. Van Helmont fue el primero en reconocer la existencia de gases distintos del aire atmosférico. Inventó la palabra "gas" (del griego caos) y se dio cuenta que el Spiritu silvestre (dióxido de carbono) que se libera al quemar carbón era el mismo producido durante la fermentación del mosto, o jugo de uva. Consideró al agua como principal, si no el único, constituyente de la materia y "probó" su idea cultivando un árbol con una cantidad medida de tierra. Adicionando solo agua, durante un período de cinco años el árbol aumentó su peso en 75 kilogramos mientras el suelo disminuyó solo unos gramos. Fue el primero en aplicar principios químicos en sus investigaciones sobre la digestión y la nutrición para el estudio de problemas fisiológicos. Por esto se le conoce como el "padre de la bioquímica". Sus obras completas se publicaron en 1648.

3.1.2. Franz De Le Boe (Franciscus Sylvius .1614-1672) Nació en Alemania. Estudió en su tierra natal, Holanda y Paris y, por último, regresó a Holanda para radicarse en Leiden. Escribió una obra anatómica que dejó su nombre asociado a la cisura lateral del cerebro. Después de trabajar como médico práctico , aceptó una cátedra de medicina en Leiden. Allí Sylvius puso el hospital al servicio de la enseñanza. Depuró a la iatroquímica de Van Helmont de los elementos metafísicos como el archeus. Pensaba que el proceso fundamental del organismo viviente era la fermentación, cuyos productos finales eran los ácidos y álcalis. Creía que lo normal consistía en un equilibrio de estas substancias. La enfermedad es la perturbación de ese equilibrio. Su doctrina médica consiste en practicar la observación directa y recurrir a la experiencia propia. Innovó la enseñanza médica utilizando el laboratorio como elemento auxiliar y dictando lecciones en el lecho del paciente.

3.2. El atomismo: es la doctrina proveniente de la Grecia Antigua con Demócrito de Abdera y Leucipo de Mileto (siglo V a de C). La idea central consiste en considerar a los átomos como las partículas más pequeñas de la materia, los cuales son infinitos y se encuentran en movimiento constante. Epicuro (siglo III a de C) aplicó el atomismo a la ética, Tito Lucrecia Caro en su libro De Rerum natura trató ampliamente la doctrina, y Robert Boyle en el siglo XVII la llevó a teoría científica.

3.2.1 Robert Boyle(1627-1691) fue un químico, físico y filósofo británico que sentó las bases en el desarrollo de la ciencia química con sus estudios sobre las propiedades de los gases y la naturaleza atómica a corpuscular de la materia. Descubrió la hoy llamada Ley de Boyle, según la cual, en condiciones de temperatura constante, el volumen de un gas es inversamente proporcional a su presión. Boyle practicó la medicina como aficionado, estudió la materia y los cuerpos a través del análisis químico, esto le permitió descubrir nuevos elementos. Pensaba que la materia primaria era el agua. Analizó detalladamente el efecto farmacológico de los medicamentos y estudió sus propiedades específicas. Según su teoría corpuscular se deben emplear medicamentos sencillos. Probó que la combustión de una vela y la vida de un animal dependían del aire. Publicó los siguientes trabajos: "Sobre la compatibilidad de los medicamentos específicos con la filosofía corpuscular", "Tratado de las ventajas del uso de los medicamentos sencillos".

3.3. La iatrofísica o iatromecánica: según esta doctrina el cuerpo humano funciona como una máquina. Las investigaciones de Galileo Galilei influyeron para establecer la iatrofísica. Médicos como Borelli, Balvi y Santoro se cuentan entre los seguidores de esta nueva tendencia médica.

3.3.1. Galileo Galilei (1564-1642). Su padre quería que fuera médico e inició esos estudios en la Universidad de Pisa, pero los abandonó pronto para continuar la carrera de las matemáticas en Florencia. Inventó el telescopio, trabajó con diferentes instrumentos como microscopios y pulsímetros. Galileo realizó una serie de experimentos que reforzaban la concepción mecanicista del mundo. Separó la religión de la ciencia y sus ideas sobre la matemática y mecánica sirvieron para emplearlas para los estudios en la circulación de la sangre, la respiración y la digestión.

3.3.2. Giovanni Alfonso Borelli (1608-1679). Recibió la influencia de Galileo. Fue matemático, físico y fisiólogo. Describió los movimientos de los animales, pero específicamente el de sus músculos. Interpretó sus observaciones desde el punto de vista de las leyes de la mecánica. Estudió el trabajo mecánico del corazón y de los pulmones. Dijo que la respiración es una acción mecánica con la participación del tórax y los músculos intercostales. La digestión no es un proceso fermentativo, como decían los iatroquímicos, sino un fenómeno mecánico. La sangre presiona al estómago, se produce la secreción y los alimentos se convierten en papilla .En consecuencia con esas ideas Borelli interpreta la enfermedad como alteración en el movimiento de los humores.

3.3.3. Giorgio Baglivi (1668-1707)

Nació en Ragusa (Dubrovnik), el 8 de Septiembre de 1668. Su nombre originario era Biaglio di Giorgio Armeno. En la infancia perdió a sus padres y quedó bajo el cuido de un tío. Pero el tío murió al poco tiempo. Entonces una mujer campesina que había sido criada de la familia, asumió su crianza.

Cuando Giorgio tenía quince años, fue a la escuela de Jesuit de Lecce, por petición de un médico, el Dr. Pietro Angeli Baglivi que no tenía ningún hijo; lo adoptó y le dio su nombre, enseñándole los aspectos elementales de la medicina, y proporcionándole su educación en la universidad de Jesuit de Dubrovnik y la universidad de Georgius.Baglivi comenzó su práctica médica con su padre adoptivo en Lecce. Trabajó en distintos hospitales europeos. Estudió con Malpighi. Malpighi murió en 1694 y su autopsia la hizo Baglivi. Luego este se convirtió en profesor de anatomía por un espacio de 5 años y después profesor de medicina teórica. Baglivi fue maestro de la clínica italiana, miembro distinguido de la escuela iatromecánica, principio en el que consideraba que el organismo era una especie de caja de herramientas:

"[...] máquinas trituradoras en los huesos maxilares y los dientes, un recipiente en los ventrículos, tubos hidráulicos en las venas, arterias y otros vasos, un pistón en el corazón, un filtro o múltiples orificios separados en las vísceras, un par de fuelles en los pulmones, el poder de una palanca en los músculos, poleas en los extremos de los ojos, y así sucesivamente... Los efectos naturales de un cuerpo animado no pueden explicarse en forma más clara y con mayor facilidad que con los principios matemáticos experimentales con los que se expresaba la naturaleza."

Fue un talentoso clínico al punto de ser llamado el *Sydenham italiano*. Escribió en su famoso libro De praxi Médica que *"ojalá los médicos vuelvan a la razón, despierten al fin de su sueño profundo y vean cuan diferente es la antigua y viril medicina griega de la especulativa e indecisa de los modernos"*. Sintetizó su pensamiento clínico en la siguiente frase: *"Sepan los jóvenes que nunca encontrarán un libro más docto e instructivo que el enfermo mismo"*. Muere en Roma, Italia El 15 de junio de 1707.

3.3.4. Santorio Santorio (1561-1636) .Aplicó por primera vez el termómetro en la práctica médica. Recibió su título de médico en la universidad de Padua. Trabajó en Polonia en la corte .Fue profesor de medicina teórica en Padua .En 1614 publicó el libro "Ars de statica medicina" en forma de aforismos. Supuso que la respiración se realizaba, además de los pulmones, también por la piel. Cuantificó con una balanza la bebida, la comida y el aire consumido por una persona diariamente en movimiento y en reposo.

Construyó un pulsímetro y un girómetro.   Publicó en total siete obras médicas.

4. Dos grandes inventos: El termómetro y el microscopio.

4.1. El termómetro. Hipócrates valoró la temperatura corporal pero no pudo medirla. En 1592 Galileo construyó el primer termómetro sin aplicación en la práctica médica, labor que desarrolló Santorio. Christian Huygens en 1665 ideó el sistema centígrado para medir la temperatura, utilizando el agua. En 1717 Gabriel Fahrenheit propuso el mercurio como elemento referencial para medir la temperatura. Hermann Boerhaave(Holanda) y Van Swieten(Viena) emplearon por primera vez de manera sistemática el termómetro en la práctica médica. Anders Celsius (astrónomo sueco) propuso en 1742 la escala centígrada para usarla en medicina. Kart Wunderlich demostró que la fiebre es un síntoma de muchas enfermedades. En 1852 Aitkin redujo el tamaño del termómetro para su uso práctico y en 1870 Thomas Clifford propuso el modelo de termómetro que utilizamos en nuestros días.

4.2. El microscopio. El holandés Zacharias Jansen combinó varios lentes para aumentar el poder de observación. Francisco Stelluli publicó un tratado en 1665 en Roma sobre sus observaciones de las abejas con lentes. En 1655 Pierre Borel notificó sus observaciones con lupas de gusanos en paciente con fiebre. Leeuwenhoek perfeccionó el microscopio y Malpighi aplicó ese instrumento en biología.

4.2.1. Antonio Van Leeuwenhoek (Holanda-1632-1723) .Perfeccionó el microscopio y lo utilizó sistemáticamente. Autodidacta, ignorante del latín y del griego y de los textos clásicos. Era curioso y de mente abierta. Él fue el primero en   observar bacterias y protozoarios. Sus investigaciones con animales microscópicos refutaron la doctrina de la generación espontánea, y sus observaciones colocaron las bases de la bacteriología. Antonio Van Leeuwenhoek era el hijo de Philips Thoniszoon, un fabricante, y Margriet Jacobsdochter van den Berch, proveniente de una familia de cerveceros. Él tomó su apellido - "esquina de Lions" - de la casa de la esquina cerca del Leeuwenpoort - "puerta de Lions" en Delf. Cuando su padre murió en una edad temprana, en 1638, a los catorce años Antonio Leeuwenhoek fue enviado a la escuela de Warmond, una aldea cerca de Leiden. Por cierto, tiempo él vivió luego en Benthuizen con un tío que le dio una formación en matemáticas y física básica. Cuando su tío murió en 1648, Leeuwenhoek, ahora con 16 años, viajó a Ámsterdam para aprender un oficio. La vida científica de Leeuwenhoek comenzó cerca de 1671. En aquella época, desarrollando la idea de los cristales usados para examinar la calidad del paño, construyó su primer microscopio simple o de lupas. Leeuwenhoek hizo su descubrimiento más importante de su carrera científica en 1674, cuando reconoció la naturaleza verdadera de microorganismos. Él comenzó a observar bacterias y protozoarios, sus "animálculos muy pequeños," que él podía aislar de diversas fuentes, tales como agua de lluvia, charcas y la boca y el intestino humanos. Concluyó que los objetos móviles que él vio a través de su microscopio eran pequeños animales. Él registró estas observaciones en su diario, y dos años más tarde, en una carta que envió en 1676 a la Sociedad Real donde causaron una sensación. Leeuwenhoek describió posteriormente, en cerca de treinta cartas a la Sociedad Real, muchas formas específicas de microorganismos, incluyendo bacterias, protozoarios y el espermatozoide. La investigación de Leeuwenhoek sobre la vida de varias formas pequeñas de animales estaban en oposición con la doctrina de la generación espontánea. Así, en 1680 él notó que la levadura consiste en partículas globulares minúsculas y que los gorgojos de graneros son realmente los huevos depositados por los insectos con alas. Él descubrió "animálculos" hasta en sus propios dientes. Puesto que él creyó que todas las formas vivas son funcionalmente similares unas a otras, también hizo investigaciones extensas de la reproducción en plantas. En una carta de 1685, él dibujó sus estudios de las semillas de angiospermas para explicar su teoría de la reproducción de la planta.

4.2.2. Marcelo Malpighi (1628-1694) Nació en Crevalcuore, cerca de Bolonia, el 10 de Marzo de 1628. Hizo sus estudios en la Universidad de Bolonia, donde cursó Medicina y Filosofía, graduándose de médico a los 25 años de edad. Tres años más tarde es nombrado Profesor Auxiliar de Anatomía, pero meses más tarde se traslada a Pisa donde se establece como Profesor de Medicina durante cuatro años. Transcurrido este tiempo, aceptó el cargo de Profesor en Messina, donde nuevamente trabaja en la Cátedra por otros cuatro años, para regresar a su ciudad natal y establecerse aquí durante los 25 años siguientes de su vida. Malpighi es considerado el padre de la Histología, ya que tenía gran capacidad de observación sometiendo a estudios microscópicos insectos, plantas, tejidos animales, embriones y órganos humanos. Su mayor contribución fue la observación de los capilares, comunicaciones arteria-venosas del pulmón y ramificaciones bronquiales. Este descubrimiento realizado después de inyectar tinta en la arteria pulmonar cuatro años después de la muerte de Harvey, influyó en una teoría de la respiración y motivó al siguiente comentario: "Harvey hizo de la existencia del capilar una necesidad lógica, Malpighi una certeza histológica".

Trabajó en la estructura del riñón, hígado y bazo, observando el ovillo glomerular y los folículos esplénicos que llevan su nombre.

Investigó la anatomía cerebral, observando los tramos medulares y sus conexiones al cerebro y cerebelo. De estos estudios concluyó entusiasmado por la estructura glandular que investigaba con pasión que: "El cerebro era de naturaleza glandular y secretor de espíritus vitales". Observó los eritrocitos circulantes describiéndolos como:

"Glóbulos de grasa que se asemejan a un rosario de coral". Descubrió el rol de las papilas linguales y cutáneas, y la capa más profunda de la piel que lleva su nombre. Como sus contemporáneos, estudió cuidadosamente los insectos, destacándose sus descripciones del gusano de seda, donde detalló el aparato secretor de la seda y el órgano ovipositor. Incursionó en la Embriología, observando los arcos aórticos, crestas neurales, vesículas ópticas y cerebrales. Ejerció la Medicina siendo muy querido por sus pacientes. Se dice que era un hombre justo, apacible y de rica sensibilidad a lo que se le atribuye la frase: "Las leyes del universo, siempre están del lado del observador más sensible". Marcelo Malpighi fallece en Roma a los 66 años de edad, el 30 de Noviembre de 1694.

5. Un descubrimiento: La circulación de la sangre.

Inglaterra fue la cuna de Williams Harvey, médico que nació el 1 de abril de 1578 en Folkestone, Kent. Se graduó en artes en el Gonville College de la universidad de Cambridge, en 1597. Luego de estudiar en Cambridge sus padres lo enviaron a Italia, donde estudió durante cinco años en la escuela de medicina de Padua con el famoso anatomista Fabricio que estudiaba las válvulas de las venas. Al doctorarse en medicina en el año 1602 regresó a Inglaterra y ejerció su profesión en la zona de Londres; fue elegido miembro del colegio de médicos en 1607. Se interesa por dilucidar ciertos aspectos sobre la circulación sanguínea cuestionándose el significado de las contracciones del corazón y el paso de la sangre por ese órgano al igual que por la comprensión global del proceso. Reflexiona sobre las implicaciones que estos aspectos tienen para la medicina y la biología en general. Fue reconocido como uno de los doctores más ilustres de Inglaterra, nombrado médico extraordinario del rey Jacobo I .Presentó formalmente sus hallazgos en 1628, año en que fue publicada su obra Ensayo anatómico sobre el movimiento del corazón y la sangre en los animales, en el que expone sus teorías.

En su trabajo como embriólogo determina la existencia de dos tipos de generación que denomina epigénesis y metamorfosis. Muere el 03 de junio de 1657. Su aporte en fisiología es complementado por el anatomista italiano Marcelo Malpighi. Las ideas de Galeno explicaban la circulación de la sangre de esta manera: los alimentos son transformados en el hígado en sangre. Luego ésta se desplaza por los vasos, llega a la cámara derecha del corazón, pasa a la izquierda por el septum y luego a todo el organismo. La sangre se enriquece con un espíritu en el hígado, el corazón y el cerebro. Harvey demostró que la sangre es impulsada por el corazón a través de las arterias y luego se regresa por las venas para continuar su movimiento como en un círculo por todo el organismo .A esta conclusión llegó después de seccionar más de 80 especies de animales.

6.Un gran clínico: Thomas Sydenham (1624-1689)

Los progresos en la observación clínica se le deben al médico práctico inglés Thomas Sydenham. Y así la clínica se enriqueció con una de las ideas más importantes de la medicina: el concepto ontológico de enfermedad. Sydenham ha sido llamado el *Hipócrates inglés*, el *Hipócrates de su siglo*. No fue un erudito ni un escritor fecundo, fue un médico práctico. Y los médicos prácticos de entonces eran argumento para las piezas teatrales satíricas de Moliere. Recordemos el Médico a palos .Por otro lado, los progresos en la anatomía y fisiología aún no se traducían en avances de la clínica.

Sydenham era hijo de un terrateniente. Nació en 1624 y vivió hasta 1689. Comenzó sus estudios en Oxford, estudios que abandonó cuando estalló la guerra entre Carlos I, protector de Harvey, y Cromwell para alistarse en el ejército de los puritanos. Sydenham regresó a Oxford a estudiar medicina, lo que hizo con dificultad pues había olvidado casi totalmente el latín. A los 24 años de edad era bachiller en medicina, pero la guerra volvió a estallar y Sydenham de nuevo se incorporó al ejército del parlamento. Sydenham se instaló como médico en Londres, en Westminster, con una formación deficiente y sin mayor entusiasmo se presentó de candidato al parlamento. No tuvo éxito y entonces reconsideró la carrera de medicina. Se fue a Montpellier a completar su formación, y de allí regresó a Londres a los 37 años de edad para dedicarse a los pacientes. Pero aún no tenía la aprobación del *Royal College of Physicians* para ejercer la profesión. Obtuvo la licencia. Sólo 16 años más tarde se doctoraría en Cambridge.

Sydenham se dedicó por entero a los enfermos. Su interés se centró en qué eran las enfermedades, y para ello consideró necesaria la observación clínica desde la aparición de los síntomas hasta su desaparición, es decir, el conocimiento del curso natural de la enfermedad. Al aceptar la existencia de entidades morbosas, había que reconocer qué síntomas eran propios de tales, y qué síntomas eran atribuibles a peculiaridades del individuo enfermo. Y para lograr tal propósito había que ser muy buen observador, muy buen clínico. Así nació el concepto ontológico de enfermedad como entidad morbosa abstracta pero abstraída de la observación real de los pacientes. Entidades, por lo tanto, que pueden estudiarse en los libros. Y la importancia de reconocer estas entidades estaba en la posibilidad de mejorar el tratamiento en lo posible con uno específico. Describió el cuadro clínico de la gota, de la que él mismo padecía, y de diversas enfermedades epidémicas, así, de la viruela, disentería, sarampión, sífilis y de la corea menor, que también lleva su nombre. Además, hizo aportes en la terapéutica: introdujo el hierro en el tratamiento de la anemia, utilizó la quina en el paludismo e ideó varios derivados opiáceos como el láudano que lleva su nombre. Así, con la guía del concepto de Sydenham, empezaron a estudiarse diferentes enfermedades tratando de delimitar los cuadros clínicos y cursos naturales propios.Sydenham era humoralista, pero su concepción no partía de los humores galénicos sino de ideas modernas, de ideas de avanzada, era, por lo tanto, un avanzado para su tiempo.

7. Dos teorías en embriología: Preformismo y epigenética

7.1. Preformismo. Se correspondía con el concepto mecanicista del mundo en boga. La idea central dice que en el germen se encuentra ya formado el homúnculo con las propiedades y los caracteres del organismo adulto.

7.2. Epigenética. Concibe el organismo como una nueva formación que se desarrolla gradualmente hasta llegar a su estado de embrión maduro. William Harvey defendió esta teoría.

8. Surgimiento de las sociedades científicas:

Las sociedades científicas sirvieron para ventilar los problemas de la ciencia en general y particularmente los referentes a la medicina. En Roma apareció la Academia de Lincei como grupo de discusión. Incluyó entre sus miembros a Galileo. En 1667 publicó su primer trabajo sobre cuestiones experimentales la Academia del Cimento en Florencia. La Academia de Ciencias de París se fundó para reunir a los más notables científicos .La Royal Society de Inglaterra se organizó bajo la égida de la corona. En Inglaterra también se fundó un Colegio de Médicos para controlar la profesión, el curanderismo y las farmacias.

0-0-0

Es probable que Sydenham le haya sugerido a un joven alumno que leyese El Ingenioso Hidalgo Don Quijote de la Mancha debido a que los médicos del siglo XVII tenían un interés especial en entender sus propias vidas. Tal comprensión, considero, podría servir como puente entre los dolores de sus pacientes, lo que los propios médicos percibían acerca de sí mismos y la lectura que hacían de las afecciones de los enfermos –la empatía, aunque difícil enseñarla, es el alma de la medicina. La literatura y la medicina combinadas podrían servir para entender la "realidad como tal". La "realidad como tal" corresponde a los daños producidos por la patología, o, a las lecturas que de la vida hacen la literatura y otras artes a partir de la enfermedad. (Arnoldo Graus)

La víctima marcha a la cama y duerme con buena salud. Aproximadamente a las dos de la mañana un dolor muy intenso lo despierta; infrecuentemente el dolor es en el tobillo, en el talón o en el empeine. El dolor es semejante al de una dislocación y el dolor en las partes afectadas se percibe como si agua fría se vertiese en ellas. Aparecen después escalofríos y temblores y un poco de fiebre. El dolor, que en un principio era moderado se intensifica poco a poco... Después de un tiempo llega a su acmé... Sigue un violento estiramiento de los ligamentos acompañado de un retortijón... El dolor es vívido y exquisito. La parte afectada no aguanta el peso de las sábanas ni tampoco la vibración de una persona caminando en el cuarto. La noche transcurre como si fuese una tortura, sin dormir... cambiando perpetuamente la postura. El movimiento del cuerpo es incesante al igual que el dolor de la articulación torturada... Los esfuerzos para mitigar el dolor son vanos... (Descripción de la gota, por Sydenham)

PREGUNTAS DE AUTOCONTROL Y REPASO

1. Hable sobre la revolución realizada por Descartes y Bacon en el pensamiento científico.
2. Enumere los sistemas médicos del siglo XVII.
3. ¿Qué significado tuvo el invento del microscopio para el desarrollo de la medicina?
4. Hable de Harvey y su descubrimiento.
5. Por qué Sydenham fue llamado el Hipócrates inglés?
6. ¿Qué era el preformismo?

CAPÍTULO XXI

LA MEDICINA EN EL SIGLO XVIII

1. Un filósofo: Godofredo Leibniz.

2. Dos sistemas filosóficos: el vitalismo y el mecanicismo.

3. Un nuevo método: la percusión.

4. Un invento: la vacuna.

5. El desarrollo de la fisiología.

6. El desarrollo de la anatomía.

7. La cirugía se hace ciencia.

8. El desarrollo de la cardiología.

9. Surgimiento de la psiquiatría moderna.

10. La salud pública.

11. Derrota de la generación espontánea.

12. Clasificación de las enfermedades.

13. Pseudociencias.

14. Un gran instructor clínico.

15. Otros destacados médicos.

Durante el siglo XVIII, aunque se mantienen los viejos métodos curativos como las ventosas, las sangrías y los purgantes, pero se avanza significativamente en varias especialidades como la anatomía y la fisiología. El vitalismo y el mecanicismo mantienen su vigencia no obstante se realizan grandes aportes como la percusión y la vacuna. Por otro lado, el panorama se aclara en la discusión sobre el origen de la vida con la derrota de la teoría de la generación espontánea.

1. Un filósofo: Godofredo Leibniz (1646-1716)

Cada siglo lleva la impronta de una filosofía, la cual se refleja en el desarrollo de las ciencias y las artes. El siglo XVIII se asocia al filósofo alemán Godofredo Guillermo Leibniz, quien además fue político, historiador, jurista, pedagogo y viajero. Desarrolló el cálculo diferencial, introdujo los términos "función", "coordenadas" y "algoritmo" en las matemáticas. Defendió el vitalismo y resumió esa doctrina en la frase "una fuerza vital gobierna los organismos vivos".

2. Dos sistemas médico-filosóficos: el vitalismo y el mecanicismo.

2.1. El vitalismo: Según esta teoría todos los procesos de la actividad vital se deben a factores inmateriales que se encuentran en los organismos vivos. La actividad vital no está ligada a las leyes fisicoquímicas y biológicas. Los médicos representantes de esta corriente fueron: Stahl, Bordeau y Barthez.

2.1.1. George Ernest Stahl (1660-1734): Médico y químico alemán fundador del animismo vitalista, según el cual existe un alma que regula la salud del cuerpo. Inventó la teoría del flogisto o principio que se suponía formaba parte de los cuerpos y se desprendía durante la combustión.

2.1.2. Théophile De Bordeau (1722-1776): Su vitalismo consiste en considerar el estómago, el corazón y el cerebro como órganos que segregan sustancias determinantes del estado de salud (principio endocrinológico). En 1775 escribió: "Cada órgano sirve como el taller para la preparación de una sustancia específica que entra en la sangre; esas sustancias son útiles al organismo y necesarias para mantener su integridad". Bordeau a través del vitalismo llega a conclusiones médicas correctas: a) Los trastornos en la producción de esas sustancias provocan enfermedades, b) los síntomas que siguen a la castración son producidos por la falta de sustancias humorales.

2.1.3. Paul Barthez (1734-1806): Publicó el libro "Nuevos elementos de la ciencia del hombre". El principio vital, según él, se manifiesta en biología a través de la sensibilidad y contractilidad. Los órganos tienen la capacidad de recuperar su posición, si la pierden, y en la enfermedad manifiestan tendencia a curarse.

2.2. Mecanicismo: Los representantes fueron Hoffmann y La Mettrie.

2.2.1. Friedrich Hoffmann (1660-1742): De acuerdo a su sistema la fibra es la unidad elemental del organismo y su propiedad fundamental es el tono. El éter nervioso, proveniente del cerebro, controla el tono. La regulación correcta del tono se refleja en la salud.

2.2.2. Julien de la Mettrie (1709-1775): Filósofo y médico francés. Estudió en la Facultad de Medicina de París. Luchó contra la escolástica medieval que aun imperaba en las ciencias y la filosofía. Estudió el desarrollo de la enfermedad y publicó sus observaciones en el libro "Historia natural del alma" (1745), en el cual explica que la actividad espiritual está determinada por las peculiaridades del organismo. En su obra "El hombre-máquina" (1747) sugiere el estudio de los procesos vitales con experimentos y aborda la fisiología desde las trincheras del materialismo, teniendo en cuenta que las personas somos máquinas o construcciones. En "El hombre-máquina" escribió: "No cabe duda de que no yerro al afirmar que el cuerpo humano es un reloj, pero un reloj admirable, compuesto con tanto arte y habilidad que cuando la rueda de los segundos se para, la de los minutos prosigue su marcha, y a si mismo la rueda de los cuartos de hora y todas las demás continúan su movimiento, aunque las primeras estén oxidadas o estropeadas por una causa cualquiera y hayan interrumpido su avance. Así ocurre en efecto, ya que la estrangulación de algunos vasos no basta para destruir o detener al motor de todo el movimiento, que esto es el corazón, la parte activa de la máquina; por el contrario, entonces los fluidos, cuyo volumen ha disminuido, tienen que recorrer un camino más corto, y por ende lo hacen con mayor brevedad; y por otra parte, en la medida en que la fuerza del corazón se encuentre robustecida por la resistencia en la terminación de los vasos, el fluido es arrastrado como por una nueva corriente añadida."

3.Un nuevo método: la percusión y Leopoldo Auenbrugger :

Leopoldo Auenbrugger, médico austriaco(19.11. 1722- 17.05. 1807), está considerado el inventor de la percusión en el diagnóstico físico . Era nativo de Graz, una provincia austriaca. Su padre, un guardia de hotel, le dio cada oportunidad a su hijo para una educación básica en su pueblo nativo. Lo envió a

Viena a completar sus estudios en la universidad. Luego de siete años Auenbrugger se graduó como médico a la edad de veintidós años y entonces entró en el Hospital militar español de Viena donde pasó diez años. Esto, las observaciones y los estudios experimentales, le permitieron a Auenbrugger poder descubrir la percusión torácica, golpeando en el pecho con el dedo para poder escuchar el estado del paciente.

Percutió los pulmones como si fueran tambores. Cuando el pulmón está sólido, como en la pulmonía, el sonido producido al golpear con el dedo es igual que cuando la parte carnosa del muslo se endurece. Auenbrugger encontró que el área encima del corazón dio un sonido modificado, embotado, y que de esta manera pudieran determinarse los límites del corazón. Esto dio la primera información definida con respecto a los cambios patológicos en el corazón. Durante sus diez años del estudio del paciente, Auenbrugger confirmó estas observaciones por la comparación con los especímenes después de la muerte, y además hizo varias investigaciones experimentales en los cuerpos muertos. Él inyectó el fluido en la cavidad pleural, y mostró que era absolutamente posible por la percusión decir los límites del presente fluido exactamente. Él señaló cómo descubrir cavidades de los pulmones, su situación y tamaño con la percusión. Él también reconoció que esa información se podía obtener poniendo la mano en el pecho y notando la vibración, o frémitos, producido por la voz y la respiración.

Su obra capital, donde recoge sus impresiones médicas se llama "Inventan Novum", un nuevo descubrimiento que permite al médico con la percusión del tórax humano descubrir las enfermedades escondidas dentro del pecho.

5. **Un invento : la vacuna y Eduardo Jenner**

Eduardo Jenner nació en Berkeley, Inglaterra, el 17 de mayo de 1749 en el seno de una familia de pastores protestantes. A la edad de 13 años comenzó sus estudios profesionales. De allí pasó al hospital Saint George, donde fue discípulo de John Hunter. Se interesó también por la botánica y la zoología. Prefirió ir a ejercer la medicina a su pueblo natal.
Se ocupó del problema de la viruela desde sus primeros años profesionales. Un día una ordeñadora le dijo que las mujeres que ordeñaban las vacas contraían una enfermedad similar a la viruela. Aquellas mujeres que enfermaban con *vacuna* (viruela de la vaca o *cowpox*), nunca contraían viruela humana (*smallpox*). Jenner, que conocía la técnica china popularizada entre la alta sociedad inglesa durante el siglo XVIII por Lady Mary Wortley, decidió hacer una serie de experimentos. Esta técnica, que databa del año 1000 d.C., consistía en que los ancianos hacían inhalar intranasalmente a niños, a través de un tubo de plata, polvo de costras que caían de los enfermos que se recuperaban de viruela. Lady Wortley tenía a su hijo inoculado, y la familia Real aseguró su sucesión por la inoculación de dos de los hijos del Príncipe de Gales, en 1723. Para su experimentación, Jenner, utilizó niños campesinos pobres y los inoculó con pus de pústulas de la viruela vacuna y un tiempo después los inoculó con material extraído de pústulas de viruela humana. Inoculó a un niño (James Phipps) de 8 años con material extraído de una muchacha ordeñadora (Sarah Nelmes) que había contraído la viruela vacuna. Al día siguiente el niño enfermó, pero luego se recuperó. Unos meses después lo inoculó con material proveniente de pústulas de viruela humana y el niño no se enfermó. En 1788 Jenner comunicó al cuerpo médico de Londres su idea de propagar la vacuna de un individuo a otro como medida de protección contra la viruela, pero no le hicieron caso.
El descubrimiento fue criticado con burlas y sarcasmos. El doctor Rowley creía que un niño vacunado corría el riesgo de adquirir rasgos de buey. La iglesia difundía la especie de que la vacuna era una acción anticristiana. Pero el

descubrimiento se abrió paso poco a poco y se difundió por Europa y luego a América.

Jenner se hizo famoso y recibió gran número de títulos de instituciones como la Sociedad de Medicina de Paris, el Instituto de Francia y de muchas otras corporaciones médicas.

Jenner vacunó gratuitamente a los pobres de Berkeley y de sus alrededores. Para ello tenía un pabellón en el jardín de su vivienda, al que llamaba Templo de la vacuna. Gente que antes no creía en su descubrimiento ahora recurría a su morada para solicitarle la vacuna. La iglesia cambió de opinión y aconsejaba a los creyentes vacunarse para salvarse de la viruela. La vacunación como método para prevenir otras enfermedades sólo se hizo comprensible y viable luego de las investigaciones de Pasteur . "Vacunación", palabra acuñada por Jenner para su tratamiento (del latín *vacca*), sería adoptada posteriormente por Pasteur en referencia a la inmunización contra cualquier enfermedad.

5. Fisiología

El desarrollo de la fisiología se debe al aporte de importantes médicos como Haller, las investigaciones sobre los sistemas gástrico y respiratorio y la aparición de la electrofisiología.

5.1. Albrecht Haller (1708-1777) En el siglo XVII la fisiología acabó separándose de la anatomía y convirtiéndose en disciplina autónoma. Una de las figuras más destacadas de este periodo fue Albrecht von Haller, quien publicó los primeros libros de fisiología. Escribió textos de carácter enciclopédico, bibliográfico, anatómico, fisiológico, botánico y religioso. Nació en Berna en 1708. Desde muy temprano recibió una severa educación religiosa . Estudió medicina en las universidades de Tubinga y de Leiden. En esta última fue discípulo de Boerhaave y a los diecinueve años se doctoró con un trabajo sobre el supuesto conducto salival de Coschwitz. En 1728 se trasladó a Basilea para estudiar matemáticas, con Bernoulli, y botánica. Un año más tarde regresó a su ciudad natal y en 1736 fue llamado por la Universidad de Gotinga para enseñar anatomía y botánica durante diecisiete años. Fundó allí el anfiteatro anatómico y un jardín botánico, así como la revista científica Göttinger gelehrte Anzeigen, donde publicó unos doce mil artículos y reseñas. También llevó a cabo una inmensa obra sobre la flora suiza donde aplicó un sistema de clasificación distinta al de Linneo. Este fue uno de sus periodos más fecundos; el laboratorio le permitió llevar a cabo sus trabajos de investigación. La Universidad de Gotinga llegó a alcanzar gran prestigio con él como profesor en 1753. Desde 1764 residió en Berna hasta su muerte, acaecida en 1777. Sus primeros estudios fueron de tipo anatómico. Aprendió la técnica de la inyección vascular y la introdujo en la angiología, hizo preparaciones topográficas con los órganos in situ. La inyección vascular le permitió demostrar las anastomosis de la mamaria interna con las intercostales, la distribución de las arterias faríngeas, el origen de la arteria esplénica en el tronco celíaco y las conexiones de los senos cerebrales. En su honor diferentes estructuras anatómicas llevan su nombre: Los arcos de Haller son los ligamentos arqueados externo e interno del diafragma, llamados también lumbocostales; la asa de Haller forma el nervio que une los nervios facial y glosofaríngeo; el círculo de Haller es el anillo de pequeñas arterias en la esclerótica, que rodea la entrada del nervio óptico; el anillo de venas debajo de la aureola del pezón; el anillo fibrocartilaginoso en el cual se insertan las válvulas mitral y tricúspide del corazón; la línea de Haller es la cinta fibrosa a lo largo de la cara anterior de la piamadre medular ; y finalmente la membrana de Haller es la capa vascular de la coroides. Para Haller la fisiología es anatomía animada o ciencia del movimiento vital. La fibra animal es portadora de dos fuerzas distintas entre sí: una "muerta", la simple elasticidad observable en el cadáver, y otra "viviente", sobreañadida a la anterior, demostrable únicamente en el animal vivo. Había descubierto la irritabilidad de los músculos. Hizo experimentos para ver cómo respondían las distintas partes del animal a los estímulos exteriores como el calor, el alcohol, el cloruro de antimonio, la electricidad, etc.

Haller también estudió la fecundación de los mamíferos y llegó a descubrir el desprendimiento del óvulo desde el ovario, así como la formación del cuerpo lúteo. Estudió el latido cardíaco. Observó que el corazón aislado seguía contrayéndose rítmicamente y proclamó el carácter miógeno del movimiento atrioventricular: la irritabilidad de la fibra cardiaca sólo exigiría, para hacerse contracción rítmica, el estímulo mecánico de la sangre venosa. Haller y Spallanzani demostraron que la sangre penetra en las arterias coronarias durante la sístole cardiaca y sale de ellas en la diástole.

5.2. Sistema gástrico: René de Reáumur (1683-1757) inició las investigaciones sobre la digestión gástrica. Lázaro Spallanzani (1729-1799) realizó experimentos para precisar la acción de los jugos gástricos sobre los alimentos: ingería alimentos en bolas de madera (carne) y luego, cada cierto tiempo, los vomitaba para examinarlos.

5.3. Sistema respiratorio: Los químicos Kart Scheele (1792-1786) y Joseph Priestley (1733-1804) separaron el oxígeno. Antonio Lavoisier (1743-1794) demostró la importancia del oxígeno durante la combustión. En 1772 estableció que en la combustión los cuerpos no disminuyen de peso, sino que, por el contrario, aumentan. Esto destruye la teoría del flogisto de Stahl. También habló Lavoisier de la oxidación nivel de los tejidos vivos.

5.4. Electrofisiología: Se inicia con Luis Galvani (1737-1798), quien aplicó electricidad sobre el músculo de una rana para observar la acción del sistema nervioso. Alejandro Volta (1745-1827) , demostró que el efecto galvánica no exigía el contacto animal e inventó la pila eléctrica.**6. Anatomía**

Entre los más destacados en esta especialidad están: Morgagni y Bichat.

6.1. Giovanni Battista Morgagni (1682-1771) y la relación de los síntomas clínicos con los resultados de la autopsia. Nacimiento de la anatomía patológica. Morgagni nació en Fiorle, cerca de Boloña, en 1682, y murió en 1771. Desde temprana edad escribía poesías y discutía temas de filosofía. Fue poeta, arqueólogo, estudioso de la historia de la medicina y un apasionado por los clásicos. Publicó trabajos sobre arqueología e historia de la medicina y una biografía sobre Valsalva, su maestro. Dominaba perfectamente el latín. Morgagni, con su investigación morfológica sistemática y rigurosa, consolidó el método de estudio anatomo-patológico, echó por tierra la doctrina humoral al descubrir en los órganos el sitio de la enfermedad y, con el análisis clínico de cada caso de autopsia, sentó las bases del estudio de correlación clínico-morfológica. Morgagni ingresó a la Universidad de Boloña a los 16 años y se doctoró allí a los 19; hasta casi los 30 años de edad se desempeñó en su ciudad natal como médico práctico, lo que no impidió que a los 24 años de edad escribiera un estudio anatómico: Adversaria anatómica, al que pronto siguieron otros dos: Adversaria y Epistolar anatomicae. Estas obras le dieron prestigio, y el Gobierno de Venecia le ofreció una cátedra en Padua. Durante cuatro años ocupó la cátedra de Medicina teórica, luego, durante 56 años, la de anatomía, la misma que había tenido Vesalio. Fue discípulo de Valsalva y maestro de Scarpa. Su vida tenía una rutina: estudio, disección, consultas y reuniones. Su obra, resultado de sus estudios de décadas, apareció en 1761 cuando él había cumplido los 80 años de edad. La obra está compuesta de un prefacio y de 70 capítulos escritos a manera de cartas dirigidas a los colegas del autor. En el prefacio el autor rechaza todo derecho a la originalidad reconociendo el mérito de sus predecesores. El cuerpo de la obra no está enfocado desde el punto vista anatomo-patológico sino clínico, aunque la parte esencial es la morfológica. Los capítulos están ordenados según las enfermedades siguiendo el orden tradicional de la cabeza al fin y están basados en alrededor de 700 casos con autopsia, que cubren prácticamente todo el campo de las lesiones al alcance del ojo desnudo. Los casos están comentados por el autor. Entre ellos destacan las primeras descripciones de lesiones de aneurismas aórticos asociados a sífilis, algunos de ellos rotos; aortitis luética, endocarditis vegetante, gomas cerebrales, atrofia amarilla aguda del hígado, tuberculosis renal. Un tema de particular interés es el de la apoplejía, de la que habían muerto Malpighi, su discípulo Valsalva y Ramazzini, amigo de Morgagni. Este describe las dos lesiones de la apoplejía: reblandecimiento y hemorragia cerebrales, y comprueba la idea de Valsalva de que la lesión cerebral se encuentra en el lado contrario al de la parálisis. Describe la lesión del cristalino que hoy se conoce como catarata de Morgagni. También identificó el cuadro clínico y anatomo-patológico -la hepatización pulmonar- de la neumonía. Fue el primero en demostrar que el absceso cerebral era la consecuencia -y no la causa como se creía- de la supuración ótica. Describió las lesiones que hoy se reconocen como tíficas: úlceras intestinales con esplenomegalia y tumefacción de ganglios linfáticos mesentéricos. Entre los tumores se encuentran del esófago, estómago, recto, páncreas, hígado, ovario. Pero las metástasis tumorales era un fenómeno cuya correcta interpretación tardaría todavía un siglo.

6.2. Xavier Bichat (1771-1802) y la importancia de los tejidos

Médico y cirujano francés descubridor de la importancia de los tejidos. Decía que las teorías debían probarse en experimentos. La vida es un conjunto de funciones que se resisten a la muerte. Esa era su concepción romántica. El organismo tiene diferentes estructuras que tienen conexiones con las diferentes enfermedades. En total esas estructuras son 21 en su totalidad, y Bichat las llamó "tejidos". Llegó a esas conclusiones luego de realizar más de 600 autopsias.

7. La cirugía se hace ciencia
En 1713 en Francia se funda la Sociedad Real de Cirujanos y en 1743 les prohíben a los barberos practicar la cirugía. En Inglaterra, en 1745, los cirujanos también se separan del gremio de los barberos. Jean Luis Petit (1674-1760) inventó el torniquete, Antonio Scarpa (1752-1852) empezó a operar las hernias inguinales y Giuseppe Flaiani (1741-1808) operó el bocio oftálmico. Pero el desarrollo de la cirugía como ciencia experimental se asocia a John Hunter.

inguinales y Giuseppe Flaiani (1741-1808) operó el bocio oftálmico. Pero el desarrollo de la cirugía como ciencia experimental se asocia a John Hunter.

7.1.John Hunter (1728-1793): Nació en Glasgow en 1728 y murió 65 años más tarde. Era el más joven de diez hermanos. Fue expulsado del colegio por ser muy inquieto. Desde niño se interesó por la naturaleza y sus secretos. A los 20 años se fue a Londres para ayudar a su hermano William, un cirujano destacado, anatomista y ginecólogo, educado en Oxford. William coleccionaba manuscritos, libros, cuadros y preparados anatómicos. Además, daba lecciones privadas de anatomía, con ejercicios prácticos en cadáveres. John trabajó incansablemente, con gran entusiasmo y buen desempeño, pronto pasó a ser asistente y luego, aprendiz de cirugía en el Hospital de Chelsea, de San Bartolomé y de San Jorge. Percival Pott fue uno de sus maestros. William, su hermano, queriendo que completase su formación, lo envió a Oxford, de donde John volvió a los pocos meses por no querer estudiar latín y griego.

Su interés estaba en la anatomía y para entender la del hombre había que conocer también la de los animales. Estamos hablando de la anatomía comparada, con la que se puede comprender las funciones generales de los órganos. Hunter entró de cirujano al ejército y después a la marina. Inglaterra estaba en guerra con Francia y España. Tuvo una rica experiencia como médico militar. En ese tiempo nacieron las ideas cuyo pausado desarrollo daría origen a un libro póstumo, de su obra más importante: A treatise on the blood, inflamation and gunshot wounds, aparecido en 1794. A los 35 años de edad se radicó en las afueras de Londres, donde se compró una finca. Allí se dedicó de lleno a sus estudios anatómicos, a hacer experimentos y a formar colecciones de animales, especialmente, de animales raros. Sobornó a unos sepultureros para que le entregaran el cadáver de OO 'Bryan un hombre gigante cuyo esqueleto pasó a formar parte del museo de Hunter. Pero el museo, la finca, el numeroso personal (45 personas entre niños, instructores, criados, jardinero y guardianes), todo esto costaba grandes cantidades de dinero. A los 50 años logró ser elegido cirujano del Hospital de San Jorge, donde llegó a tener una entrada cuantiosa, que, sin embargo, no le alcanzó para vivir sin deudas. El ser cirujano de ese hospital le trajo discípulos y aprendices, que pasaban a vivir con él en su finca. Entre ellos estaba Edward Jenner, con quien tuvo una estrecha amistad. Aunque la cirugía había acrecentado su prestigio especialmente en Francia e Inglaterra y el rango de los cirujanos se había elevado, esta disciplina seguía teniendo un carácter artesanal y se hallaba al margen de la investigación.

El nombre de John Hunter quedó asociado al canal del aductor, sentó la bases científicas de la cirugía con sus estudios sobre la inflamación, la cicatrización de los tejidos, consolidación de las fracturas y sobre la ligadura arterial. Fue el primero en considerar la inflamación no una enfermedad, como lo era hasta entonces, sino una reacción defensiva local frente a diversas noxas. Desde un punto de vista general, su aporte fue el crear la base de unión entre medicina y cirugía. Hunter era un empirista típico. El experimento, en el ambiente de esos empiristas, era de valor insuperable en la ciencia. Y lo que mostraba un experimento, aunque fuera uno solo, servía de guía sin titubeos. Entre los experimentos que hizo Hunter hay uno, muy importante, uno en que cometió un error que mantuvo una idea falsa por medio siglo acerca de la naturaleza de las enfermedades. Ya se sabía de los dos tipos de chancros: el duro: sifilítico y el blando: no sifilítico. Pero se discutía si la sífilis era la misma enfermedad que la gonorrea o blenorragia. Para dilucidar el problema, Hunter se inoculó pus de un enfermo con blenorragia, y se le produjeron lesiones sifilíticas. Y de ahí concluyo que las dos enfermedades eran una sola. La falla había sido el ignorar que el enfermo del que se obtuvo el líquido para la inoculación, también tenía sífilis. Los últimos años de Hunter fueron de gran actividad. De 6 a 9 de la mañana trabajaba en disección anatómica, luego hasta las 12 atendía la consulta, después hacia las visitas. A las 4 almorzaba, tomaba una siesta de una hora, y después daba sus conferencias (que lo hacían ponerse muy nervioso). Se acostaba a la una de la madrugada. Murió de angina de pecho en 1793.

8. Cardiología

Stephen Haler (1677-1761) estudió la dinámica circulatoria, destacó la importancia de los vasos capilares y registró la presión sanguínea con un manómetro. William Withering (1741-1799) en 1785 empleó la digitales purpurea, hierba popular, para tratar los edemas de origen cardíaco. William Heberden (1710-1801) describió la angina de pecho o estenocardia como una sensación de opresión o pesadez con dolor en la parte central del pecho : "Al caminar, y sobre todo en las subidas, o después de las comidas aparecen fuertes dolores en el pecho : el enfermo piensa que morirá pronto cuando el dolor se extiende hasta un minuto. Si la persona se detiene el dolor pasa. Cuando no tiene el ataque el enfermo se siente perfectamente saludable. El dolor se sitúa en la parte superior, en el medio o en la base del esternón. El dolor aumenta si se camina contra el viento y cuando el tiempo es frío...".

9. Surgimiento de psiquiatría moderna. Los locos son considerados enfermos gracias a Philippe Pinel (1745-1826)

El fundador de la psiquiatría moderna, Philippe Pinel, nació el 20 de abril de 1745 en una familia de médicos, en Jonquières, cerca de Castres (Tarn , Francia). Hizo sus estudios clásicos en el colegio de Lavaur, y luego los religiosos en el de la Esquille en Tolosa. Dejó la sotana para estudiar medicina, también en Tolosa, donde se recibió de "doctor" el 21 de diciembre de 1773, a los 28 años de edad. Viajó a Montpellier para perfeccionarse en el arte médico . En 1778 fue a París para hacer carrera; Pero sobrevivió gracias a lecciones particulares de matemáticas y la redacción de artículos médicos . Esta actividad de periodista le permitió asumir en 1784, la dirección de la Gazette de Santé, que le pasó J. Paulet. Tradujo las Instituciones de medicina práctica del escocés Cullen en 1785, obra que copió ampliamente en su futura Nosographie philosephique. Al principio no ejerció la medicina privada. Sólo desde 1786 trató a algunos enfermos mentales en un manicomio con pacientes adinerados. Trabajó en un hospicio desde 1793 hasta 1795.

Fue profesor adjunto de física médica y de higiene en la nueva Escuela de Salud de París y de la cátedra de patología interna (médica), médico jefe en la Salpetriere . Fue condecorado con la Legión de Honor creada por Napoleón, que en 1805 lo nombró "Médico Consultor del Emperador". Sirvió al Imperio, y después a la Restauración que lo condecoró con la Orden de Saint Michael en 1818.

Presentó una clasificación muy diferente de las vesanias en su célebre Traité mèdico-philosophique sur l'aliénation mentale, cuya primera edición (1801) se centró en torno a la "manía", enfermedad mental que para Pinel fue el modelo más típico y más frecuente. En primer lugar, reconoció que las causas de la alienación eran o bien "predisponentes" (en gran parte hereditarias) o bien "ocasionales" (papel importante de los sucesos externos y de las emociones violentas). Pero Pinel no creyó en la organogénesis cerebral directa; pensó que las lesiones cerebrales eran graves y que acarreaban trastornos serios en el plano vital, y definitivos. Mediante el concepto por demás ambiguo de "simpatía", consideró que los trastornos mentales eran consecuencia de afecciones viscerales, provocadas estas, a su vez, por las emociones y las pasiones.

Revisada en la segunda edición de su Traité médico-philosophique (1809), que ya no llevaba el subtítulo de "La manía", su clasificación de las enfermedades mentales se realizó finalmente en el nivel del comportamiento, yendo desde la perturbación psíquica más ligera hasta la más grave. Comienza por la simple melancolía o delirio parcial "dirigido sobre un solo objeto" que antecede a la manía o delirio generalizado con su forma particular de "manía furiosa sin delirio". Después vienen la demencia o debilitamiento intelectual generalizado: "No hay juicio ni verdadero ni falso; las ideas parecen estar aisladas y en verdad, vienen unas después de otras, pero sin que exista la menor asociación entre ellas..." Por último, tenemos el idiotismo, grado último de la vesania, "abolición total de las funciones del entendimiento".

Pinel ejerció influencia considerable sobre la organización del tratamiento de los alienados. Desarrolló el "tratamiento moral" ya aplicado por los médicos ingleses, el cual se basa en el hecho cierto de que hay siempre en el alienado vestigios de razón que permiten establecer el contacto terapéutico. Pinel se interesó sobre todo en la reglamentación de la institución hospitalaria psiquiátrica a la que se llamaría "asilo". Demostró la importancia de las relaciones con el ambiente familiar, el medio, los otros enfermos, en el desencadenamiento, la persistencia, el agravamiento de la enfermedad mental. Hizo hincapié en la disciplina, la regulación de la vida de los enfermos, su clasificación rigurosa, el aislamiento de los más peligrosos. Insistió en la necesidad de que el médico participase en la administración hospitalaria. Los tratamientos medicamentosos tuvieron para él sólo importancia secundaria. El médico debe observar, organizar y reformar constantemente el servicio hospitalario. Pinel fue el verdadero precursor de la formulación de la reglamentación psiquiátrica, que encontró su marco legal definitivo en la ley promulgada en Francia el 30 de junio de 1838.

10. Johann Peter Frank (1745-1821) y la salud pública, higiene o policía sanitaria
Recibió su título de doctor en 1766 en la Universidad de Heidelberg. Antes había estudiado filosofía. Tuvo influencias de las culturas alemanas y francesas. La salud pública o higiene la consideró asunto de Estado, un problema gubernamental. Por eso habló de "policía sanitaria" al tratar de indicar la importancia de la vigilancia permanente para mantener la salud. Ejerció la medicina en su pueblo natal ,Rodalben y luego en varias ciudades europeas. Al no poder publicar sus primeros escritos, los quemó .Combatió una epidemia de tifus exantemático en Gernsbach y elaboró un proyecto para preparar médicos y comadronas. Les dio importancia a las anotaciones diarias sobre los pacientes y

sus síntomas. En 1799 publicó su primer libro : "Sistema de una policía sanitaria completa". Se refirió a la población, el matrimonio, el embarazo y la infancia. Aconsejó contraer matrimonio luego de una consulta médica, sobre todo a aquellos con enfermedades graves. Escribió : "La policía sanitaria es, por lo tanto, así como la ciencia policíaca general, un arte de defensa para proteger a los hombres...". En 1870 publicó el segundo tomo sobre las relaciones sexuales, la prostitución , las enfermedades venéreas, el aborto provocado y la higiene de los niños. En 1783 aparece el tercer tomo que habla de los alimentos, los vestidos y las habitaciones. En 1784 ocupa una Cátedra Médica en la Universidad de Gottingen. En 1875 reformó la Facultad Médica de Pavia y mejoró sus hospitales y farmacias. En 1788 escribió en su cuarto tomo sobre las instituciones sanitarias de seguridad o medicina legal. El tomo quinto se refiere a las sepulturas . En 1795 dirigió el hospital de Viena : duplicó el número de camas, enseñó en la Cátedra de Medicina Clínica, mejoró la administración, creó un departamento de cadáveres y una colección anatomopatológica. En 1804 trabajó en la Universidad de Vilna y en 1805 empezó a dirigir la Academia Médico-quirúrgica de San Petersburgo. En 1811 publica el quinto tomo . El sexto libro ,cuyo título habla por sí solo , corona su obra : "de la medicina en general y de su influencia sobre el bienestar del Estado y de las instituciones de enseñanza de la medicina".

11.Derrota de la generación espontánea

Spallanzani, Lazzaro Spallanzani (1729-1799) fue un fisiólogo italiano, fundador de la biología experimental. Nacido en Scandiano el 12 de enero de 1729, fue el primero de nueve hermanos. A los 15 años entró en la universidad del Jesuits de Reggio para seguir el curso y filosofía, estudió leyes en la Universidad de Bolonia y se dedicó a la lógica y la metafísica antes de convertirse en catedrático de física en la Universidad de Módena y, finalmente, en la de Pavía (1769), donde llevó a cabo la mayoría de sus experimentos. Tras rechazar la teoría de la generación espontánea, Spallanzani diseñó experimentos para refutar los realizados por el sacerdote católico inglés John Turberville Needham, que había calentado y seguidamente sellado caldo de carne en diversos recipientes; dado que se habían encontrado microorganismos en el caldo tras abrir los recipientes, Needham creía que esto demostraba que la vida surge de la materia no viviente. No obstante, prolongando el periodo de calentamiento y sellando con más cuidado los recipientes, Spallanzani pudo demostrar que dichos caldos no generaban microorganismos mientras los recipientes estuvieran sellados. La derrota de la teoría de la generación espontánea para explicar el origen de la vida significa un gran aporte ya que los fenómenos vitales empiezan a interpretarse por causas naturales.

12. Clasificación de las enfermedades

El médico y botánico Carlos Linneo (1707-1778) clasificó las plantas y trató de aplicar su método clasificatorio a las enfermedades. Escribió "Genera morborum". Boissier de Sauvages publicó "Nosología médica", inspirado en los trabajos de los botánicos. Diferenció 2.700 enfermedades y las agrupó en especies, órdenes y familias. Pinel clasificó las enfermedades desde puntos de vistas anatómicos y fisiológicos. Así, por ejemplo, la inflamación se diferenció según los tejidos afectados: de la piel, las mucosas, las serosas, parenquimatosas y musculares.

13. Pseudociencias

Franz Joseph Gall (1758-1828) creó la frenología o estudio de las protuberancias del cráneo para asociarlas a las funciones afectivas o intelectuales. John Kaspar Lavater (1741-1801) estudió los rasgos faciales y los relacionó con el carácter y la actividad mental. Ambas corrientes han sido rechazadas por la ciencia actual. Franz Antón Mesmer (1743-1815) ideó el magnetismo animal o mesmerismo y lo aplicó como sugestión hipnótica. El mesmerismo perdió vigencia, pero la sugestión hipnótica fue empleada luego por Freud.

14. Un gran instructor clínico: Hermann Boerhaave (1668-1738)

Con sus magníficas lecciones médicas fue el centro de la Universidad de Leyden. Además de profesor extraordinario que comparaba los síntomas con los cambios anatomopatológicos de la autopsia, escribió historias clínicas, recogidas en el propio lecho del paciente, que son consideradas obras de arte. Se dedicó también a la botánica, la química, la matemática, la música y la literatura. Escribió dos libros médicos: "Instituciones médicas" y "Aforismos sobre el reconocimiento y tratamiento de las enfermedades". Dijo que la anatomía y la fisiología son fundamentales para el estudio de la medicina, la cual debe aprenderse en la práctica. Antes de dedicarse de lleno a la práctica médica fue profesor de botánica en Leyden. Como instructor clínico mostraba los enfermos con sus síntomas a sus estudiantes. Explicaba detalladamente cada caso. Su método era sencillo: realizaba el anamnesis, fijaba el " estatus praesens", diagnosticaba y luego del pronóstico indicaba la terapéutica.

15. Otros médicos destacados

15.1 Gerard Van Swieten(1700-1772) : Discípulo de Boerhaave en Leyden. Reorganizó la enseñanza de la medicina en Viena. Escribió los comentarios de los aforismo de Boerhaave. Dictó conferencias sobre anatomía, fisiología, patología y farmacología .Dio gran importancia al control del Estado sobre la educación médica.

15.2 Antón de Haen : También discípulo de Boerhaave. Escribió las historias clínicas con todos los pormenores: anamnesis, síntomas subjetivos, status praesens, síntomas objetivos, resultados de la termometría ,variaciones del curso de la enfermedad cada día y medicamentos indicados. Acompañaba cada autopsia con su respectivo protocolo.

15.3 Matthew Baillie (1761-1823) : Publicó el primer texto ilustrado de anatomía patológica.

15.4 Gaspar Friedrich Wolff (1733-1794) : Defendió la epigenética en contra del preformismo en embriología.

15.5 Percival Pott (1714-1708) :Cirujano inglés epónimo de la fractura del tobillo y el mal de Pott en la columna vertebral por tuberculosis. Relacionó el cáncer escrotal de los deshonilladores con la exposición constante al hollín.

15.6 Caleb Hiller (1755-1822) : Describió el bocio exoftálmico y lo relacionó con las enfermedades cardíacas .

15.7 Willian Cullen (1710-1790) : Escribió obras de consulta para médicos. Su libro "Elementos de medicina práctica" fue el primer texto que se empleó en Venezuela.

15.8 Nicholas Andry :propuso el término ortopedia y el emblema de la cirugía ortopédica (1741) que consiste en un joven árbol torcido ,cuya deformidad se intenta corregir mediante una guía externa.

DOS POSICIONES FILOSÓFICAS EN EL EJERCICIO DE LA MEDICINA:

En siglo XVIII observamos dos maneras de enfocar el ejercicio de la medicina en el caso siguiente: Peter Chamberlen inventó los fórceps obstétricos. En 1727 sus descendientes, también médicos, emplearon esos instrumentos selectivamente en secreto para su propio enriquecimiento; mientras tanto miles de mujeres morían con sus niños . Jean Palfyn (1650-1730) fue el antípoda de los Chamberlen : inventó sus propios fórceps obstétricos en 1723 e inmediatamente comunicó su aporte a la Academia de Ciencias de París para su masiva implementación . He aquí dos posiciones filosóficas al ejercer la medicina: la egoísta y la altruista, la misantrópica y la filantrópica.

PREGUNTAS PARA AUTOCONTROL Y REPASO

1. Hable del vitalismo.

2. Explique el método de percusión y su origen.

3. Cuente la historia de la vacuna.

4. ¿Cómo nació la anatomía patológica?

5. ¿Quién habló primero de los tejidos?

6. Hable del papel de John Hunter en el desarrollo de la cirugía.

7. Comente la descripción de la angina de pecho realizada por Heberden.

8. ¿Qué puede decir de Withering y el uso de los digitálicos?

9. ¿En qué consiste el método de Pinel en Psiquiatría?

10.Comente algunas de las pseudociencias aparecidas en el siglo XVIII.

CAPÍTULO XXII

MEDICINA EN EL SIGLO XIX

1. Introducción.
2. Filosofías asociadas a la medicina.
3. Inventos importantes.
4. Descubrimientos que impulsaron la medicina.

5. Medicinas alternativas.
6. Estudios médicos.
7. Especializaciones
8. Cirugía, anestesia y asepsia.
9. Médicos que dejaron huellas.
10. Derechos humanos y medicina.

1. Introducción.

La Revolución Industrial trajo como consecuencia el hacinamiento de masas de obreros en determinadas regiones de las grandes ciudades, lo que sirvió de caldo de cultivo para la aparición y difusión de las epidemias. En 1854 Londres fue azotada por el cólera con más de 600 muertos. La misma enfermedad atacó varias veces los Estados Unidos. La fiebre amarilla fue detectada en el Golfo de México en 1850.

2. Filosofías asociadas a la medicina.

2.1. Idealismo fisiológico.

El máximo representante de esta corriente filosófica en medicina fue el alemán Johannes Meter Mullere (1801-1858). El idealismo fisiológico es una variedad del vitalismo. Müller afirmaba que existe una fuerza vital, cuya forma superior es el alma. Explicaba los procesos orgánicos desde la óptica de las leyes físico-químicas. Formuló la ley de las energías específicas, según la cual cada órgano de los sentidos responde a un estímulo con su tipo específico de actividad independientemente del carácter del estímulo. Cada sentido puede crear sus propias ilusiones, independientemente de los agentes externos.

2.2. Nihilismo.

El nihilismo es la negación absoluta de los valores culturales creado por la humanidad, las normas de moral y justicia. En medicina se manifestó en la desconfianza hacia los métodos terapéuticos y los medicamentos. Sus representantes fueron Kart Rokitanski y Joseph Skoda (1805- 1881). Skoda comprobó la escasa utilidad de algunos medicamentos en ciertas enfermedades, suministró placebos a pacientes con neumonía para demostrar que la enfermedad seguía su curso sin alterarse con ningún tipo de terapéutica.

2.3. Positivismo.

El positivismo rechaza los problemas del ser por considerarlos metafísicos y por lo tanto no comprobables. Reconoce la ciencia, la técnica, lo experimental, lo comprobable. La medicina de Hipócrates fue el arte de tratar al enfermo en la cama; la de la Edad Media estuvo centrada en las bibliotecas; la del Renacimiento se ubicó en los hospitales. La medicina positivista está en el laboratorio, en la frialdad de las cifras, en los instrumentos, en el experimento. No hay espacio para el espíritu.

2.4. Materialismo.

Friedrich Wohler (1800-1882) sintetizó la urea (producto orgánico) a partir del carbonato de amonio (producto inorgánico). Esto constituyó un duro golpe a las corrientes idealistas (vitalismo) por cuanto se demostró que no había límites entre lo orgánico y lo inorgánico.

Charles Darwin formuló su teoría de la evolución y con ella el materialismo se afianzó en las ciencias, incluyendo la medicina. La derrota de la generación espontánea con los experimentos de Pasteur marcaron el camino realista y materialista en las investigaciones médicas.

3. Inventos importantes

3.1. El estetoscopio.

René Théophile Hyacinthe Laennec (1781- 1826) es considerado el creador del método de auscultación pulmonar con ayuda del estetoscopio. En 1819 publicó en París su Trataite de L`Ascultation Médiate para hablar de un tema olvidado expuesto en el siglo III a d C. en el Corpus Hipocraticum. Laennec escribió: "Fui consultado en 1816 por una persona joven que presentaba síntomas generales de enfermedad del corazón, y en la cual era muy poco lo que se podía esperar de la aplicación de la mano y la percusión en virtud de la gordura. Además, la edad y el sexo de la paciente me impedían el tipo de examen a que me he referido, lo que me indujo a recordar un fenómeno acústico muy conocido: si se aplica la oreja a la extremidad de un cilindro de madera, se oye muy claramente el golpe dado con un alfiler en el otro extremo. Pensé que en el presente caso se podía sacar partido de esta propiedad de los cuerpos. Tomando un cuaderno hice un rollo muy apretado, una de cuyas extremidades apliqué en la región precordial y en la otra la oreja, con la cual tuve la satisfacción y la sorpresa de oír los latidos del corazón en forma mucho más neta y distinta de lo que hasta ese momento había logrado a través de la auscultación inmediata. Pensé entonces que dicho medio podría convertirse en un procedimiento útil, no sólo para el estudio de los latidos del corazón, sino también de todos los movimientos capaces de producir ruido en la cavidad pectoral y, por consiguiente, para la exploración de la respiración, de la voz del estertor, y acaso de la fluctuación de un líquido derramado en las pleuras o en el pericardio".

Laennec convirtió su cilindro de papel en uno de madera que recibió varios nombres: sonómetro, pectoríloco, pectoriloquio, toraciloquio y cornete médico; no obstante, el inventor prefirió llamarlo estetoscopio, el cual se convirtió más tarde en el fonendoscopio que todos conocemos.

3.2. Water Closet

Aunque en muchos pueblos de la Antigüedad se inventaron sistemas para drenar las aguas servidas no es sino con John Harrington (1561-1612) que aparece el primer WC con características modernas para la evacuación de los excrementos humanos y mantener aseadas las viviendas y las calles. En 1775 Alexander Cumming le agregó el sifón al invento y con eso evitaba el esparcimiento de los malos olores. En 1883 Tomas Turifed popularizó la venta de retretes de porcelana. El retrete se complementó como elemento de la higiene pública y privada para evitar la difusión de ciertas enfermedades con la aparición del papel higiénico. En 1875 Joseph Gayetty lanzó al mercado su "papel medicado"(hojas de papel manila en paquetes de 500 unidades), sin éxito. En 1879 Alcock propuso rollos de papel con perforaciones que facilitaban su corte. Los hermanos Edgard y Clarenee Scout popularizaron el papel higiénico.

3.3 La jeringa

En 1853 el médico británico Alexander Wood aplicó a un paciente la primera inyección subcutánea; y en 1886 los farmacéuticos Limousin y Friedlander inventaron las ampollas de vidrios para soluciones inyectables. Pascal ya en 1650 había inventado el émbolo o jeringa (del latín syringa y éste del griego syríggos, tubo o caña) usado en 1668 en enemas rectales. Las jeringas, agujas y ampollas se empezaron a fabricar en serie para la aplicación intravenosa del Salvarsán, desarrollado por Ehrlich en 1910, contra la sífilis.

3.4. El oftalmoscopio.

Hermann Von Helmholtz (Alemania,1821-1894) observó el interior de la retina. utilizó un espejo cóncavo con un agujero central capaz de proyectar la luz dentro de la pupila y permitir ver la imagen reflejada sobre la retina. Había inventado el oftalmoscopio , cuya construcción sirvió de modelo para crear otros instrumentos médicos.

3.5. Adam Politzer en 1841 inventó el otoscopio en Viena.

3.6. Nitze y Leiter inventaron el litoscopio en Alemania en 1879.

3.7. Janos Czermak en Checoslovaquia inventó el laringoscopio en 1858.

4. Descubrimientos que impulsaron la medicina.

4.1. La hemoglobina.

Félix Hoppe-Seyler (1825-1895) descubrió en 1862 la hemoglobina, pigmento rojo de los eritrocitos, cuya función está asociada al proceso de oxigenación del organismo.

4.2. Teoría celular.

Rudolph Virchow resumió la teoría celular argumentando que *toda célula* procede *de una anterior*. Se fundamentaba en la tesis de Mattias Schleiden (1804-1881), quien dijo que las plantas están formadas por células y Theodor Schwann (1810-1882), quien generalizó la idea a todos los organismos vivos.

4.3. Teoría microbiana de la enfermedad y el principio de inmunidad.

Luis Pasteur (1822-1895) demolió con sus experimentos la generación espontánea y demostró el origen microbiano de muchas enfermedades. Demostró que la fermentación es producto de la acción microbiana, sugirió el método conocido como pasteurización e inventó la vacuna contra la rabia, formulando también el principio general de inmunidad para preparar otras vacunas.

4.4. La fagocitosis.

Ilya Mechnikov en 1884 descubrió el papel de ciertos glóbulos blancos que consiste en engullir otras células. Había descubierto la fagocitosis, cuyo papel en el proceso de inmunidad es muy importante.

4.5. Los antimicrobianos.

Paul Ehrlich (1854-1915) impulsó la creación de los medicamentos antimicrobianos, realizó la tinción de tejidos para su identificación y formuló la teoría química inmunológica o de los anticuerpos.

4.6. La bacteriología. Iniciada por Pasteur fue apuntalada por Robert Koch (1843-1910) con los descubrimientos de los bacilos de la tuberculosis (1882) y del cólera(1883). Koch formuló sus postulados sobre el origen bacteriano de la enfermedad:

1º, el agente debe encontrarse en cada caso de enfermedad;
2º, no debe encontrarse en casos con otra enfermedad;
3º, debe ser aislado;
4º, debe ser cultivado;
5º, al ser inoculado debe producir la misma enfermedad;
6º debe ser aislado de nuevo del animal inoculado.

4.7. Los rayos X.
En 1895 Wilhelm Conrad Roentgen (1845-1923) descubrió los rayos X. Nacía la radiología como método médico de diagnóstico.
4.8. El Mendelismo.
Gregor Mendel , biólogo y religioso agustino austriaco (1822-1884) realizó hibidación de diversas variedades de guisantes y estudió la descendencia en cada caso. Las leyes que formuló constituyen el fundamento de la genética.
primera radiografía tomada por Roentgen a su esposa.

5.Medicinas alternativas.

5.1.Homeopatía.

Fue propuesta por Samuel Hahnemann (1775-1843). Su principio se basa en la curación de las enfermedades por medio de aquellos medicamentos que producen los mismos síntomas, pero suministrados en pequeñas dosis.

5.2. Baños de vapor.

Aunque se pusieron de moda en el siglo XIX, en muchos pueblos europeos constituía una práctica común como en Rusia.

5.3. Craneoscopia.

Propuesta por Franz Joseph Gall (1758-1828) estipula que la forma irregular de cráneo es la proyección de la forma del cerebro y de las características mentales de la persona.

5.4. Osteopatía.

Sugerida por Andrew Taylor (1828-19179) supone que los huesos deben estar correctamente alineados para el correcto funcionamiento de los órganos.

5.5. Quiropráctica.

Creada por Daniel Palmer (1845-1913) en 1895 y consiste en ajustar correctamente la columna vertebral para curar las enfermedades de los órganos internos.

6. Estudios médicos.

6.1 Los estudios médicos, desde que se iniciaron en el siglo XII en Salerno, no tenían unos requisitos determinados en las diferentes escuelas del mundo. Es apenas en el siglo XIX cuando empiezan a unificarse algunos criterios. La Escuela Médica de la Universidad de Maryland (Baltimore) en 1807 tenía un curso médico teórico que duraba entre 8 y 14 semanas. En 1847 la American Medical Association recomendó prolongar los cursos por 6 meses. La Universidad de Lind en Chicago aprobó un curso de 5 meses. En 1871 la Escuela Médica de Harvard estipuló 3 años para graduarse de médico.

6.2. En 1803 Napoleón decretó la división de títulos siguiente: Doctores en Medicina, Doctores en Cirugía y Funcionarios en Salud Pública. Las escuelas de farmaceutas se organizaron aparte de las médicas.

6.3. En 1825 existían tres tipos de licenciados en Alemania: graduados (4 años), médicos de heridos de primera clase y médicos de heridos de segunda clase.

7. Especializaciones

7.1. Como consecuencia de la acumulación de una gran cantidad de conocimientos médicos, el ejemplo de la división del trabajo industrial y la invención de muchos instrumentos surgieron las especializaciones médicas. Las mismas asociaban su aparición con el órgano afectado.

7.2. James Yearsley fundó un hospital sólo para enfermedades del oído.

7.3. Morrela Makenzic (1873-1892) fundó el primer hospital para enfermedades de la garganta en Inglaterra.

7.4. En 1873 se creó la Sociedad de Laringoscopia de Nueva York.

7.5. En 1805 se creó en Inglaterra un dispensario para enfermedades oculares.

7.6. La pediatría, la neurología y la dermatología surgen como ciencias médicas independientes.

7.7. La enfermería apareció en 1861 con Florencia Nightingale.

8. Cirugía, anestesia y asepsia.

8.1. Theodor Billroth (Alemania, 1829-1894) efectuó las primeras operaciones de laringe, faringe y estómago.

8.2. Heber Fitz (1843-1913) en 1886 describió la apendicitis.

8.3. Mariom Sims (1813-1885) operó la vesícula biliar en 1878.

8.4. Humphry Davy (1778-1829) propuso usar el óxido nitroso en cirugía, descubierto en 1772 por Joseph Priestley y llamada *gas de la risa.* Crawford Long lo usó por primera vez en cirugía. Además, en 1842 hizo tres operaciones con éter sulfúrico.

8.5. Henry Hill Hickman operó sin dolor a animales produciéndoles asfixia con dióxido de carbono.

8.6. James Braid en 1843 introdujo el término hipnotismo.

8.7. Liston en Inglaterra empleó por primera vez el éter como anestesia.

8.8. William Morton (1819-1868) hizo la primera demostración pública de cirugía sin dolor con éter sulfúrico en 1846. James Simpson utilizó el cloroformo en Edimburgo.

8.9. Carl Koller en 1884 aplicó cocaína sobre los ojos. Antes Freud la había estudiado. Pirogov sugirió la vía rectal para la anestesia.

8.10. Oliver Simpson propuso el término anestesia.

8.11. Desde hace mucho tiempo se tenía conocimientos sobre la sepsis postparto, la cual fue reducida en el siglo XVIII por Charles White en Inglaterra y Joseph Clarke y Robert Collins en Irlanda sugiriendo la limpieza de las camas y sábanas y el lavado de las personas y entorno.

8.12. Imaz Semmelweis (1818-1865) demostró la naturaleza infecciosa de la fiebre puerperal en Viena. Propuso desinfectar las manos antes de examinar a las parturientas.

8.13. Joseph Lister (1827-1912) pensó que el agente infeccioso estaba en el aire y rociaba a los pacientes con ácido carbólico: había nacido la asepsia.

8.14. Billroth adoptó el sistema de Lister en cirugía-.

8.15. William Halsted inventó los guantes de goma.

9. Médicos que dejaron huellas.

9.1. Francois Magendie (Francia, 1783-1855)

Demostró que las raíces posteriores tienen fibras nerviosas sensibles, y las anteriores, fibras sensibles. Charles Bell trabajo también en esa dirección por lo que el descubrimiento se denomina *Ley de Magendie-Bell.*

9.2. Claude Bernard (Francia,1813- 1878).

Diseñó experimento con animales con vivisección por lo que se considera el padre de la Fisiología Experimental. Formuló el principio de *homeostasis.* Estudió el hígado, el páncreas y muchas enfermedades.

9.3. Charles Edouard Brown- Séquard (Francia, 1817-1894)

Se le considera el padre de la endocrinología. Formuló la tesis según la cual algunos órganos producen secreciones (hormonas) y las vierten en el torrente sanguíneo. Descubrió el síndrome que lleva su nombre: en el lado de la médula espinal afectada se observa parálisis del brazo y de la pierna o solamente la pierna y disturbios sensitivos en los músculos profundos, mientras que en el lado contrario se notan dificultades de las sensaciones superficiales (dolor, temperatura y tacto).

9.4. Willian Beaumont (1775-1853).

Cirujano norteamericano que estudió por primera vez el funcionamiento del estómago en un paciente con una fístula gástrica. En 1833 publicó sus investigaciones con el nombre de ***Experimentos y observaciones sobre el jugo gástrico y fisiología de la digestión.***

9.5. Ivan Pávlov (1849-1936)

Por primera vez propuso un método objetivo para estudiar las funciones del cerebro a través de los reflejos condicionados. Con los reflejos condicionados Pávlov estudió los mecanismos fisiológicos del sistema nervioso y analizó los dos tipos de reflejos: los condicionados y los no condicionados.

9.6. Carl Rokitanski (1804- 1878).

Clasificó las enfermedades según los órganos afectados al desarrollar investigaciones anatomopatológicas.

9.7. Rudolph Virchow (1821 -1902)

Considerado el padre de la medicina europea. Formuló la teoría celular, la teoría de las trombosis (Triada de Virchow: 1.Lesión endotelial.2.Flujo sanguíneo anómalo: estasis o turbulencia, y 3.Hipercoagulabilidad) ; y descubrió las leucemias. Además, estudió antropología, arqueología, historia, política, salud pública y sociología.

9.8. Jean Martin Charcot (1825- 1893).

Trabajó en el hospital parisino de la Salpetriere. Estudió la artropatía que lleva su nombre y que constituye en una deformación articular con ataxia locomotriz causada por la sífilis. También estudió la histeria y el hipnotismo.

9.9. Guillaume Dupuytren (1777-1835)

Cirujano francés que innovó los instrumentos quirúrgicos. Describió la contractura de los dedos que lleva su nombre.

9.10. Prosper Méniere (1799-1862).

Médico francés. Estudió las enfermedades del oído. Describió el síndrome que lleva su nombre: vértigo, ruido en los oídos, cefalea, etc.

9.11. John Cheyne (Escocia, 1777-1836)

Junto a Willians Stoke describió la respiración periódica o Respiración Cheyne-Stoke: aumento y disminución rítmicos de la profundidad de la respiración. Stoke y Robert Adams describieron un tipo de bloqueo cardíaco (Stoke-Adams).

9.12. Robert James Graves (1796-1853).

Estudió las enfermedades de la glándula tiroides. La enfermedad de Graves es la hipertrofia de la tiroides que se acompaña de exceso de sudación y exoftalmia.

9.13. Dominic John Corrigan (1802-1880)

Describió un tipo de pulso típico de una afección de la válvula aórtica (pulso de Corrigan).

9.14. Abraham Colles (1773-1843)

Describió la fractura de la muñeca que lleva su nombre.

9.15. Richard Bright (1789-1859)

Médico inglés, creó los departamentos en los hospitales 8especalizaciones). Estudió la enfermedades renales (Enfermedad de Bright, Anemia de Bright).

9.16. Thomas Addison (1793-1860)

Estudió la anemia perniciosa (de Addison) y la insuficiencia suprarrenal(enfermedad de Addison).

9.17. Thomas Hodgkin (1789-1866)

Descubrió la enfermedad que lleva su nombre.

9.18. James Parkinson (1755-18249)

Describió la enfermedad que lleva su nombre.

9.19. Charles Bell (1763-1820)

Cirujano y anatomista inglés. Demostró la función motora de las raíces nerviosas anteriores que salen de la médula espinal, y la función sensitiva de las posteriores. Describió la parálisis del nervio facial (parálisis de Bell).

9.20. John Bell (1763-18209)

Además de médico fue escritor e ilustrador de libros d anatomía. Inspiró a Conan Doyle para crear a Sherlock Colmes.

9.21. James Paget (1814- 1899)

Describió el carcinoma de la mama (enfermedad de Paget, eccema del pezón) y la deformación de los huesos por alteración del metabolismo del calcio (síndrome de Paget)

9.22. Johann Lukas Schonlein (1793-1864)

Médico alemán. Describió un tipo de púrpura observada principalmente en niños y adultos jóvenes que se acompaña de síntomas gastrointestinales, dolor articular y glomerulonefritis aguda. Hay también picor y lesiones cutáneas (Enfermedad de Schonlein).

9.23. Karl August Wunderlich (1815-18779)

Difundió el uso del termómetro y demostró que cada enfermedad tiene una determinada curva febril (Fiebre continua: tifus , neumonía; F. Remitente : procesos purulentos; F. Intermitente: malaria; F. Recurrente: Tifus recurrente; F. Ondulante: Linfogranulomatosis, brucelosis; F. Hectica: Tuberculosis, sepsis;etc.

9.24. Willian Osler (1844-19299)

Nació en Canadá y trabajó en los EEUU. Escribió una enciclopedia médica. Describió la enfermedad que lleva su nombre: telangiectasia hereditaria hemorrágica.

10. Derechos humanos y medicina.

En 1864 la Convención de Ginebra creó la Cruz Roja Internacional. La idea, que consistía en crear una organización neutral para socorrer a los soldados heridos durante la guerra, fue del banquero suizo Henri Dunant (1823-1910), quien visitó el escenario de la batalla de Solferino en el Norte de Italia, donde se enfrentaban franceses e italianos contra austríacos en 1859.

LOS GUANTES QUIRÚRGICOS SE INVENTARON POR AMOR

William Halsted (1852-1922), fue un joven cirujano norteamericano. En el quirófano era ayudado por la enfermera Carolina Hampton . Halsted se enamoró de ella. Pero en esa época, el equipo integrante de la mesa de operaciones se lavaba las manos con preparados de mercurio. Una de esas sustancias le provocó una dermatitis a Carolina. La salida era una sola: abandonar la profesión para no seguir padeciendo el eccema. William temió perder a la muchacha y por eso sugirió a la Goodyear, la misma de los neumáticos, que le hiciera unos guantes de goma para su amada. Se los hicieron, y así terminó casándose con Carolina. Luego de cinco años de usar guantes en su quirófano entendió que los mismos eran muy eficientes para prevenir infecciones. Entonces fue cuando los sugirió como método de asepsia en cirugía.

0-0-0

Ronald Ross, médico e investigador, uno de los descubridores del mosquito transmisor del paludismo, nunca abandonó la lírica en su labor de caza microbios. En 1897, desalentado por considerar improductivos sus trabajos en la India , escribió en una tarde calurosa:

¡Cómo duele la soledad!
¿Es hoy el día del juicio?
El aire está rojo como la sangre

y las mismas rocas se desmoronan.

Cuando Roos vio los parásitos del paludismo en los estómagos de los mosquitos, decidió describir líricamente su descubrimiento:

He descubierto tus hazañas secretas
¡Oh, muerte devastadora!
Sé que esta cosa tan pequeña
salvará la vida a millones de hombres.
¡Oh, muerte!, ¿dónde está tu aguijón?
¡Oh, tumba! ¿dónde está tu victoria?
(De Kruif)

PREGUNTAS PARA AUTOCONTROL Y REPASO.

1. Hable de las corrientes filosóficas y su relación con la medicina en el siglo XIX.
2. ¿Por qué fue importante el invento del estetoscopio?
3. Establezca una relación entre Pasteur, Koch y Lister.
4. Establezca una relación entre Jenner y Pasteur.
5. ¿Qué significó el invento del oftalmoscopio para el desarrollo de la medicina y sus métodos de diagnóstico?
6. Relacione a Mechnikov y Ehrlich a través de la inmunología.
7. Enumere algunos médicos importantes del siglo XIX.

CAPÍTULO XXIII

MEDICINA EN EL SIGLO XX

1.Hitos médicos a través del Premio Nobel.

2. La Organización Mundial de la Salud.

3..La Atención Primaria de Salud y la Conferencia de Alma-Ata.

4.El estrés.

5. La victoria sobre la viruela.

6.Células madres.

7. La virtopsia.

8.La nanotecnología.

9. La telemedicina.

Esbozo

Durante el siglo XX la medicina con el auxilio de muchas otras ciencias alcanzó un notable desarrollo. Los hitos más importantes se pueden seguir a través de los premios Nobel otorgados en Medicina, Fisiología, física y Química. No obstante, haremos un bosquejo: se precisó que el número de cromosomas humanos es de 46. Se estableció la causa del Síndrome de Down (trisomía del par 21). El estudio del líquido amniótico se hizo rutina para diagnosticar posibles enfermedades del feto. Se abrió la posibilidad de introducir material genético para corregir células defectuosas. La inmunología, cuyos principios fueron establecidos por Pasteur, Koch, Behring, Mechnikov, Kitasato y Ehrlich siguió desarrollándose con el descubrimiento de la anafilaxia y las inmunoglobulinas. Se inventó el microscopio electrónico.

Landsteiner y Popper aislaron el virus de la poliomielitis en 1909. Salk elaboró una vacuna contra la poliomielitis probada en 1954. La vacuna contra esa enfermedad por vía oral fue inventada por Albert Sabin. También se inventaron las vacunas contra las paperas, la rubéola, la influenza y la hepatitis.

Sobre la etiología del cáncer se avanzó hasta establecer su origen viral, por ciertas sustancias, por herencia y por radiaciones, como se demostró con los habitantes de Hiroshima. En 1928 George Papanicolaou sugirió su método para diferenciar células cancerosas. Surgieron los tratamientos contra el cáncer con radiaciones y quimioterapia.

Sigmund Freud estudia el subconsciente y propone el psicoanálisis para analizarlo.

Las enfermedades mentales se catalogan como consecuencia de la combinación de factores sociales y psicológicos y son tratadas con fármacos, electrochoque, como en el caso de la esquizofrenia, y lobotomía. En 1960 aparece la psiquiatría comunitaria, según la cual el enfermo mental no debe ser separado de su comunidad de origen.

En 1918 surgió el concepto de rehabilitación para ayudar a los mutilados de la primera guerra mundial.

En 1902 veintiún países americanos crearon la Oficina Sanitaria Internacional En 1907 se crea la Oficina Internacional de Higiene Pública, la que conlleva a la fundación de la Organización Panamericana de Salud. En 1948 la Organización Sanitaria de la Liga de las Naciones y la Organización de Naciones Unidas para la Rehabilitación se fundieron en la Organización Mundial de La Salud. John Simón acuñó el término "Salud Pública", mientras que Alfred Grotjahn lo hizo con el de "medicina social".

Después de los descubrimientos de Roentgen y Curie la radiología avanzó rápidamente. Evarts Grahanm y Warren Cole inventaron el método para visualizar la vesícula biliar. Moses Swick observó los riñones con rayos X con compuestos yodados. En los años sesenta surgió la tomografía axial computarizada.

En 1917 Michael Heidelberg y W. Jacobs descubren que la sulfanilamida destruye bacterias. Se sintetizan diversas sustancias: sulfapiridina, sulfatiazol, sulfadiacina, sulfaguanidina y sulfamidas. La isoniacida se emplea contra la tuberculosis. El proceso de destrucción de bacterias por los mohos y hongos es denominado "antibiosis". En 1912 Westling descubrió el penicillium notatum. En 1921 Lieske constató que el penicillium actúa contra el ántrax y el estafilococo. En 1929 Alexander Fleming habló del uso de la penicilina contra las bacterias. En 1941 Howard Floey y Yernst Chain 'produjeron grandes cantidades de penicilina en Inglaterra. En 1944 Selman Waksman obtuvo la estreptomicina.

En 1901 Karl Landsteiner describió los tipos sanguíneos. Ottenberg acuñó el término "donante universal" en 1911 y comprobó las compatibilidades del donante y el receptor. Se emplea el citrato de sodio para conservar la sangre.

En 1913 John Abel y Rowntree inventaron el riñón artificial. En 1945 Willen Wolf construyó un aparato de diálisis.

En 1967 Christian Barnard realizó la primera operación de trasplante de corazón.

Antes, Emerich Ullman había trasplantado el riñón de un perro a su cuello. Alexis Carrell había perfeccionado la técnica de sutura de vasos sanguíneos. En 1923 Carlos Williamson describió el fenómeno de rechazo en los trasplantes. En 1950 Emile Colman determinó que el rechazo se debe a la acción de anticuerpos específicos. En los años sesenta se habla de tolerancia inducida para posibilitar los trasplantes.

Willen Einthoven midió el potencial eléctrico humano. Thomas Lewis desarrolló la electrocardiografía. En 1905 Korotkof midió la tensión arterial con un estetoscopio.

Los avances en cirugía cardiovascular van desde la reparación de vasos sanguíneos (Robert Gross ,1948) hasta el uso del corazón artificial y los marcapasos para corregir las arritmias. En ese trayecto cabe destacar el aporte muy importante del cirujano argentino René Favaloro, inventor de la operación del puente aorto –coronario o bypass.

El siglo XX es el siglo de las vitaminas, los antibióticos, la píldora anticonceptiva, el viagra , la aplicación de la nanotecnología en medicina, el uso de las células madres para tratar muchas enfermedades que antes eran consideradas incurables, la clonación genética ,el estudio del mapa genético, la telemedicina, etc.; pero también es el siglo del sida, enfermedad que corrobora la teoría de la evolución mientras implica nuevos retos para la humanidad, para la ciencia en general y muy particularmente para la medicina.

1.Hitos médicos a través del Premio Nobel.

El 29 de junio de 1900 se estableció otorgar el Premio Nobel para reconocer a destacados hombres de la ciencia y la literatura. Es el galardón más importante del mundo. Lo propuso en su testamento el científico y hombres de negocios suizo Alfredo Nobel (1833-1896), el inventor de la dinamita. Nobel pensó que su invento serviría para que los hombres entendieran la necesidad de vivir en paz al vislumbrar la peligrosa posibilidad de destruirse mutuamente. El premio en principio era para ayudar a los investigadores talentosos y con pocos recursos para acometer sus proyectos. Las especialidades propuestas por Nobel para ser premiadas fueron: física, química, fisiología y medicina, literatura y paz. En la actualidad se han agregado otros renglones. En vida Nobel colaboró con las investigaciones de Pávlov y pensó construir un instituto de medicina experimental. A través de los Premios otorgados en el siglo XX y principios del XXI en medicina, fisiología y ciencias afines podemos establecer los hitos y tendencias más importantes en la historia de la ciencia hipocrática:

1.1.**1901**. Behrin E .(Alemania, 1854-1917). Por sus trabajos en seroterapia empleados en la lucha contra la difteria.

1.2. **1901**. Roentgen W. (Alemania, 1845-1923) ,por el descubrimiento de los rayos X, principio de la radiología.(Premio de Física).

1.3.**1902**. Ronald Ross (Inglaterra,1857-1932) ,por el descubrimiento del mosquito transmisor de la malaria.

1.4. **1903**.Finsen N. (Dinamarca,1860-1904), por su nuevo método para tratar la tuberculosis de la piel con rayos ultravioletas.

1.5. **1903**.Becquerel A. (Francia.1852-1908, Curie .P (Francia,1859-1906) , Sclodowska .M(Francia, 1867-1934). Por el estudio de la radiación, lo que sirvió para la creación de una nueva línea médica. (Premio de Física).

1.6.**1904**. Pávlov I. (Rusia, 1849-1936), por sus estudios fisiológicos sobre la digestión y los mecanismos de regulación nerviosa.

1.7. **1905**. Koch R. (Alemania, 1843-1910), por el descubrimiento del agente causal de la tuberculosis.

1.8.**1906**. Golgi K(Italia,1843-1926), Ramón y Cajal .S, España,1852-1934), por el estudio de la estructura del sistema nervioso.

1.9. **1907**. Laveran Ch.(Francia,1845-1922), por la demostración de que los protozoarios pueden provocar enfermedades, como en el caso de la malaria.

1.10.**1908**. Mechnikov I. (Rusia,1845-1916), Ehrlich P. (Alemania,1854-1915), por demostrar que la inmunidad tiene dos mecanismos fisiológicos: la fagocitosis(Mechnikov) y el humoral o de los anticuerpos(Ehrlich).

1.11.**1908**. Ruthreford E. (Inglaterra,1871-1937), por sus estudios de la fisión de los elementos radiactivos(Premio en Química).

1.12.1909. Kocher T. (Suiza, 1841-1917) por sus trabajos sobre fisiología, patología y cirugía de la glándula tiroides.

1.13.**1910**. Kossel A. (Alemania,1953-1927), por sus estudios de las proteínas y los aminoácidos.

1.14.**1911**. Gullstrand A. (Suecia,1862-1930), por sus estudios sobre los mecanismos de adaptación del ojo para enfocar objetos cercanos y lejanos.

1.15. **1911**.Skodowka M .(Francia,1867-1934) , por el descubrimiento del Radio y el Polonio.(Premio de Química).

1.16.**1912**. Carrell A.(Francia 1873-1944), por la invención de la sutura de los vasos sanguíneos y sus estudios de trasplantes de órganos de un animal a otro.

1.17.**1913**.Richet Ch.(Francia, 1850-1935), por el estudio de los mecanismos del shock anafiláctico.

1.18.**1914**.Barany R. (Austria, 1876-1936) por el estudio de la fisiopatología del aparato vestibular y la descripción de los canales semicirculares del oído interno.

1.19.**1915-1918**. No se otorgaron Premios.

1.20. **1919**.Bordet J. (Bélgica,1870-1961), por el descubrimiento del Complemento y la creación del método para determinar los antígenos.

1.21. **1920.** Krogh J. (Dinamarca, 1874-1961) por el descubrimiento del mecanismo que regula la luz de los capilares, los cuales se abren para insertarse en la circulación sanguínea.

1.22. **1922.** Hill A.(Inglaterra,1886-1977), por su descubrimiento de la producción de energía calórica en los músculos; y Meyerhof O .(Alemania, 1884-1951), por descubrir la relación entre el consumo de oxígeno y el metabolismo del ácido láctico en el músculo.

1.23. **1923.** Banting F. (Canadá, 1891-1941) y Macleod R(Inglaterra, 1876-1935), por el descubrimiento de la insulina.

1.24.**1924**.Einthowen (Países Bajos,1860-1927), por el descubrimiento de la electrocardiografía (registro de los procesos eléctricos del corazón y descripción de los mecanismos de su aparición).

1.25. **1926**. Fibiger J. (Dinamarca,1867-1928), por demostrar que el cáncer puede ser causado por agentes externos (Spiroctera, v.g).

1.26.**1927.** Wagner-Jauregg J.(Austria,1857-1940), por demostrar que una fiebre artificialmente provocada puede aliviar una enfermedad crónica (malaria para tratar la sífilis).

1.27.**1927**. Wieland H. (Alemania, 1877-1957), por sus investigaciones de los ácidos de la bilis.(Premio de Química).

1.28. **1928**.Nicolle Ch. (Francia, 1866-1936), por sus investigaciones del tifus exantemático. Estudio de su agente transmisor.

1.29.**1928**.Windaus A.(Alemania,1876-1959), por investigaciones de la estructura de las vitaminas.(Premio de Química).

1.30.**1929**.Elijman H.(Países Bajos, 1858-1930), por descubrir la vitamina B1, curativa del beriberi; y Frederic G. Hopkins (Inglaterra,1861-1947), por descubrir la vitamina A.

1.31.**1929**. Harden A.(Inglaterra,1865-1940) y Euler-Chelpin H Von (Suecia,1873-1964) por sus investigaciones de la fermentación de los azúcares y de la fermentación en general (Premio de Química).

1.32.**1930**. Landsteiner K. (Austria, 1868-1943), por descubrir los grupos sanguíneos humanos (Sistema ABO).

1.33.**1931**.Warburg O. Alemania, 1883-1970), por descubrir los fermentos y cofermentos , mediante los cuales las células realizan la oxidación de la glucosa.

1.34.**1932**.Sherrintong Ch(Inglaterra,1857-1952) y Adrián .E(Inglaterra,) por estudiar las funciones de las neuronas.

1.35.**1933**. Morgan Th.(EEUU, 1866-1945), por demostrar el papel de los cromosomas como portadores de la información de la herencia, así como también la disposición lineal de los genes.

1.36.**1934.** WhipleJ. (EEUU, 1878-1976), Minot J (EEUU,1885-1950), Murphy W. (EEUU,1892-1987) por sus trabajos relacionados con el tratamiento de la anemia perniciosa con extractos de hígados.

1.37.**1935.** Spemann H. (Alemania,1869-1941), por descubrir el efecto organizador del desarrollo embrionario.

1.38.**1936.** Henry H. (Inglaterra,1875-1986) y Loewi. O.(Austria,1873-1968), por descubrir el transporte químico de los impulsos nerviosos hasta la sinapsis y describir el papel de la acetilcolina.

1.39.**1937.**Szent-Gyorgy A.(Hungria,1893-1986), por sus estudios de la vitamina C.

1.40.**1937.** Haworth W.(Inglaterra,1883-1950), por sus estudios de los carbohidratos y la vitamina C. Carrer P.(Suiza, 1989-1971), por sus estudios de las vitaminas A y B2.(Premio en Química)

1.41. **1938**.Heimans C. (Bélgica,1892-1968), por descubrir el papel de los quimiorreceptores en la aorta y la arteria carótida como reguladores de la respiración(contenidos de CO_2 y O_2 en la sangre).

1.42.**1938.**Kuhn R.(Alemania,1900-1967), por sus estudios de los carotenos y las vitaminas.(Premio en Química)

1.43.**1939.** Domagk G.(Alemania,1895-1964), por descubrir el efecto antibacterial de las sulfanilamidas.

1.44.**1943**.Dam H.(Dinamarca,1895-1976), por descubrir la vitamina K. Doisy A.(EEUU,1893-1986) por descubrir la estructura química de la vitamina K y su papel antihemorrágico.

1.45.**1944** Erlanger J.(EEUU,1874-1965) y Passer.H (EEUU,1888-1963), por descubrir que las fibras nerviosas conducen las excitaciones en dependencia de su grosor y estructura.

1.46.**1945**. Alexander Fleming (Inglaterra,1881-1955) , por descubrir el efecto terapéutico de la penicilina. Chain. E(Inglaterra,1906-1979) y Howard Florey (Inglaterra, 1898-1968). Estos dos últimos científicos obtuvieron penicilina cristalina e hicieron posible su producción industrial.

1.47. **1946.** Müller H.(EEUU, 1890-1967), por descubrir las mutaciones como consecuencia de la acción de los rayos X. De esta manera se podían manipular los genes y entender el mecanismo de la variación.

1.48. **1946**.Northrop J .(EEUU,1891-1987) y Stanley W .(EEUU,1904-1971), por obtener fermentos en estado puro y proteínas de virus.(Premio en Química).

1.49.**1947**.Cori K.(EEUU,1896-1984) y Cori G. (EEUU,1896-1957), por descubrir la transformación catalítica del glicógeno. Houssay B.(Argentina,1887-1991), por descubrir la función de las hormonas de la parte anterior de la hipófisis sobre el metabolismo de la glucosa.

1.50.**1948**.Muller P .(Suiza,1899-1965), por descubrir la alta efectividad del DDT contra algunos insectos transmisores de ciertas enfermedades.

1.51.**1949**.Hess W.(Suiza,1881-1973), por descubrir la organización funcional del cerebro intermedio como coordinador de la actividad de los órganos internos. Moniz A. (Portugal,1874-1955), por perfeccionar la operación de lobectomía en pacientes con enfermedades psiquiátricas.

1.52.**1950** Reichstein T.(Suiza,1897-1996), Kendall E.(EEUU,1886-1972), y Hench Ph.(EEUU,1896-1965), por descubrir las hormonas de la corteza de las glándulas suprarrenales, su estructura y función.

1.53.**1951**.Theiler M (Sudáfrica,1899-1972), por crear la vacuna contra la fiebre amarilla.

1.54.**1952**.Waksman S.(EEUU,1888-1973), por descubrir la estreptomicina, primer antibiótico efectivo contra la tuberculosis.
1.55.1952.Bloch F(1905-1981), Purcell M (1912-1997), por crear nuevos métodos de medición magnética nuclear .En medicina tiene aplicación en la resonancia magnética. (Premio en Física).

1.56.**1953**. Krebs H.(Inglaterra,1990-1981, por descubrir el ciclo de los ácidos tricarbónicos, importantes en el proceso de respiración tisular. Lipmann F. (EEUU,1899-1986), por descubrir el papel de la coenzima A, punto inicial de ese ciclo.

1.57.**1954**. Enders J. (EEUU,1897-1885), Robbins F. (EEUU, 1916) y Weller Th. (EEUU, 1915) por crear la vacuna contra la poliomielitis.

1.58.**1955**. Theorell A. (Suiza,1903-1982), por descubrir el mecanismo oxidante de los fermentos.

1.59. **1956**.Cournand A.(EEUU,1895-1988), Forssmann W.(EEUU,1904-1979) y Richards D .(EEUU,1895-1973) , por crear el método de cateterismo cardíaco.

1.60. **1957.** Bovet D .(Italia, 1907-1992), por sintetizar sustancias que actúan como antagonistas de otras en el organismo. Esto permitió crear los simpaticolíticos, colinolíticos, los antihistamínicos y preparados del curare.

1.61.**1957** .Todd. . (Inglaterra,1907-1997), por sus trabajos sobre nucleótidos y fermentos de los mismos.(Premio en Química)

1.62.**1958**. Beadle G.(EEUU,1903-1989) y Tatum E. (EEUU,1909-1975), por descubrir que los genes pueden regular ciertos procesos químicos. Lederberg J.(EEUU, 1925), por descubrir que la estructura de cada proteína sintetizada está codificada en un gen(un gen-un fermento).

1.63.**1958**.Sanger F.(Inglaterra, 1918), por determinar la estructura de las proteínas, especialmente de la insulina.(Premio en Química).

1.64.**1959**.Ochoa S. (EEUU,1905-1993) y Kornberg A. (EEUU, 1958), por descubrir los mecanismos de la síntesis biológica de los ácidos nucleicos.(RNK y ADN).

1.65.**1960**.Frank Burneo (Australia,1899-1895) y Medawar P.(Inglaterra,1915-1987), por descubrir la tolerancia inmunológica o la capacidad del organismo de reconocer los antígenos ajenos de los propios no es totalmente hereditaria, sino que se forma después del nacimiento.

1.66.**1961**.Bekesy G.(EEUU,1899-1972), por descubrir cómo el oído interno analiza la frecuencia del sonido.

1.67.**1962**. Crack F. (Inglaterra, 1916), Watson D .(EEUU, 1928) y Wilkins M (Inglaterra, 1916), por descubrir la estructura molecular los ácidos nucleicos y su importancia para transmitir la información genética.

1.68.**1963**. Ecles J. (Australia,1914-1997), Hodgkin A. (Inglaterra,1914-1998) y Huxley A. (Inglaterra, 1917), por descubrir el mecanismo iónico para la excitación e inhibición en las membranas de las células nerviosas.

1.69.**1964**.Bloch C.(EEUU,1912-2000) Lynen F. (Alemania,1911-1979), por describir la síntesis del colesterol y los ácidos grasos en el organismo humano.

1.70-**1964**.Townes Ch. (EEUU,1915), Basov N. (URSS,1922-2001) y Prójorov A .(URSS,1916-2002), por sus trabajos fundamentales en el área de la electrónica cuántica (uso de rayos láser con perspectivas de emplearlo en medicina).(Premio en Física).

1.71.**1965**. Jacob F .(Francia, 1920), Wolff A. (Francia,1902 1994) y Monod L. (Francia, 1910-1976), por descubrir la regulación genética de la síntesis de los fermentos y virus.

1.72.**1966**. Rous F. (EEUU, 1879-1970), por descubrir los virus oncogénicos. Huggins Ch. (EEUU,1901-1989) por tratar el cáncer prostático con hormonas.

1.73. **1967** . Granit R. (Suecia,1890-1991), por descubrir el mecanismo de la visión para captar los colores. Wald G. (EEUU,1906-1997) por descubrir los mecanismos de la reacción fotoquímica y Hartline H. (EEUU,1903-1983) , por descubrir los mecanismos de la codificación de la información visual.

1.74.**1968**.Holley R. (EEUU,1922-1993),Khorana H. (EEUU,1922) y Nirenberg M. (EEUU,1927), por descifrar el código genético y su función en la síntesis de las proteínas.

1.75.**1969**. Delbruck M. (EEUU,1906-1981), Hershey A .(EEUU,1908-1997) y Luria S .(EEUU, 1912-1991), por descubrir el proceso de la reproducción de los virus.

1.76.**1970**.Bernard Katz (Inglaterra, 1911), Euler U .(Suecia,1905-1983) y Axelrod J. (EEUU, 1912), por describir los transmisores humorales en las sinapsis.

1.77.**1971**. Sutherland E. (EEUU,1915-1974) , por descubrir el mecanismo de acción de las hormonas a través de AMFc.

1.78.**1972**.Edelman G .(EEUU,1929) y Porter R .(Inglaterra,1917-1985), por descubrir la estructura química de los anticuerpos o sus componentes de aminoácidos.

1.79.**1973**.Frisch K.(Alemania,1986-1982), Lorenz K. (Austria, 1903-1989) y Tinbergen N. (Inglaterra, 1907-1988), por descubrir que la conducta de los animales y personas puede depender de ciertos programas genéticos.

1.80. **1974**. Claude A. (Bélgica, 1899-1983), De Duve Ch. (Bélgica, 1917) y Palade G (EEUU, 1912) por usar el microscopio electrónico y precisar la estructuras celulares: endoplasma, ribosoma, mitocondrias, lisosoma y aparato de Golgi.

1.81. **1975**.Dulbecco (EEUU,1914), Temin H .(EEUU,1934-1994) y Baltimore D. (EEUU,1938), por descubrir el mecanismo de acción de los virus oncogénicos.

1.82.**1976**.Blumberg B. (EEUU,1912), por describir el agente causal de la hepatitis B, su clínica, métodos de diagnóstico y profiláctica.Gajdusek D (EEUU, 1923), por descubrir un nuevo tipo de virus (lentos) como agentes causales de algunas enfermedades infecciosas.

1.83.**1977**.Guillemin R. (EEUU, 1942) y Schalley A.(EEUU,1926) por descubrir como el hipotálamo regula el trabajo de la hipófisis. Yalow R. (EEUU, 1921), por crear el método radioinmunológico para investigar las hormonas pépticas.

1.84.**1978**.Arber W .(Suiza,1929), Nathans D. (EEUU,1928-1999) y Smith H. (EEUU,1931), por descubrir unos fermentos especiales que cortan la molécula de ADN en determinados lugares para luego unirla en otros tipo de fragmentos.

1.85. **1979**. Cormack A.(EEUU,1924-1998) y Hounsfield G. (Inglaterra, 1919), por inventar la tomografía computarizada.

1.86.**1980**. Snell G. (EEUU,1903-1996), por descubrir los genes que permiten el trasplante de órganos de un animal a otro. . Dausset J. (Francia 1916), por demostrar la existencia de esos genes en el organismo humano . Benacerraf B (EEUU,1929) por explicar como tales genes regulan el trabajo del sistema inmunológico.

1.87.**1981**. Sperry R. (EEUU,1913-1994), por descubrir las funciones específicas de cada hemisferio cerebral. Hubel D. (EEUU, 1926) y Wiesel T. (Suecia,1924), por describir el proceso de formación de una imagen desde la retina hasta el cerebro.

1.88.**1982.** Bergstron S. (Suecia 1916), por descubrir las prostaglandinas. Samuelsson B. (Suecia, 1934), por describir su metabolismo. Vane J. (Inglaterra,1927), por descubrir la prostaciclina y demostrar el mecanismo antinflamatorio de la aspirina al bloquear la formación de prostaglandinas y tromboxanos.

1.89.**1983**.McClintock (EEUU,1902-1992), por demostrar la existencia de estructuras móviles en los cromosomas, capaces de moverse dentro del cromosoma y a otro cromosoma. Esto explica la resistencia de las bacterias a los antibióticos y el mecanismo de formación de nuevas especies biológicas.

1.90.**1984**.Jerne N. (Dinamarca,1911-1994), por su teoría sobre la diversidad del sistema inmunológico, el mecanismo de maduración de las células inmunocompetentes y la regulación de la respuesta inmune a través de los anticuerpos. Milstein C. (Inglaterra-Argentina,1927-2002) y Kohler G. (Alemania,1946-1995), por crear el método para producir anticuerpos monoclónicos.

1.91.**1985**.Brown M. (EEUU, 1941 y Goldsein J (EEUU, 1940), por descubrir el mecanismo de regulación del colesterol, lo que ,marcó la posibilidad de tratar la aterosclerosis.

1.92.**1986**.Cohen S. (EEUU,1922) y Levi-Montalcini R. (Italia-EEUU,1909), por descubrir los factores de crecimiento del tejido nervioso y de la epidermis.

1.93.**1986.** Ruska T.(Alemania,1906-1988), por inventar el primer microscopio electrónico.(Premio en Física).

1.94.**1987.**Tonegawa S .(Japón, 1939), por explicar el origen de los anticuerpos en grandes cantidades a partir de pocos genes.

1.95.**1988**.James Black (Inglaterra, 1924), por descubrir el principio para producir medicamentos sobre la base de bloqueadores de los receptores de adrenalina y la histamina. Elion G (EEUU, 1918-1999) y Hitchings G .(EEUU,1905-1998), por obtener medicamentos a partir de los bloqueadores de los ácidos nucleicos.

1.96.**1989.** Bishop M. (EEUU,1936) y Varmus H .(EEUU, 1939), por establecer el origen celular de los retrovirus oncogénicos.

1.97.**1990.** Thomas Donall E .(EEUU, 1920), por realizar el primer trasplante de médula ósea. Murrey J .(EEUU,1919), por hacer el primer trasplante de riñón exitoso.

1.98.**1991**.Neher E .(Alemania,1944) y Sakamann B. (Alemania,1942), por inventar el método para determinar los campos eléctricos en los canales de iones de la membrana celular.

1.99.**1991**. Ernst R. (Suiza, 1933), por sus trabajos sobre Resonancia Magnética Nuclear(RMN) . (Premio en Química).

1.100.**1992**. Fischer E .(EEUU, 1920) y Krebs E .(EEUU, 1918), por descubrir la fosforilización reversible de las proteínas como mecanismo de regulación biológica.

1.101.**1993**. Robert R. (EEUU, 1943) y Sharp Ph. (EEUU,1944), por descubrir la división de los genes, es decir su fragmentación con la posibilidad de recombinaciones. Esto constituye un mecanismo fundamental de la evolución y explica enfermedades como la talasemia y la mieloleucemia.

1.102.**1994**.Gillman A .(EEUU, 1941) y Rodbell M. (EEUU,1925-1998), por descubrir las proteínas "G" y su papel en la transmisión de señales en las células.

1.103.**1995**.Nusslein-Volhard Ch.(Alemania, 1942), Wieschaus E.(EEUU,1947) y LEWIS E .(EEUU, 1918), por demostrar el control genético de desarrollo embrionario .

1.104. **1996**.Doherty P. (Australia, 1940) y Zinkernagel R. (Suiza,1944), por descubrir la propiedad de los T-Linfocitos de reconocer una célula infectada por un virus.

1.105. **1997**.Prusiner S. (EEUU, 1942), por descubrir los priones, partículas de proteínas que pueden transformarse en agentes infecciosos.

1.106.**1997**. Boyer H. (EEUU, 1918) y Walter J .(Inglaterra,1941) , por descubrir el mecanismo de los fermentos en la síntesis del ATF. (Premio en Química).

1.107.**1998**.Furchgott R .(EEUU, 1916), Ignarro L .(EEUU, 1941) y Murad F. (EEUU, 1936), por demostrar que el óxido nítrico transmite señales de una célula a otra lo que constituye un nuevo mecanismo en los sistemas biológicos.

1.108.**1999**. Blobel G. (EEUU, 1936), por demostrar la existencia de un factor que dirige la síntesis de la molécula proteica hacia una determinada porción de la célula y permite su penetración a través de la membrana.

109.**2000**.Carlsson A .(Suecia, 1923), por descubrir el papel de la dopamina en la regulación cerebral del movimiento y su insuficiencia en el desarrollo de la enfermedad de Parkinson, así como proponer su tratamiento. Greengard P. (EEUU,1925), por descubrir el mecanismo de acción de la dopamina en la célula nerviosa. Kandel E. (EEUU,1929), por describir el mecanismo sináptico de la memoria.

1.110 **2001**.Hartwell L .(EEUU,1939), Hunt R. (Inglaterra,1943) y Paul M. Nurse (Inglaterra,1949), por descubrir los reguladores claves del ciclo celular.

1.111.**2002**. Brener S .(EEUU), Sulson J (Inglaterra) y Horvitz H. (EEUU), por demostrar la regulación genética de los órganos y la programación de la muerte celular.

1.112.**2003**.Lauterbur P .(EEUU) y Mansfield (Inglaterra) , por sus descubrimientos relacionados con las imágenes por resonancia magnética.

1.113.**2004** Richard Axel y Linda B. Buck (EEUU) , por sus descubrimientos sobre receptores del olfato y organización del sistema olfativo.

1.114.**2005** .Barry J Marshall y J Robin Warren (Australia) , por sus trabajos sobre la bacteria 'Helicobacter pylori', relacionada con algunos de los principales problemas de estómago.

1.115. **2006** Andrew Z. Fire y Craig C. Mello (EEUU) , por sus trabajos en el campo de la genética. Ambos científicos descubrieron que el ácido ribonucleico (ARN) bicatenario bloquea de forma muy eficaz la síntesis de proteínas, lo que posibilita desactivar un gen concreto y determinar así cuál es su función, un mecanismo de importancia fundamental en la defensa contra las infecciones virales.

1.116. **2007**. Mario Capecchi (EEUU) , Oliver Smithies (Inglaterra) y Martin Evans (Inglaterra) , por sus trabajos sobre células madres y manipulación genética en modelos animales.

1.117.**2008**. Harald zur Hausen por el descubrimiento de los virus de papiloma humano que causan el cáncer cervical. Françoise Barré-Sinoussi y Luc Montagnier por el descubrimiento del virus de inmunodeficiencia humana.

1.118.2009. Elizabeth Blackburn,Jack Szostak y Carol Greider por el descubrimiento de los telómeros y la telomerasa.

1.118 2010 Robert Edwards (EEUU,1985) `por sentar las bases que el 25 de julio de 1978 hicieron posible el nacimiento de Louise Brown, primera "bebe de probeta".

1.119.2011. Bruce A. Beutler (1957, EE.UU.) y Jules A. Hoffmann (1941, Luxemburgo), por sus descubrimientos sobre la activación del sistema inmunitario innato, y Ralph M. Steinman (1943, Canadá), por su descubrimiento de las células dendríticas y su papel en el sistema inmunitario adaptativo de los mamíferos.

2.La Organización Mundial de la Salud (OMS)

Es el organismo de la ONU especializado en gestionar políticas de prevención, promoción e intervención en salud a nivel mundial. Fue creado el 7 de abril de 1948. El primer esbozo de la OMS surgió de la Conferencia Internacional de Salud celebrada en julio de1946. En esta reunión, organizada por iniciativa del Consejo Económico y Social de la ONU, se redactaron los primeros estatutos de la OMS. La primera reunión de la OMS tuvo lugar en Ginebra, en 1948.Los principales cometidos de la Asamblea Mundial de la Salud son aprobar el programa y el presupuesto de la OMS para el siguiente bienio y decidir las principales cuestiones relativas a las políticas sanitarias. Tal y como establece su Constitución, el objetivo de la OMS es que todos los pueblos de la tierra puedan gozar del grado máximo de salud que se pueda lograr. La Constitución de la OMS define la salud como "*un estado de completo bienestar físico, mental y social*", y no solamente como la ausencia de afecciones o enfermedades.

Los 193 Estados Miembros de la OMS gobiernan la Organización por medio de la Asamblea Mundial de la Salud. La Asamblea está compuesta por representantes de todos los Estados Miembros de la OMS.

3.La Atención Primaria de Salud y la Conferencia de Alma-Ata

La Conferencia Internacional sobre Atención Primaria de Salud se realizó en Alma-Ata, Kazajistán, en 1978. Reunió a 134 países y 67 organismos internacionales. Se reafirmó el concepto de que la salud es aquel estado de total bienestar físico, social y mental, y no simplemente la falta de enfermedades o malestares, siendo un derecho humano fundamental y convirtiendo a la búsqueda del máximo nivel posible de salud en la meta social más importante a escala mundial, cuya realización requiere de la participación de otros sectores sociales y económicos en adicción al sector salud. La conferencia definió y otorgó reconocimiento internacional al concepto de Atención Primaria (APS) como una estrategia para alcanzar la meta "Salud Para Todos en el 2000". La Atención Primaria en Salud es la asistencia sanitaria esencial basada en métodos y tecnologías prácticos, científicamente fundamentados y socialmente aceptables, puesta al alcance de todos los individuos y familias de la comunidad, mediante su plena participación y a un costo que la comunidad y el país puedan soportar, en todas y cada etapa del desarrollo, con un espíritu de autorresponsabilidad y autodeterminación. La Conferencia Internacional de APS de Alma- Ata no consiguió cumplir la meta de salud para todos en el 2000 por falta de voluntad médica, política e ideológica.

4. El Estrés

Hans Selye (1907-1982) en 1926 cuando estudiaba segundo año de medicina empezó a desarrollar su teoría sobre el estrés. Los síntomas similares que surgían en pacientes con diferentes dolencias los denominó Síndrome de Adaptación General (SAG). El SAG tiene tres fases: 1. Fase de Alarma, cuando surgen alteraciones sicológicas y fisiológicas en el organismo ante la presencia de una situación de estrés (ansiedad, inquietud). 2. Fase de adaptación o resistencia.3.Fase de agotamiento que surge cuando la adaptación fracasa. El concepto de estrés sirvió para explicar el desarrollo de muchos estados patológicos.

5. La victoria sobre la viruela

Durante miles de años han ocurrido ocasionalmente epidemias de viruela; sin embargo, después de un exitoso programa de vacunación mundial se logró erradicar la enfermedad. El último caso ocurrido en forma natural en el mundo fue en Somalia en 1977. Una vez que la enfermedad se erradicó en todo el mundo, se suspendió la vacunación habitual de toda la población porque ya no había necesidad de prevenirla. Su tasa de mortalidad llegó a ser hasta de un 30% de los pacientes infectados.

6. Células madres

Las embrionarias (*pluripotentes*): En la actualidad se utilizan como modelo para estudiar el desarrollo embrionario y para entender cuáles son los mecanismos y las señales que permiten a una célula pluripotente llegar a formar cualquier célula plenamente diferenciada del organismo.

Las adultas: En un individuo adulto se conocen hasta ahora alrededor de 20 tipos distintos de células madre, que son las encargadas de regenerar tejidos en continuo desgaste (como la piel o la sangre) o dañados (como el hígado). Su capacidad es más limitada para generar células especializadas. Las células madre de la médula ósea (encargadas de la formación de la sangre) son las más conocidas y empleadas en la clínica desde hace tiempo. En la misma médula, aunque también en sangre del cordón umbilical, en sangre periférica y en la grasa corporal se ha encontrado otro tipo de célula madre, denominada mesénquima que puede diferenciarse en numerosos tipos de células de los tres derivados embrionarios (musculares, vasculares, nerviosas, hematopoyéticas, óseas, etc.). Aunque aún no se ha podido determinar su relevancia fisiológica se están realizando abundantes ensayos clínicos para sustituir tejidos dañados (corazón) por derivados de estas células.

7. La virtopsia

Es un nuevo método para realizar una autopsia sin necesidad de abrir el cadáver. Es una autopsia virtual que complementa la tradicional. Científicos suizos de la Universidad de Berna son los autores del nuevo método fundamentado en imágenes del interior del cadáver que arrojan luces sobre las causas de la muerte de la persona.

La superficie del cuerpo es escaneada en tres dimensiones, luego se efectúa una exploración con resonancia magnética y una tomografía axial computarizada.

La biopsia de invasión mínima junto a unas pruebas bioquímicas pueden precisar la hora exacta del fallecimiento. El angiograma post mortem determina posibles hemorragias.

La virtopsia respeta la integridad física por lo que es recomendable en los casos cuando una religión no permite la mutilación del cadáver. En medicina forense la virtopsia es de gran ayuda al mantener el organismo sin alteraciones.

8. La nanotecnología

El mundo de la medicina es muy complejo, por lo que todos los beneficios de la nanotecnología para medicina tardarán en hacerse evidentes. No obstante, otros beneficios llegarán de forma inmediata.

Las herramientas de la investigación y la práctica de la medicina serán menos costosos y más potentes. Investigación y diagnóstica serán más eficaces, lo que permitirá una capacidad de respuesta más rápida para tratar nuevas enfermedades.

Numerosos pequeños sensores, ordenadores y diversos aparatos implantables de bajo coste permitirán un control continuo sobre la salud de pacientes, así como tratamiento automático. Serán posibles diversos tipos nuevos de tratamiento.

9. La telemedicina

Se define como **telemedicina** la prestación de servicios de medicina a distancia. Para su implementación se emplean usualmente tecnologías de la información y las comunicaciones. Es una palabra compuesta del Griego $\tau\varepsilon\lambda\varepsilon$ (*tele*) que significa 'distancia' y *medicina*. Ya se hace La telemedicina cuando dos profesionales de la salud discuten un caso por teléfono, pero también cuando se utiliza tecnología de avanzada en comunicaciones e informática para realizar consultas, diagnósticos y hasta cirugías a distancia y en tiempo real.

Sería mucho mejor hablar de "eSalud", más apropiado, en tanto que abarca un campo de actuación más amplio.

Telemedicina significa Medicina practicada a distancia, incluye diagnóstico y tratamiento, como también la educación médica, es un recurso tecnológico que posibilita la optimización de los servicios de atención en salud, ahorrando tiempo y dinero y facilitando el acceso a zonas distantes para tener atención de especialistas. Otra de las utilidades que presta el uso de la transmisión de datos médicos sobre redes adecuadas, es la educación, donde los alumnos de medicina y enfermería pueden aprender semiología remotamente, apoyados por su profesor y con la presencia del paciente. Así podemos definir los siguientes servicios, que la telemedicina presta:

- Servicios complementarios e instantáneos a la atención de un especialista (obtención de una segunda opinión).
- Diagnósticos inmediatos por parte de un médico especialista en un área determinada.
- Educación remota de alumnos de las escuelas de enfermería y medicina.
- Servicios de archivo digital de exámenes radiológicos, ecografías y otros.

Todo esto se traduce en una disminución de tiempos entre la toma de exámenes y la obtención de resultados, o entre la atención y el diagnóstico certero del especialista, el cual no debe viajar o el paciente no tiene que ir a examinarse, reduciendo costos de tiempo y dinero.

LA CLONACIÓN Y LA OVEJA DOLLY

La noticia apareció el 23 de febrero de 1997: Dolly, una oveja, había nacido el 5 de julio de 1996 a partir de una célula adulta, en Escocia. La célula fue extraída de la ubre de una oveja aplicada en un óvulo. Esto permitió el desarrollo del proceso genético. El embrión formado se colocó en el útero de la oveja madre. El animal nació idéntico a su madre. La clonación presupone el desarrollo de la industria farmacéutica y su posible aplicación para reproducir órganos, pero también implica un debate en materia bioética, sostenido de manera intensa por líderes religiosos. Dolly parió seis corderos y vivió seis años a pesar de que las ovejas viven doce. Se determinó que la edad de los cromosomas de Dolly era de 9 años cuando tenía 3. Es decir, se le agregaron 6 años de edad provenientes de la oveja donante de la célula original. Sufría de envejecimiento acelerado que le provocó una enfermedad pulmonar progresiva y por eso fue sacrificada el 14 de febrero de 2003. Los creadores de Dolly fueron los científicos Ian Wilmut y Keith del Instituto Roslin de Edimburgo.

PREGUNTAS PARA AUTOCONTROL Y REPASO.

1.¿Por qué se consideran importantes para la medicina algunos descubrimientos relacionados con la física y la química?
2.¿Por qué no se otorgaron Premios Nobel entre 1815 y 1918 ?
3.Hable sobre la curación de una enfermedad crónica con fiebre artificialmente provocada.(punto 1.27)

4. ¿ De qué trató la Conferencia de Alma Ata?

5. ¿Qué es la Organización Mundial de la Salud?

6. Hable de Hans Selye y el estrés.

7. ¿Cuál fue el invento de René Favaloro?

8.¿Cuál es la única enfermedad infecciosa erradicada por vacunación?

BIBLIOGRAFÍA

Adams, S. Ganeri, A. Kay, A. Países del mundo. Editorial Amereida S.A. Edición Especial para el diario El Nacional. Santiago de Chile, 1999.

Alegría, C. La Medicina en China. Imprenta UCV. Caracas, 1975.

Alegría, C. La Medicina en la India. Imprenta UCV. Caracas, 1975.

Alegría, C. La Medicina Hebrea Antigua. Imprenta UCV. Caracas, 1975.

Álvarez, A. Paleontología. FAPA Ediciones. Barcelona, España, 1997.

Aristeguieta, A. Reflexiones ante la Evolución del pensamiento médico. Ediciones del Congreso de la República. Caracas, Venezuela, 1998.

Assiso, J. Intervención en el Primer Encuentro de Profesores de Historia de la Medicina. Caracas, 2004.

Barquin, M. Historia de la Medicina. Servicios Editoriales Ríos, S.A. México, 1994

Beveridge, W. El arte de la investigación científica. Ediciones de la Biblioteca de la Universidad Central de Venezuela. Caracas, 1966.

Bruni Celli, B. Catálogo de la biblioteca del doctor Vargas. Huellas en sus libros. Editorial Ex –libris. Caracas, 1993.

Historia de la Facultad Médica de Caracas. Imprenta Nacional. Caracas,1957.

Calle, R. 101 Cuentos clásicos de la India. Gráficas Cofas. España, 1999

Chang, S; Calle, R. 101 Cuentos clásicos de la India. Gráficas Cofas. España, 1998

Chang su Ching. El Aroma del loto dorado. Suplemento Cultural de últimas Noticias, Pág. 12. Caracas 09 – 03 – 2000. No 1659.

Coler, C. Diccionario por Fechas de Historia Universal. Editorial Juventud, S.A., Barcelona, España, 1949.

Corán. Edición del Complejo del rey Fahid. Reino de Arabia Saudita.

Cordero, R. Hitos en el desarrollo de la Historia del pensamiento médico y de la medicina. Italgráfica, Caracas, 1994.

Da Vinci, Leonardo, en Entender la Pintura. Tomo 4. Salvat. Ediciones Orbis, S.A. Barcelona, 1989.

De Kruif, P. Los Cazadores de microbios. Editorial época. S.A. México B, D.F., 1950.

De Molina, C. Ritos y fábulas de los incas. Editorial Futuro. Buenos Aires, 1959.

Eco, H. Cómo se hace una tesis. Gedisa Editorial. México, 1991.

El Gran Arte de la Pintura, No 8. Salvat Ediciones, S.A. Madrid, 1985.

El Louvre. Editions de la Réunion des musées nationaux, Paris, 1983.

El Renacimiento, en El Gran Arte de la Pintura, Tomo 1. Salvat Editores, S.A. Madrid, 1985.

Farrevons Co, X. Las dos medicinas. Historia compendiado de la medicina en Eones. Publicaciones médicas, Barcelona, 1997.

García V, A. Historia de la Medicina. Grafur. España, 1987.

Guerra, F. Historia de la Medicina. Ediciones Norma. Madrid, 1988.

Henríquez, P. Historia de la cultura en América Hispánica. Editorial Gente Nueva. La Habana, 1982.

Herreman, R. Historia de la Medicina. Litografía Ingramex, S.A. México. 1997

Hipócrates y los aforismos, en El Libro de la Antigüedad y el Renacimiento sobre las estaciones del año y la salud. Editorial Kniga. Moscú, 1972.

Historia Universal. Editorial Planeta De Agostini, S.A. España, 2001.

Homero, Ilíada. Editorial Planeta, España, 1999.

Kerdel Vegas, F. René Favaloro, ícono de la medicina latinoamericana, En Bitácora Médica.28.11.2007.

Kerenyi, K. Los Dioses de los Griegos. Monte Ávila Editores, Caracas, 1991.

Sorber, T. El médico del emperador. Ediciones B, S.A. Barcelona, España, 2005.

Krivoy, A. Maimónides, Luz Creciente. Colección Ricardo Archila de la Federación Médica de Venezuela. Caracas, 2005.

Laín, E. Historia de la Medicina. Masson, S.A. España, 1998.

López, J. Cajal. Biblioteca Salvat de Grandes Biografías. Salvat Editores. Barcelona, España, 1985.

La Santa Biblia. Revisión de 1960 Sociedades Bíblicas Unidas.

Lugo, E. Para ser médico. Editorial Trillas. México. 1998.

Lyons, A. y Petrucelli, R. Historia de la Medicina. Ediciones Doyma. Travesera de García. Barcelona, España, 1984.

Manfred, A. Historia Universal. Editorial Progreso. Moscú, 1977.

Manual de Trabajos de Grado, de Especialización y Maestrías y Tesis Doctorales. Fondo Editorial de la Universidad Experimental Libertador. Caracas,2004.

Martí, J. Páginas escogidas. Editorial de Ciencias Sociales. La Habana, 1971.

Montero, M; Hochman, E. Investigación documental. Editorial Panapo. Carcas, 2005.

Museo Egipcio, Cairo. Enciclopedia de los Museos. Italia, 1969.

Ortiz, T. Historia del pensamiento médico. Mc Graw – Hill Interamericana. México, 2001.

Peña, L. Construyendo Historias. Orientaciones sobre técnicas y métodos de investigación histórica. Ediciones de la Biblioteca EBUC. Caracas, 2000.

Pereheron, M. Buda. Salvat Editores, S.A. Barcelona, 1988.

Perera, A. Historia de la Medicina en Venezuela. Imprenta Nacional. Caracas,1951.

Pérez, R. Serendipia. Ensayos sobre ciencia, medicina y otros sueños. Siglo Veintiuno Editores. México, 1981.

Polit, D; Hungler, B. investigación en Ciencias de la Salud. Litográfica Ingramex. México, 2000.

Prieto, A. Las civilizaciones precolombinas y su conquista. Editorial Gente Nueva. La Habana, 1982.

Primer Congreso Internacional de Alternativas terapéuticas. Principios, Caracas, 1991.

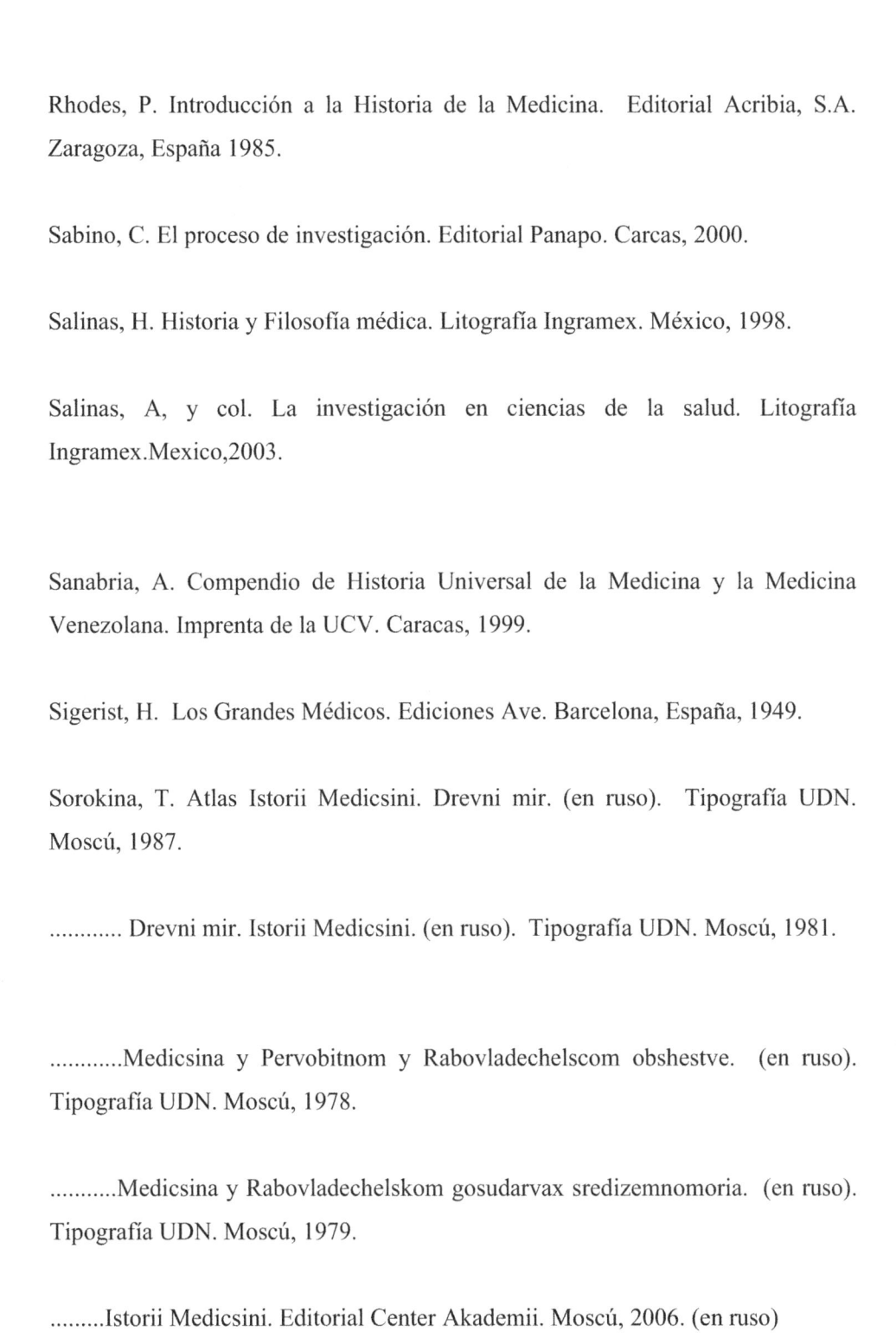

Rhodes, P. Introducción a la Historia de la Medicina. Editorial Acribia, S.A. Zaragoza, España 1985.

Sabino, C. El proceso de investigación. Editorial Panapo. Carcas, 2000.

Salinas, H. Historia y Filosofía médica. Litografía Ingramex. México, 1998.

Salinas, A, y col. La investigación en ciencias de la salud. Litografía Ingramex.Mexico,2003.

Sanabria, A. Compendio de Historia Universal de la Medicina y la Medicina Venezolana. Imprenta de la UCV. Caracas, 1999.

Sigerist, H. Los Grandes Médicos. Ediciones Ave. Barcelona, España, 1949.

Sorokina, T. Atlas Istorii Medicsini. Drevni mir. (en ruso). Tipografía UDN. Moscú, 1987.

.... Drevni mir. Istorii Medicsini. (en ruso). Tipografía UDN. Moscú, 1981.

............Medicsina y Pervobitnom y Rabovladechelscom obshestve. (en ruso). Tipografía UDN. Moscú, 1978.

............Medicsina y Rabovladechelskom gosudarvax sredizemnomoria. (en ruso). Tipografía UDN. Moscú, 1979.

..........Istorii Medicsini. Editorial Center Akademii. Moscú, 2006. (en ruso)

Programa de historia de la Medicina. Editorial Rosiski Universitiet Druzhbi Narodov. Moscú, 2003. (en ruso)

Suárez, M. José Gregorio Hernández. Biblioteca Biográfica Venezolana. Editorial Arte, Caracas, 2005.

Tian Chonghuo. Tratado de Acupuntura. Artes Gráficas. España, 1988.

Trombetta, R. (2001, Marzo 26) La lluvia y la sequía se estudian en Barquisimeto.(Entrevista a Solano Calle Paz, rector de la Universidad de Yacambú). El Nacional, p.C 1.

Wagner, E. Razhdumia o Vrachevnom dolgue. (en ruso). Permskoe Izdatelvo, 1986.

Vargas, J. El orden sobre el caos. Monte Ávila Editores. Caracas, 1991.

Vidal, C. El Médico de Separad. Editorial Arte. S.A. Caracas,2005.

Viseca, C. Ticiolt conceptos médicos de los antiguos mexicanos. UNAM. Facultad de Medicina. México, 1997.

Visor, Enciclopedias. Producción Gráfica Integral. Argentina, 1999.

Zabludovski, P. y col. Historia Medicsini. (en ruso). Editorial Medicscini. Moscú, 1981.

Zulsha,I. Kniga antichnosti i Bozrordenia o Vremenax goda i zdorovie.Izdatelsvo Moskva., 1972.(En ruso)

Zúñiga, M. Historia de la Medicina. Ediciones Edime – Caracas – Madrid, 1960.

HOJA CURRICULAR DEL AUTOR

Edgardo Rafael Malaspina Guerra , Las Mercedes del Llano, Venezuela.(1959)

Médico Internista. Médico Cirujano. PhD en Medicina. Magister Scientarum en Historia. Profesor y traductor de idioma ruso. Individuo de Número de la Sociedad Venezolana de Historia de la Medicina, Miembro de la Sociedad Venezolana de Médicos Escritores .Ex -Director y ex -Decano de Postgrado de la Universidad Rómulo Gallegos; y profesor Titular de la misma institución. Dirigió la revista científica universitaria "Lumen". Ha publicado más de mil artículos en periódicos y revistas regionales, nacionales e internacionales.

Escritor galardonado con los Premio Andrés Eloy Blanco, mención Poesía de la Federación Médica de Venezuela, Premio Ensayo Histórico del Instituto Nacional de Historia ,2007. Premio Ensayo de la Federación Médica,2009.Premio Fundarte. Género Crónica,2010.Premio Ensayo Histórico del Ministerio de la Cultura.

Condecorado con las ordenes : Francisco Lazo Martí y Dr. José Francisco Torrealba.

Algunas obras publicadas relacionadas con la Medicina: Perfil Clínico de un pueblo en desarrollo (1993), La coagulación intravascular diseminada (1995), Literatura y Medicina (1998) , Historia de la Medicina en la Antigüedad (2003) , Historia de la Medicina en el Estado Guárico (2004), Elementos de Versoterapia Manual de Historia de la Medicina universal (2010), Medicrónicas (2015),Manual de Historia de la Medicina en Venezuela (2017), Evocaciones médicas (2018), y la biografía del doctor Julio de Armas (2008).

Made in the USA
Coppell, TX
29 January 2025